Saran Nicholas.

D1143229

Nadolig 1987

CHWEDLAU RHYFEDDOL
GWLAD GROEG

HELIOS,
Duw'r Haul

HERA,
Brenhines y Nefoedd

ZEWS,
Arglwydd Olympos

HESTIA,
Duwies y Cartref

ATHENA,
Duwies Doethineb

IRIS,
Negesydd Hera

HEPHAISTOS,
Y Gof Dduw

DIONYSOS,
Duw'r Gwin

DEMETER,
Duwies Amaethyddiaeth

APOLO,
Duw Cerddoriaeth

APHRODITE,
Duwies Serch

EROS,
Duw Serch

POSEIDON,
Duw'r Môr

CHWEDLAU RHYFEDDOL GWLAD GROEG

DARLUNIAU GAN GIOVANNI CASELLI
ADDASIAD CYMRAEG GAN ALWENA WILLIAMS
O DESTUN MICHAEL GIBSON

ARES,
Duw Rhyfel

PAN,
Duw Cefn Gwlad

ARTEMIS,
Duwies Hela

HERMES,
Negesydd y Duwiau

CHARON,
Y Cychwr

CERBEROS
Ci Gwarchod
y Byd Tanddaearol

HADES a PERSEPHONE,
Brenin a Brenhines
y Byd Tanddaearol

ISBN 0 86383 363 2

© Eurobook Limited 1977
ⓗ y testun Cymraeg: Gwasg Gomer 1987

Cedwir pob hawl. Ni ellir atgynhyrchu unrhyw ran o'r cyhoeddiad hwn na'i gadw mewn cyfundrefn adferadwy
na'i drosglwyddo mewn unrhyw ddull na thrwy unrhyw gyfrwng electronig, electrostatig, tâp magnetig,
mecanyddol, ffotogopïo, recordio, nac fel arall, heb ganiatâd ymlaen llaw gan y cyhoeddwyr.

Diolch am bob awgrym a chefnogaeth a gafwyd gan y Dr. Telfryn Pritchard, Adran y Clasuron, Coleg Prifysgol
Cymru, Aberystwyth, a hefyd gan Adran Olygyddol y Cyngor Llyfrau Cymraeg a noddir gan Gyngor
Celfyddydau Cymru.

Cyhoeddwyd y gyfrol hon gyda chymorth Cyngor Celfyddydau Cymru.

Cynnwys

Byd y duwiau

Gwlad sy'n llawn o amrywiaeth a chyferbyniad yw Groeg. Mae ynddi wastadeddau, bryniau a mynyddoedd. Mewn rhai mannau ar hyd ei harfordir, gwelir clogwyni uchel a brithir y môr gan ynysoedd bach a mawr, rhai â phobl yn byw arnynt ac eraill yn anghyfannedd. Mae'r tir mwyaf gwastad yn ffrwythlon ac ar y llechweddau fe dyfir gwinwydd. Yn y gwanwyn, gwelir toreth o flodau gwyllt amryliw yn gorchuddio'r lleoedd mwyaf anial ac ar lethrau'r mynyddoedd hefyd, gan gyferbynnu'n drawiadol â dail llwyd-wyrdd y gwahanol berlysiau sy'n ffynnu yno. Er hynny, dim ond am gyfnod byr y bydd y lliwiau llachar yn para am fod y blodau'n gwywo yng ngwres tanbaid haul yr haf. Bryd hynny, yr unig dyfiant y tu allan i'r dyffrynnoedd mwyaf cysgodol yw ychydig o goed pîn a mân lwyni yma a thraw. Gwelir eira ar gopaon y mynyddoedd yn y gaeaf.

Yn yr hen amser, yn enwedig ar y tir uchel, roedd y wlad yn fwy coediog ac yn llai llwm nag ydyw heddiw. Dros ganrifoedd lawer mae diadelloedd o eifr a defaid, eiddo'r tyddynwyr, wedi pori'r tir gan ddifrodi coed ifainc a llwyni. Heb dyfiant o'r fath, nid oedd yna wreiddiau hirion yn gymorth i gadw'r pridd gyda'i gilydd wrth iddo sychu'n grimp o dan haul crasboeth yr haf, a thros gyfnod helaeth o flynyddoedd fe aeth y pridd yn denau fel llwch a chael ei chwythu ymaith. Dôi'r creigiau, a oedd drwy'r adeg yn bur agos i'r wyneb, i'r golwg yn awr, a dim ond y gweiriau a'r perlysiau mwyaf gwydn a lwyddai i fagu gwreiddiau a thyfu mewn gweddillion pridd wedi'i adael mewn agen a hollt yn y creigiau. Yn oes y chwedlau, fodd bynnag, nid oedd hyn wedi digwydd ac roedd digonedd o goedwigoedd ar hyd a lled y wlad.

Mae'n debyg fod yr arfordir heddiw yr un fath ag yn yr hen oes. Fel y byddai rhywun yn tybio mewn gwlad â chynifer o borthladdoedd naturiol ynddi, roedd yr hen Roegiaid yn forwyr ardderchog. Ymledodd eu dylanwad ymhell tu hwnt i ffiniau tir mawr Groeg a'r ynysoedd o'i gwmpas hyd at wledydd eraill y Môr Canoldir, yn enwedig y rhai mwyaf dwyreiniol ohonynt. Fe adlewyrchir hyn yn y chwedlau hynny sy'n crybwyll mordeithiau i wledydd eraill. Er bod Groeg benbwygilydd yn cael ei hystyried fel un wlad, roedd hi'r un pryd wedi'i rhannu yn nifer o unedau a phob un yn ddinas-wladwriaeth â'i theulu brenhinol a'i llywodraeth ei hun. Ar brydiau, byddai'r dinasoedd-wladwriaethau yn uno â'i gilydd i ryw ddiben arbennig, fel y gwnaed yn y rhyfel yn erbyn Caerdroia ac yn ystod y gwarchae maith wedyn. Dro arall, byddai ymryson ffyrnig rhwng y gwahanol ddinasoedd hyn neu ymdeimlad cryf

11

o annibyniaeth, beth bynnag. Gwahenid llawer o'r rhain oddi wrth eu cymdogion gan gadwyn o fynyddoedd uchel ac, o'r herwydd, nid oedd cyfathrebu â'i gilydd yn hawdd iddynt.

Y ffaith hon oedd un o'r rhesymau pam fod y straeon a adroddai'r bobl am dduwiau ac am fodau meidrol yn amrywio o le i le. Ar dafod leferydd y trosglwyddid y chwedlau o'r naill genhedlaeth i'r llall ac ymhen amser maith yn ddiweddarach yr ysgrifennwyd y rhain. Adroddai pob storïwr ei fersiwn ei hun o stori gan ychwanegu ati ac ymestyn tipyn arni, os oedd ganddo'r dychymyg i wneud hynny. Yn raddol, fe ddôi un rhan o'r wlad i dderbyn un fersiwn arbennig ac fe allai fod yn dra gwahanol i'r fersiwn a geid mewn rhan arall. Ychydig iawn o bobl oedd yn gynefin â theithio'n ddigon pell o amgylch y wlad i fod mewn sefyllfa i gymharu'r gwahanol fersiynau. Roedd hi rywbryd rhwng chwech a saith gan mlynedd cyn geni Crist a thua phedwar can mlynedd ar ôl cwymp Caerdroia, pan gasglodd y bardd Homer ac ambell lenor Groegaidd arall y straeon hyn at ei gilydd. Ysgrifennodd Homer ddwy epig, sef cerddi hir, storïol am yr hen arwyr, yr *Ilias* sy'n dweud hanes y gwarchae ar Gaerdroia, a'r *Odysseia*, sef hanes siwrnai Odyssews adref ar ôl y rhyfel.

Mae yna ryw elfen o wirionedd yn chwedlau gwerin pob gwlad bron, ac mae'n sicr fod hyn yn wir am Roeg hefyd. Wrth gloddio, fe ganfu archaeolegwyr lawer o bethau y gellid eu cysylltu â rhai o'r chwedlau. Efallai mai'r enghraifft enwocaf yw'r hyn a ddigwyddodd yn achos gŵr busnes o'r Almaen, Heinrich Schliemann. Pan oedd yn blentyn, ei hoff straeon oedd hen chwedlau Groeg. Daeth i gredu'n gryf fod llawer ohonynt wedi'u seilio ar ffaith. Wedi tyfu'n ddyn, bu'n gweithio ym myd busnes er mwyn ennill digon o arian i wireddu ei hen freuddwyd, sef dod o hyd i ddinas hynafol Caerdroia. Roedd yn ddyn canol oed pan ddechreuodd gloddio yn y safle iawn, yn ei dyb ef, ond roedd wedi bod wrthi'n astudio'r chwedlau yn hynod o fanwl ers blynyddoedd lawer. Trwy ddilyn pob awgrym a chliw a welai ynddynt, fe lwyddodd yn wir i ddod o hyd i union safle Caerdroia. Gwnaeth hyn er gwaethaf sen a syndod archaeolegwyr proffesiynol yr adeg honno a fu'n gwawdio ei syniadau. Mewn gwirionedd, am nad oedd wedi cael hyfforddiant na phrofiad, fe gloddiodd drwy olion y Gaerdroia a ddisgrifir yng ngwaith Homer, ac fe ddarganfu oddi tani weddillion dinas fwy hynafol fyth. Yn ddiweddarach, ymhlith darganfyddiadau eraill

trwy ddilyn yn yr un modd y cliwiau a gâi yn y chwedlau, fe lwyddodd i ddwyn i'r golwg hen ddinas Mycenai, sef cartref y brenin Groegaidd Agamemnon.

Fel llawer o genhedloedd eraill yn y cyfnodau cynnar, roedd y Groegiaid yn credu mewn mwy nag un duw. Roedd ganddynt lawer o dduwiau ac o dduwiesau, rhai ohonynt yn gysylltiedig â grymusterau byd natur neu ag emosiynau'r ddynoliaeth. Enghreifftiau o hyn oedd Poseidon, duw'r môr, ac Aphrodite, duwies serch. Cyn mynd i frwydr, fe ofynnai'r Groegiaid i Ares, y duw rhyfel, am ei gymorth. Roedd duwiau a duwiesau eraill yn cynrychioli gweithgareddau bywyd pob dydd a phleserau oriau hamdden. Hestia oedd duwies y cartref, Demeter oedd duwies y cynhaeaf, Apolo oedd duw cerddoriaeth ac Athena oedd duwies celfyddyd a chrefft, yn enwedig nyddu a gwehyddu, a hi hefyd oedd duwies doethineb. Priodolid mwy nag un elfen i rai duwiau: roedd Apolo, er enghraifft, yn gyfrifol nid yn unig am gerddoriaeth ond hefyd am saethyddiaeth, meddygaeth a phroffwydoliaeth. Mewn llawer man, gwelid oracl, lle y byddai offeiriaid yn dehongli negesau ac arwyddion y duwiau i'r werin bobl. Yr oracl enwocaf oedd un Apolo yn Delphi. Arferid credu bod duwiau a duwiesau yn rhoi nawdd i ddinas neu wladwriaeth arbennig, megis Athena yn noddi dinas Athen. Llywodraethid y duwiau oll gan Zews a'i wraig Hera, a wyliai bopeth a ddigwyddai o'u cartref uchel ar Fynydd Olympos yng ngogledd Groeg.

Ymhen amser, efallai am fod yr hen Roegiaid yn awyddus i gredu nad oedd y duwiau a addolent yn fodau rhy bell oddi wrthynt, fe sonnid amdanynt yn y chwedlau yn cymryd rhan yn y gwahanol anturiaethau, yn union fel dynion meidrol. Er bod y duwiau yn troi ymhlith meidrolion, roedd yna reolau pendant ynghylch y modd y dylai'r meidrolion ymddwyn tuag atynt. Ni chaniateid iddynt byth herio awdurdod unrhyw un o'r duwiau. Bu'n edifar iawn gan y sawl a geisiodd wneud hynny, gan fod y duwiau yn eiddigus a dialgar eu natur.

Priodoli iddynt wendidau dynol oedd un o ddulliau eraill y Groegiaid o wneud y duwiau hollalluog yn fodau llai caled a llym. Dyna Zews—pennaeth yr holl dduwiau, a byddai rhywun yn disgwyl iddo ef, o bawb, ymddwyn yn urddasol a chyfrifol drwy'r adeg—yn methu â thynnu ei lygaid oddi ar unrhyw ferch dlos a welai, a hynny'n cythruddo Hera, ei wraig. Trwy eiddigedd a thrwy eu hawch am ddialedd y llywodraethai'r duwiau.

Ar wahân i'r duwiau, mae yna nifer o greaduriaid mytholegol eraill yn chwedlau Groeg. Dyna'r creadur a oedd yn hanner dyn a hanner ceffyl, y dyn-farch. Sonnir yn aml am y satyriaid, hanner dyn a hanner gafr, a hefyd am nymffiaid y môr a nymffiaid y coed, sef y nereidiaid a'r dryadiaid. Ar y ddaear y trigai'r creaduriaid rhyfedd hyn ond, fel y duwiau, roeddent yn meddu galluoedd arbennig. Felly, hefyd, yr angenfilod rhyfeddol y byddai duwiau a dynion yn ymladd yn eu herbyn ac yn llwyddo i'w gorchfygu fel arfer. Typhon a oedd â chant o bennau a phob un ohonynt yn sarff, ac Echidna, hanner gwraig a hanner sarff—dyna dad a mam llawer o'r angenfilod dychrynllyd a welir yn y llyfr hwn. Sonnir am Orthros, y bu Hercwl yn ymladd ag ef; Cerberos, yr helgi â thri phen a warchodai byrth Hades; y Chimaira, hanner gafr a hanner llew â chynffon sarff; Sphinx ofnadwy Thebai a lindagai bobl; yr Hydra â nadredd gwinglyd yn bennau; a llew Nemea a fwytâi bobl.

Cynrychiolai'r angenfilod bŵerau'r fall ac mae gorchfygu drygioni yn thema gref yn y straeon drwyddynt draw. Yn aml, byddai'r arwyr yn ymgodymu â'r tasgau mwyaf brawychus heb gymorth neb, ac nid er mwyn unrhyw glod personol, ond er mwyn i'r da drechu'r drwg. Wrth fod yn wrol a dyfalbarhau, fe fyddai siawns dda iddynt dderbyn cymorth gan un o'r duwiau ar y foment dyngedfennol.

Fel y 'duwiau newydd' yr adwaenir y duwiau a addolai'r Groegiaid ac a chwaraeai ran mor amlwg yn y chwedlau. Mae eu hanes yn mynd yn ôl i ddechrau amser, i gyfnod cyn creu'r byd. Yn gyntaf oll roedd Chaos, cyflwr na ellir ei ddiffinio'n glir, rhyw fath o dalp annelwig o ddim byd, heb na lliw na llun. Allan o Chaos, fe ddaeth y Fam Ddaear. Ei mab hi, Wranos, a luniodd y ddaear ar y ffurf y gwyddom ni amdani.

Esgorodd y Fam Ddaear ar gewri â thri phen a hefyd ar y Cyclopes unllygeidiog, y bu eu meibion yn weithwyr yn efail Hephaistos, y gof-dduw. Nid oedd Wranos yn hoff iawn o'r Cyclopes ac fe'u taflodd i lawr i'r Byd Tanddaearol gan ddigio'r Fam Ddaear yn arw iawn. Serch hynny, fe roddodd hi enedigaeth i ddeuddeg o blant Wranos, chwe mab a chwe merch, sef y Titaniaid. O blith yr hen dduwiau hyn, fe ymddengys Oceanos, Cronos a Rhea yn bur aml yn y chwedlau.

Nid anghofiodd y Fam Ddaear y driniaeth lem a roddodd Wranos i'w phlant. Llwyddodd i ddarbwyllo'r Titaniaid i ddial arno am hyn. Cronos, yr ieuengaf o'r deuddeg, oedd yr arweinydd, a thra oedd Wranos yn cysgu fe ymosododd arno â phladur wedi'i gwneud o gallestr. Disgynnodd tri diferyn o waed o glwyfau Wranos ar y Fam Ddaear a'r rhain oedd y Deraon, neu'r Dialwragedd ofnadwy a drigai yn y Byd Tanddaearol. O'r adeg honno ymlaen, rheolai Cronos y Titaniaid, a'i wraig ef oedd Rhea. Ond er ei fod erbyn hynny'n hollalluog, nid oedd yn dawel ei feddwl. Pan oedd Wranos ar fin marw, roedd wedi proffwydo y byddai un o feibion Cronos ei hun yn ei drechu yntau ryw ddydd ac yn cymryd ei le. I arbed hynny rhag digwydd, fe benderfynodd Cronos ddifa ei blant, ac am bum mlynedd yn olynol bob tro y byddai Rhea yn geni plentyn, fe fyddai ef yn ei gipio o'i breichiau ac yn llyncu'r bychan cyn iddo agor ei lygaid.

Yn naturiol, nid oedd hyn wrth fodd Rhea, a phan sylweddolodd hi ei bod yn disgwyl ei chweched plentyn, fe giliodd yn ddirgel i Fynydd Lycaios yn y rhanbarth honno o Roeg a elwid Arcadia. Yno y ganwyd y baban Zews. Gadawodd Rhea ef wedi'i guddio'n ddiogel mewn ogof dan ofal y nymffiaid, Adrasteia, Io ac Amaltheia. Dyna ddechrau cyfnod y duwiau newydd.

Y duwiau newydd—Zews a Hera

Ar ddechrau oes y duwiau newydd pan lwyddwyd i gadw'r baban Zews yn fyw, ni ddiflannodd y Titaniaid o'r tir dros nos megis. Roedd ychydig ohonynt, ynghyd â'u meibion a'u merched, wedi goroesi, a bu rhaid iddynt gael gwneud iawn am a fu.

Wedi iddo ddarganfod yr hyn a wnaethai Rhea i sicrhau bod ei mab bach yn cael byw, roedd Cronos yn gynddeiriog ac anfonodd rywfai ar unwaith i chwilio am y baban. Er mwyn boddi sŵn crio'r bychan, trefnodd y nymffiaid dwrw mawr pa bryd bynnag y dôi rhywun dieithr yn agos at y guddfan. Byddai yno hen gadw reiat rhwng curo gong, taro cleddyf ar darian a chodi llais mewn ffraeo ffug. Er mwyn drysu Cronos yn waeth fyth, cymerwyd Zews o'r ogof a'i ddodi mewn crud a hongiai oddi ar ganghennau coeden, fel nad oedd y baban ar y ddaear nac yn yr awyr nac yn y môr. Ond dal i chwilio amdano yr oedd ei dad ac fe wyddai Rhea y byddai'n siŵr o gael hyd i'r plentyn yn hwyr neu hwyrach, oni bai ei bod hi'n dyfeisio rhyw gynllun arall. Wedi lapio carreg fawr mewn cadachau, fe'i cyflwynodd i Cronos fel eu mab a dyna yntau yn ei llyncu'n ddi-oed fel ag y llyncodd y pum plentyn go iawn ynghynt.

Tybiai Cronos ei fod bellach yn ddiogel, ac o dan ofal y nymffiaid caredig fe gafodd Zews lonydd i dyfu'n llanc. O bryd i'w gilydd, ymwelai Rhea ag ef yn yr ogof a chafodd yntau wybod ganddi beth a ddigwyddodd i'w frodyr a'i chwiorydd hŷn. Wedi clywed yr hanes ofnadwy, penderfynodd eu hachub. Aeth Zews a Hera gyda'i gilydd i weld Metis, un o'r Titan-wragedd yr oedd yn gas ganddi Cronos, ac awgrymodd honno gynllun iddynt.

Gan nad oedd Cronos erioed wedi gweld ei fab, nid oedd ganddo syniad pwy oedd y dyn ifanc a gymeradwyodd Rhea fel trulliad, sef gweinydd gwin, iddo. Am fod Rhea yn canmol cymaint arno, fe gyflogodd Cronos ef yn y fan a'r lle. Ymhen ychydig, ac wedi i Zews brofi ei fod yn was ufudd y gellid ymddiried ynddo, fe gymysgodd Zews ryw lymaid arbennig a'i dywallt i mewn i gwpan ei dad. Wedi'i yfed, bu Cronos yn swp sâl ac yn cyfogi. Allan drwy'i geg a heb fod ronyn gwaeth, daeth Hades, Poseidon, Demeter, Hera a Hestia, sef y ddau fab a'r tair merch a lyncwyd gan Cronos pan oeddent yn fabanod bach. Daeth y garreg allan hefyd, yr un a roddodd Rhea iddo yn lle'r baban Zews. Disgynnodd y garreg i'r llawr wrth ymyl allor gysegredig Delphi, lle y bu'n destun parch ac y gellir ei gweld hyd heddiw.

Wedi dod yn rhydd, roedd Poseidon a Hades yn dyheu am ddial ar eu tad. Llwyddodd y ddau i ddarbwyllo Zews i'w harwain i ymladd yn erbyn y Titaniaid hynny a fu'n cefnogi Cronos. Arweinydd byddin y Titaniaid a dirprwy Cronos oedd duw nerthol o'r enw Atlas.

Bu'r rhyfel rhwng yr hen dduwiau a'r duwiau newydd yn un hir a chwerw. O'r diwedd, cynghorwyd Zews i ofyn am gymorth y Cyclopes unllygeidiog a gedwid yn garcharorion drwy'r adeg yn y Byd Tanddaearol. Teithiodd Zews yno i'w rhyddhau o gaethiwed, ac i ddangos eu gwerthfawrogiad fe roesant anrheg bob un i dri mab Cronos: taranfollt i Zews a daeth honno wedyn i fod yr arf mwyaf nodweddiadol ohono. Cafodd Hades helmed a'i gwnâi'n anweledig bob tro y gwisgai hi. Fforch dri-dant, debyg i dryfer a gafodd Poseidon. Wedi'u harfogi â'r rhain, daeth y tri o hyd i Cronos ar ei ben ei hun. Gallodd Hades, wrth wisgo'r helmed, ladrata arfau Cronos yn ddiarwybod iddo. Yr union eiliad y sylweddolodd ei fod heb arfau, fe fygythiodd Poseidon ef â'i fforch dri-dant a sleifiodd Zews o'r tu ôl i'w daro i lawr â tharanfollt. Bu Cronos farw yn y fan a'r lle.

Wedi colli hyder oherwydd marwolaeth y duw y buont yn ymladd drosto am gyhyd, fe ddigalonnodd gweddill y Titaniaid. Fel cawod o law yn disgyn, lluchiwyd pentwr o greigiau atynt gan y Cyclopes a buan y trechwyd nhw. Gyrrwyd pob un ac eithrio dau i Tartaros, y rhan honno o'r Byd Tanddaearol lle y dioddefai'r meirw boenedigaeth hyd dragwyddoldeb. Caniatawyd i Cronos fyw yn awyrgylch lawen Elysion. Cosb Atlas, yr arweinydd mewn rhyfel, oedd gwneud iawn am ei gamweddau trwy ddal pwysau'r nefoedd ar ei ysgwyddau enfawr am byth.

Trodd meddwl Zews yn awr at bethau eraill a'i dasg bennaf oedd creu'r ddynoliaeth. Yn gyntaf oll, creodd ddynion yr Oes Aur a oedd yn byw ym Mharadwys. Chwerthin a chanu a wnaent drwy gydol y dydd a darparai'r ddaear yn hael ar eu cyfer: ffrwythau oddi ar goed, mêl gan wenyn gwyllt, aeron a chnau oddi ar lwyni a llaeth gan eifr a defaid. Nid oedd angen i neb weithio ac roedd pob un yn berffaith fodlon ei fyd. Ond y diwedd fu i'r bobl heneiddio a marw. Er hynny, fe ddaliai eu heneidiau i grwydro'r ddaear gan gadw llygad ar les y cenedlaethau a ddaeth ar eu holau.

Dynion yr Oes Arian a grewyd wedyn. Yn wahanol i'r dynion cyntaf, nid oedd y rhain lawer uwch na'r anifeiliaid isaf eu gradd. Roeddent yn fwystfilaidd ac yn dwp, a gwrthodent aberthu i'w creawdwyr fel y disgwylid iddynt wneud. Yn lle hynny, byddent yn cweryla â'i gilydd byth a beunydd. Sylweddolodd Zews na fyddent byth yn callio a lladdodd bob un ohonynt yn ddiedifar.

Roedd y dynion nesaf a greodd, sef dynion yr Oes Bres, yn fwy deallus, ond fawr gwell ar wahân i hynny. Nid i greu pethau buddiol a chain y defnyddient eu meddyliau, ond i gynllwynio a gwneud arfau rhyfel. Yna byddent yn defnyddio'r rheini i ymladd yn erbyn ei gilydd, nes bod pawb wedi marw a chael eu hanfon i drigo'n dragywydd yn y Byd Tanddaearol.

Roedd ffydd Zews yn bur sigledig erbyn hyn. Amheuai a oedd yr hil ddynol yn werth y drafferth wedi'r cyfan. Wedi cryn bendroni, penderfynodd roi un cynnig arall arni. Y tro hwn, creodd ddynion yr Oes Arwrol, a daeth llawer o'r rhain yn arwyr y chwedlau a adroddid mewn cyfnodau diweddarach. Galwodd Zews am gymorth cawr doeth a da o blith y Titaniaid i lunio'r arwyr a cheir y stori am sut y cynorthwyodd Promethews ddynion, yn groes i orchymyn Zews, ymhellach ymlaen yn y llyfr hwn.

Credid bod Olympos, lle y trigai'r duwiau, y mynydd uchaf yn y byd. Ymhlith y rhai a ymgasglai yno, y duwiau mwyaf oedd Zews,

Hermes, Poseidon, Hephaistos, Ares ac Apolo; ac o'r duwiesau, yr uchaf eu parch oedd Athena, Hera, Artemis, Aphrodite, Hestia a Demeter. O dan lywodraeth Zews, y deuddeg hyn oedd y rheng uchaf; yn nesaf atynt o ran pwysigrwydd yr oedd Helios, Leto, Dionysos a Themis. Roedd Pan, y duw-fugail, yn ymwneud mwy â chefn gwlad nag Olympos. Byddai Hades, brawd Zews, wedi bod yn un o'r prif dduwiau ar Olympos, ond anaml, os o gwbl, y dôi i'w drigfan fynyddig. Roedd ef yn fodlon yn ei deyrnas dywyll ymhell islaw'r ddaear, gan lywodraethu ar eneidiau'r meirw yn y Byd Tanddaearol.

Roedd bywyd yn braf ar Olympos. Treuliai'r duwiau lawer o amser mewn neuaddau, yn gwledda ar gigoedd yr hyn a aberthid iddynt gan ddynion ar y ddaear, ac yn yfed neithdar o ffiolau aur a lenwid hyd yr ymylon gan dduwiau a duwiesau llai pwysig, megis Hebe a Ganymedes. Tra byddent yn bwyta ac yfed, llenwid y lle â nodau swynol Apolo ar ei delyn, a chanai'r naw Awen yn fwy persain nag a ddychmygai neb meidrol.

Yn aml, fodd bynnag, byddai ambell un o'r duwiau yn absennol o'r cwmni am fod arno eisiau ymyrryd ym mywydau dynion. Byddai llawer o'r arwyr meidrol wedi marw'n ifanc, oni bai fod yna ryw dduw neu dduwies yn eu gwarchod ac yn rhoi cymorth yn ôl yr angen. Wrth gymryd rhan yn yr anturiaethau hyn, byddai'r duwiau yn aml yn mentro'n o arw. Er hynny, roedd bod yn anfeidrol, sef ddim yn marw, yn fanteisiol iawn iddynt; er gwaethaf clwyf gan gleddyf neu waywffon, byddai pob archoll yn gwella'n fuan am nad gwaed ond rhyw hylif rhyfeddol, a elwid yn *ichor*, a lifai drwy eu gwythiennau. Gallent hefyd, wrth gwrs, newid eu golwg yn ôl eu mympwy gan ymrithio fel rhywun arall. Er hynny, er mwyn gallu symud o gwmpas ar y ddaear heb i neb eu hadnabod, y cymerai'r duwiau ffurf ddynol fel arfer.

Er ei fod y goruchaf ymhlith y duwiau, roedd Zews ei hun, hyd yn oed, yn ddarostyngedig i Ffawd, ffynhonnell pob doethineb. Cynghorion doeth Ffawd a gadwai drefn yn y bydysawd. Trwy gyfrwng Ffawd y gwelai Zews bopeth ac y gwyddai am bopeth. Gallai Zews osod cosb sydyn ar ddrwgweithredwyr, ond fe allai hefyd fod yn drugarog ac amddiffyn y gwan, y tlawd a'r anwybodus. Addolai'r hen Roegiaid Zews fel duw'r wybren ac arglwydd y gwyntoedd, y glaw a'r daran. Siaradai yntau â nhw naill ai yn ei berson ei hun neu trwy gyfrwng oracl Apolo yn Delphi.

Daeth Hera yn wraig i Zews, ond nid hi oedd y gyntaf na'r unig un ychwaith. Ei wraig gyntaf oedd Metis, un o'r Titaniaid. Yna priododd Themis, un o ferched Wranos, a roddodd enedigaeth i Heddwch, Cyfiawnder ac yn olaf, y tair Ffawd. Y rhain, sef merched y nos, a benderfynai gwrs bywyd pob person meidrol. Arhosodd Themis yn Olympos hyd yn oed yn nyddiau Hera, am fod Zews yn gwerthfawrogi ei barn ar amrywiol bynciau ac arferai ofyn ei chyngor ynghylch gwahanol broblemau. Nid oedd Hera, yn ôl y sôn, ddim dicach oherwydd hyn.

Cafodd Zews ddwy wraig arall ar ôl Themis. Mnemosyne oedd mam naw o ferched Zews, sef yr Awenau. Roedd pob un ohonynt yn ymroi i ryw agwedd ar gelfyddyd ac, ar ben hynny, roeddent oll â dawn gerddorol. Ryw dro, heriodd naw merch Pieros, brenin Emathia ym Macedonia, yr Awenau trwy honni eu bod yn well na nhw am ganu. Cafodd y merched anffodus hynny eu troi yn naw pioden am feiddio dweud y fath beth. Y wraig arall oedd Ewrynome, sef mam y tair Gras.

Ar un adeg, roedd Zews wedi mynd yn rhy ymffrostgar ynghylch ei awdurdod dros y duwiau eraill a theimlai'r lleill yn ddig tuag ato. Penderfynodd nifer o'r duwiau o dan anogaeth Hera (a oedd yn flin am fod Zews yn ei hanwybyddu), ei bod yn hen bryd dysgu gwers

iddo. Wedi ymaflyd ynddo, fe rwymwyd rhaffau amdano â chant o gylymau. Yn ddiymadferth bellach, gwaeddai arnynt yn lloerig, ond chwerthin am ei ben yn wawdlyd a wnâi'r duwiau. Trafodent yn ei ŵydd pa dduw a ddylai ei olynu fel pennaeth y duwiau oll. Sylweddolodd Zews y byddai rhywun yn siŵr o'i ddisodli ef, yn union fel yr oedd ef wedi cymryd lle'i dad, oni bai fod modd gwneud rhywbeth yn ddi-oed.

Sut bynnag, tra oedd Zews yn ymdrechu'n ofer i'w ryddhau ei hun, pryderai eraill am fod yna argoel o ryfel eto ymysg y duwiau. Un o'r rhai a ofidiai oedd Thetis, nymff fôr, ac aeth i nôl y cawr a chanddo gan llaw, Briareos, un o feibion Wranos. Daeth ag ef i'r fan lle y gorweddai Zews yn gynddeiriog ulw. Datododd pob llaw o eiddo'r cawr un cwlwm. Ymhen dim o dro, roedd y mwyaf o'r duwiau yn rhydd unwaith eto ac yn ysu am ddial ei gam. Anfonwyd Poseidon ac Apolo, dau o'r prif gynllwynwyr, ymhell dros y môr i Asia Leiaf i weithio am gyfnod i'r Brenin

Laomedon, yn codi muriau Caerdroia. Cafodd Hera gosb fwy eithafol; daliwyd hi ynghrog o'r awyr ag eingion bres drom wrth bob ffêr, nes bod y duwiau eraill i gyd wedi tyngu llw na fyddent yn gwrthryfela byth eto.

Roedd Zews a Hera yn bâr priod go ryfedd a fyddai'n ffraeo ac yn ymladd bron drwy'r adeg. Fel rheol, Zews fyddai ar fai. Er ei fod yn parchu ei wraig gryn dipyn, fe fyddai'n cynllwynio sut i'w thwyllo hi ac yn mynd i ffwrdd ar ryw antur neu'i gilydd o hyd. Byddai hithau'n darganfod pa beth fu'n ei wneud bron bob tro, ond gofalai beidio â'i gynddeiriogi'n ormodol.

Ar ôl ei hailenedigaeth ryfedd (o geg ei thad), magwyd Hera yn Arcadia, ac yno yr aeth Zews i chwilio amdani wedi i'w wraig Ewrynome fynd. Y gaeaf oedd hi ac eira ar y ddaear. Llwyddodd Zews i ennyn tosturi a serch Hera trwy ei ddieithrio ei hun fel y gog. Plygodd Hera i godi'r aderyn druan, a oedd bron â fferru, a'i gynhesu yn ei breichiau. Nid oedd yn llai deniadol iddi wedi

Teulu'r Duwiau

newid yn ôl i'w ffurf ei hun. Trefnwyd priodas a bu llawenydd mawr a dathlu pan glywodd duwiau eraill Olympos y newyddion.

Cawsant lond gwlad o anrhegion. Rhoddodd y Fam Ddaear i Hera goeden yn dwyn afalau aur. Plannwyd hi mewn gardd ar ochr Mynydd Atlas, yn agos at y lle roedd Atlas yn dal pwysau'r byd a'r nefoedd ar ei ysgwyddau. Ymhen amser, ganwyd i Hera dri o blant: Ares y duw rhyfel, Hephaistos y gof-dduw, a Hebe a dreuliodd ei hoes yn llawforwyn i dduwiau eraill.

Anodd egluro pam fod Zews mor anffyddlon i Hera, gan ei bod hi'n ifanc ac yn brydferth. Efallai ei bod hi braidd yn rhy ddifrifol ynghylch ei dyletswyddau fel brenhines y duwiau. Treuliai Hera gryn dipyn o amser yn gofalu ei bod yn edrych yn hardd bob amser. Bob blwyddyn âi i ymdrochi yn nyfroedd hudol y ffynnon yn Nawplia ar arfordir Groeg er mwyn para'n fythol ieuanc. Ar ôl ymdrochi, fe eneiniai ei chorff ag olew persawrus cyn dychwelyd at ei gŵr ar Olympos. Arhosodd Hera yn ffyddlon i Zews er bod digonedd o rai eraill wedi bod yn ei llygadu. Bu un dyn, Ixion, brenin yn Thessalia, yn ceisio ei ffafr, ond ni fu Zews fawr o dro cyn gyrru hwnnw i ddioddef cosbedigaeth am byth yn Tartaros am fod mor ddigywilydd.

Un tro, pan oedd anturiaethau Zews wedi mynd yn drech na hi, gadawodd Hera ef a dychwelyd i Ynys Ewboia, lle y bu'n byw ym mlynyddoedd cyntaf ei hoes cyn mynd i Arcadia. Ceisiodd Zews ei orau glas i'w chael yn ôl, ond roedd hi'n benderfynol. Yna, meddyliodd am gynllun ac roedd yn bur ffyddiog y byddai'n gweithio, oherwydd ei fod yn gwybod am natur genfigennus Hera.

Trefnodd i ddelw o ferch dlos gael ei gwneud, yna rhoddodd y gwisgoedd harddaf o sidan euraidd amdani a choron o berlau ar ben ei gwallt golau. Gosododd y ddelw mewn cerbyd aur ac aed â hi o le i le o gwmpas yr ynys. Yr un pryd, roedd negeswyr yn cyhoeddi mai hon oedd darpar wraig brenin y duwiau. Yn ei dicter, rhuthrodd Hera at y cerbyd aur a rhwygo'r dillad oddi am y 'ferch'. Yna sylweddolodd mai twyll oedd y cyfan. Sut bynnag, roedd ei gwir deimladau tuag at Zews yn hollol amlwg i bawb. Nid oedd ganddi ddewis ond dychwelyd mewn tipyn o gywilydd i Olympos.

Adroddir y stori ryfedd am y modd y bu i Zews ar ei ben ei hun roi genedigaeth i Athena, ymhellach ymlaen yn y llyfr. Cythruddwyd Hera yn waeth gan y digwyddiad hwn na chan ei branciau arferol. Am ei bod yn cenfigennu wrtho

oherwydd y gallu rhyfedd hwn, roedd hithau'n awyddus i'w gael hefyd. Galwodd am gymorth y Fam Ddaear a'r Titaniaid. Ymhen ysbaid o amser, gwireddwyd ei dymuniad, ond yn lle mab golygus, fe esgorodd hi ar yr anghenfil Typhon.

Pan na fyddai wedi cael ei gwylltio gan Zews, fe allai Hera fod yn ddoeth ac addfwyn. Roedd hi'n hoff o'r bobl feidrol hynny a oedd yn ddewr a hael, a byddai'n barod i roi cymorth iddynt pan fyddent mewn helbul. Enghraifft o hyn yw pan dywysodd Hera Iason yn ddiogel ar ei fordaith beryglus wrth chwilio am y cnu aur.

Tueddai Zews yn aml i ymddwyn yn gywilyddus pan na fyddai Hera yno i'w wylio. Ar un amgylchiad, pan oedd Zews yn edrych i lawr o Olympos, fe welodd Io, merch Inachos, llywodraethwr yn Argos. Roedd Io yn brydferth iawn a syrthiodd Zews mewn cariad â hi y funud honno. Aeth i ymweld â hi a buont yn sgwrsio am dipyn, ond fe welodd Hera y ddau. Wrth i Hera nesáu atynt, fe drodd Zews Io yn fuwch wen a chymerodd arno mai un o yrr o wartheg a borai gerllaw oedd hi. Ond ni thwyllwyd Hera. Rhoddodd yr argraff ei bod yn credu mai rhodd iddi hi oedd y fuwch, a diolchodd yn gynnes i Zews amdani. Nid oedd ganddo ddewis yn awr ond gadael y fuwch a dychwelyd gyda Hera i Olympos.

Drannoeth, sleifiodd Zews allan a mynd i Argos eto, gan fwriadu newid Io yn ôl i'w ffurf ei hun ac yna ei chuddio, ond fe ddigiodd pan ganfu fod Hera wedi gorchymyn i anghenfil a chanddo gant o lygaid wylio'r fuwch. Ni feiddiai Zews yrru taranfollt i ladd yr anghenfil, gan y byddai hynny'n profi ei fod ef ei hun yn euog. Felly, anfonodd Hermes ffraeth a thafodrydd i drafod y broblem. Eisteddodd Hermes gyda'r anghenfil drwy gydol y nos, gan ddweud rhyw stori faith a thrist wrtho. Ar y dechrau, gwrandawai hwnnw'n astud ar y stori, ond ymhen oriau lawer fe ddechreuodd bendwmpian ac yna cysgodd. Yr eiliad wedyn, neidiodd Hermes ar ei draed. Yna, ag un trawiad cleddyf, torrodd ben yr anghenfil oddi wrth ei gorff.

Cafodd Io gymaint o fraw nes iddi ddianc, a phan aed i chwilio amdani nid oedd golwg ohoni yn unman. Bu Io yn crwydro am fisoedd lawer tua'r gogledd drwy Roeg ac o gwmpas dwyrain y Môr Canoldir, dros fynyddoedd a diffeithleoedd nes cyrraedd gwlad yr Aifft. Yno, wedi'i hadfer yn ferch eto, ganwyd plentyn Zews iddi, mab a fyddai ryw ddydd y Pharo cyntaf i lywodraethu ar deyrnas Afon Nil.

Hades, Arglwydd y Byd Tanddaearol

Gall yr enw Hades greu dryswch am mai dyma enw'r hen Roegiaid ar y duw a deyrnasai ar y Byd Tanddaearol a hefyd ar y deyrnas honno. Er mai byd y meirwon ydoedd, nid oedd Hades y Groegiaid yr un fath â'r syniad diweddarach am uffern, lle'r anfonid y condemniedig i ddioddef poenedigaeth dragwyddol. Âi'r meirwon i gyd i Hades—y rhai da a'r rhai drwg—a chaent eu harwain yno gan y negesydd-dduw, Hermes. Wedi cyrraedd yno y penderfynid ar eu tynged. Gwir fod rhai, yn enwedig y rheini a enynnodd lid y duwiau, yn dioddef, ond fe gâi'r rheini a fu'n byw'n dda, yn ddoeth, yn garedig ac yn wrol fyw bywyd dedwydd iawn yno. Y sawl a reolai hyn oll oedd y duw Hades, brenin llym, ond cyfiawn bob amser.

Nid yw Brenin Hades ei hun yn amlwg iawn yn chwedlau Groeg am mai anaml y byddai'n gadael ei deyrnas ar ôl iddo gael ei sefydlu'n Arglwydd y Byd Tanddaearol. Unwaith neu ddwy, pan welodd ryw nymff dlos, mentrodd allan yn y cerbyd a dynnid gan geffylau duon, bygythiol yr olwg. Yn ystod un ymweliad byr â'r ddaear y cipiodd Persephone, merch Demeter. Fel arfer, cadw o'r golwg a wnâi yn ei deyrnas ei hun.

Sut bynnag, mae teyrnas Hades yn chwarae rhan bwysig iawn yn chwedlau Groeg. Ymwelodd llawer o'r arwyr Groegaidd a nifer o'r duwiau hefyd â'r lle am ryw reswm neu'i gilydd, a hynny tra oeddent yn dal yn fyw. Tasg yr hoffai'r duwiau ei gosod i ddynion meidrol fyddai mynd i Hades a dod â rhyw wrthrych oddi yno i brofi iddynt lwyddo. Byddai angen cryn ddyfeisgarwch (neu gymorth gan hud a lledrith) i ddyn meidrol fedru mynd i mewn i Hades ac allan eto.

Yn yr oesoedd cynnar, credid bod Hades ymhell yn y gorllewin, y tu hwnt i'r gorwel lle y tarddai Afon Oceanos, a amgylchai'r ddaear. Yn ddiweddarach, ceid disgrifiadau o geudyllau dudew a llwybrau hir, tywyll yn arwain i'r Byd Tanddaearol o rai rhanbarthau ar dir mawr Groeg, megis Thesprotia yn y gorllewin neu ar draws Môr Aegea yn Asia Leiaf. Ym mha le bynnag yr âi'r meirw i mewn i Hades, fe allent ddibynnu ar Hermes i ddangos y ffordd iddynt.

Pan gleddid person marw, arferid rhoi darn arian bychan a elwid yn *obol* yn ei geg. Dan yngan gair o gysur wrtho, os byddai ef yn ei haeddu, fe arweiniai Hermes enaid y marw i lawr yn isel i grombil y ddaear hyd at drothwy Hades. Yno byddai'n rhaid aros am fod afonydd yn amgylchu'r Byd Tanddaearol ar bob ochr. Afonydd araf, dioglyd oedd y rhain, yn llifo trwy dwneli tywyll a fyddai'n ymagor mewn ambell fan ar ffurf ceudwll, ac mewn mannau felly y gellid croesi'r dŵr.

Afon Styx a ffiniai'r rhan honno o Hades a elwid Tartaros ar yr ochr orllewinol, a'r afonydd a lifai iddi, sef Acheron a phedair arall, a amgylchai weddill y deyrnas dywyll.

Fel arfer, Afon Styx a groesid, ond ni ddigwyddai hynny os anghofiwyd yr *obol* neu'i golli, neu os oedd y marw'n rhy dlawd i'w dalu. Mewn achosion o'r fath, gadewid y marw i aros yn ddi-obaith am byth ar y lan am fod y cychwr yn mynnu toll gan bob un a gludai yn ei gwch. Charon oedd enw'r hen gychwr sarrug hwnnw. Wedi derbyn yr *obol*, dan rwgnach fe gludai enaid y marw ar draws yr afon yn ei gwch. Roedd Hades ei hun wedi gorchymyn i Charon beidio â chludo neb byw, ni waeth beth fyddai ei resymau dros groesi'r afon, ac fe fygythiodd gosb drom iddo pe meiddiai'r cychwr anufuddhau. Llwyddodd un neu ddau rhyfygus iawn i osgoi Charon yn gyfan gwbl neu i'w ddarbwyllo i wneud eithriad i'r rheol.

Wedi cael ei adael gan Hermes ar lan Afon Styx, camai enaid y marw i mewn i'r cwch. Yn dawel iawn wedyn, gafaelai Charon yn y rhwyfau, ac wrth i flaenau'r rhwyfau dorri wyneb y dŵr tywyll, fe symudai'r cwch yn araf oddi wrth y lan. Ar lan bellaf yr afon, roedd Cerberos, ci anferth a chanddo dri phen. Er gwaethaf ei olwg dychrynllyd, ni fwriadai Cerberos wneud unrhyw niwed i eneidiau'r meirw wrth iddynt gamu o gwch Charon. Dyletswydd y ci oedd eu hatal pe baent, rywbryd wedyn, yn ceisio ailgroesi Styx er mwyn dianc yn ôl i fyd y byw. Cerberos hefyd oedd ceidwad y pyrth rhag ofn i ymwelwyr, heb awdurdod ganddynt, sleifio drwodd i Hades.

Wedi glanio ar yr ochr draw, roedd rhaid i'r enaid groesi Gwastadedd Asphodel. Lle diffaith a niwlog oedd hwnnw, yn llawn o goed lledrithiol a'u canghennau wylofus yn ysgubo'r ddaear ac yn ochneidio'n brudd yn y gwynt a chwythai'n barhaus ar draws y tir llwydaidd, gwastad. Yn y fan hon y byddai'r meirw llai ffodus yn treulio tragwyddoldeb, dan grwydro'n ddiamcan yma a thraw. Ni fyddent yn dioddef poenedigaeth fel y cyfryw, dim ond diflastod llwyr, ond fe fyddai pawb bron wedi dianc oddi yno pe bai modd.

Y tu draw i Wastadedd Asphodel, ymestynnai dolydd gleision Erebos, a'r pwll yn Afon Lethe lle y dôi'r meirw cyffredin i dorri syched. Byddai pwy bynnag a brofai ddŵr Lethe yn anghofio ar unwaith ei fywyd gynt ym myd y byw, ac oherwydd hyn, nid oedd gan yr ysbrydion cyffredin atgofion hyd yn oed. Ymhellach wedyn, gwelid tyrau plas ysblennydd Hades, ond ni châi neb o'r meirw y fraint o fynd trwy ei ddrws llydan, cadarn. Dim ond duwiau Olympos ar ymweliad neu dduwiau llai pwysig y Byd Tanddaearol ei hun a gâi groesi'r trothwy, ynghyd â'r ychydig iawn a dderbyniai wŷs i ymddangos gerbron y Brenin Hades a'i frenhines, Persephone.

Cyn cyrraedd ffiniau tir y plas, safai'r meirw i ddisgwyl am y dyfarniad ynghylch eu bywyd yn y gorffennol ar dir y byw. Y tri barnwr oedd Minos, Rhadamanthos ac Aiacos, a ddewiswyd oherwydd eu doethineb a'u bywyd rhinweddol ar y ddaear gynt. Bob dydd, dôi'r meirw o'u blaenau, rhai yn crynu ar ôl byw bywyd ofer, eraill yn dawel, ddigyffro heb falio beth fyddai eu ffawd.

Wedi iddynt gael eu barnu, âi'r ysbrydion ar

hyd un o dri llwybr. Arweiniai'r llwybr cyntaf yn ôl i Wastadedd Asphodel. Roedd llawer o ôl traul ar y llwybr hwnnw: ychydig a lwyddai i ddarbwyllo'r barnwyr fod ganddynt hawl arbennig i driniaeth wahanol, a rhaid oedd i laweroedd aros am byth yng ngwyll tragwyddol y gwastadedd niwlog. Ychydig a fyddai'n fwy ffodus—yr arwyr mawr hynny a ryngodd fodd y duwiau trwy wahanol fathau o aberth a gwasanaeth, gan golli'u bywydau yn y fargen. Yn aros am y rhain ym mhen draw'r ail lwybr yr oedd Meysydd Elysion.

Yno, tywynnai'r haul, a'r unig gymylau yn yr awyr las yn rhai gwyn, gwlanog. Canai adar yn y coed, yn arbennig felly yng nghangau'r boplysen wen, dal a oedd ar un adeg yn ferch i'r duw Oceanos. Byddai'r llennyrch gwyrdd rhwng y coed yn llawn o seiniau cerddoriaeth lawen pibau a thelyn ac fe fyddai yno ddawnsio bob amser. Nid oedd nos yn bod yno am nad oedd ar yr ysbrydion angen gorffwys. Cynhelid gwledd bob tro y byddai arnynt awydd cael un. Llifai'r gwin yn ddi-ball, ond ni fyddai neb yn dioddef wedyn am nad oedd y fath beth ag yfed gormod. Ar derfyn y wledd, bwytaent rawnwin a phomgranadau a ffrwythau aeddfed eraill yn llawn o sudd melys.

Roedd y rhai a fu'n ddigon ffodus i gyrraedd Meysydd Elysion yn mwynhau braint arall y byddai'r ysbrydion druain ar Wastadedd Asphodel wedi'i gwerthfawrogi'n fwy na dim: gallu dychwelyd i'r ddaear pe dymunent hynny. Y gwir amdani oedd bod eu bywyd newydd mor ddedwydd fel nad oedd fawr neb yn dewis ei adael, hyd yn oed am ysbaid fer.

Y barnwr doeth Rhadamanthos a lywodraethai Feysydd Elysion. Un o'i ddeiliaid oedd y Titan, Cronos. Hwyrach ei bod yn ymddangos yn rhyfedd fod Rhadamanthos wedi derbyn Cronos i Elysion gan mai duw creulon a chenfigennus oedd hwnnw. Sut bynnag, roedd rhai o'r hen dduwiau cynnar, gan gynnwys Cronos, â hawl 'ddwyfol' i fyw yn Elysion ar ôl cael eu gyrru o'u swyddi. Ni ellir dweud bod y duwiau'n marw yr un fath â meidrolion. Nid oes cofnod fod Cronos wedi aflonyddu ar lawenydd y trigolion eraill, na'i fod yn ymddwyn yn wahanol i unrhyw hen ŵr mwyn arall a fu gynt yn llanc gwyllt.

Arweiniai'r trydydd llwybr yr anfonid rhai meirw ar ei hyd, i Tartaros. Llidiart enfawr o bres oedd y fynedfa a chedwid hi wedi'i chloi drwy'r adeg ar yr ochr fewnol. Un ffordd yn unig yr agorai'r llidiart, sef i adael y meirw i mewn. Roedd Tartaros yn ddigon tebyg i'r syniad o uffern gan y Cristnogion mewn oes ddiweddarach, sef lle y câi drwgweithredwyr a'r rhai a heriodd y duwiau eu cosbi hyd dragwyddoldeb. Byddai eu sgrechfeydd yn diasbedain yn ddi-baid o fewn y tri mur uchel a'u hamgylchai, ac ni chlywyd bod neb erioed wedi dianc oddi yno.

O'r holl rai a gondemniwyd i Tartaros am byth, hwyrach mai'r enwocaf oedd y Titaniaid, yr hen dduwiau a ddisodlwyd gan Zews a'i frodyr a'i chwiorydd. O blith y rheini, dim ond Cronos oedd yn byw yn Elysion. Tynged y lleill oedd dioddef yn Tartaros am byth. Un arall a yrrwyd yno oedd Tantalos a laddodd ei fab bychan, Pelops, ac arlwyo ei gnawd i'r duwiau i weld a allent wahaniaethu rhyngddo a chnawd anifail. Daeth y

duwiau i wybod yr hyn a wnaethai Tantalos a chafodd Pelops ei adfywhau, ond nid cyn i un ysgwydd gael ei bwyta. Treuliodd weddill ei oes ag un ysgwydd ifori, ac anfonwyd Tantalos i Hades am yr anfadwaith. Ei gosb yno oedd hongian oddi ar goeden ffrwythau uwchben llyn o ddŵr clir. Roedd arno newyn a syched ofnadwy drwy'r adeg, ond bob tro yr estynnai am un o'r ffrwythau, fe bellhâi'r ffrwyth fymryn o'i gyrraedd, a bob tro y plygai i lawr i yfed, fe giliai'r dŵr yn ôl hefyd.

Un arall o'r dioddefwyr oedd y cawr Tityos a oedd wedi ymosod ar Leto, mam Apolo ac Artemis, pan oedd hi'n gweddïo wrth yr allor gysegredig yn Delphi. Achubwyd hi gan ei mab a'i merch trwy iddynt ridyllu corff y cawr â saethau. Yn Tartaros gorfu i Tityos orwedd ar ei hyd ar lawr a chael ei ddal yn sownd yno â rhaffau, tra oedd fwlturiaid yn ei bigo â'u pigau creulon, cam.

Roedd Sisyphos, brenin Corinth ar un adeg, wedi clymu Angau â chadwyni pan ddaeth hwnnw i'w hawlio. Am amser maith wedyn, ni fu neb farw ar y ddaear, ac ar ôl anfon Ares i ryddhau Angau y daeth pethau i drefn eto yn Hades. Am hyn a throseddau eraill, yr anfonwyd Sisyphos i Tartaros a'i orfodi am byth i wthio carreg anferth i fyny ochr bryn. Cyn gynted ag y cyrhaeddai ben y bryn, fe roliai'r garreg i lawr yn ei hôl a byddai rhaid i Sisyphos ddechrau o'r dechrau eto. Wrth ymyl, roedd Ixion o Thessalia wedi'i glymu'n sownd wrth olwyn danllyd a honno'n troelli, am iddo feiddio denu Hera, gwraig Zews. Roedd Zews wedi ffurfio cwmwl yn ddelw o'i wraig, Hera, er mwyn twyllo Ixion. Fe weithiodd hyn mor dda nes y ganwyd i'r ddelw a Zews, maes o law, y creaduriaid rhyfedd hynny, y centawriaid neu'r dyn-feirch. Hanner dyn a hanner ceffyl oedd centawr. Er mai aflwyddiannus fu cais Ixion i ddenu Hera, roedd ei bechod yng ngolwg y duwiau yn un anfaddeuol, a dyna pam yr anfonwyd ef i Tartaros.

Roedd yno luoedd o rai eraill ac i bob un ei hanes. Yn eu plith, roedd yr hanner cant o ferched Danaos a elwid yn Danaides. Disgynyddion Io oeddent a ddaethai o'r Aifft gyda'u tad pan wnaed ef yn frenin Argos. Roedd yr hanner cant o feibion a oedd gan Aegyptos, brawd Danaos, wedi'u dilyn nhw, â'u bryd ar eu priodi. Yn ôl pob golwg, roedd Danaos yn cytuno â'r syniad o'r holl briodasau hyn, ond mewn gwirionedd yr oedd dan orfodaeth gan ei frawd gormesol. Gadawodd i'r

seremonïau fynd ymlaen, ond gwnaeth i'r merched dyngu llw y byddent yn trywanu eu gwŷr newydd i farwolaeth noson y briodas. Cadwodd y merched i gyd y llw, ac eithrio un ohonynt, ac am hynny, fe'u condemniwyd i geisio llenwi â dŵr hyd byth lestr yn llawn o dyllau fel gogr.

Dyna'r tri llwybr y gallai ysbryd y marw fynd ar eu hyd. Ni chymerai Hades ei hun unrhyw ran yn y ddedfryd a rôi'r barnwyr, oni bai eu bod yn methu'n lân â chytuno. Bryd hynny, ei air ef fyddai'n cyfrif. Anaml iawn y byddai Persephone yn ymyrryd. Pan fyddai'r dadleuon ar y ddwy ochr yn weddol gytbwys, hi fyddai'n torri'r ddadl. Tueddai hi i ddadlau o blaid y ddedfryd fwyaf trugarog, ac ambell dro fe lwyddai hi i ddarbwyllo Hades—ond ni allai neb arall ei droi, ac ni feiddiai neb roi cynnig arni ychwaith.

Y bennaf o'r duwiau a'r duwiesau llai pwysig yn Hades oedd Hecate, duwies y lleuad ar un adeg a merch i Zews. Pan adawodd hi'r byd uwchben, rhoddwyd cryn awdurdod iddi yn Hades lle'r adwaenid hi fel y frenhines anorchfygol. Os credai'r barnwyr y dylid caniatáu i un o'r meirw wneud iawn am ei hen gamweddau, Hecate a lywyddai yn ystod y seremoni a'r buredigaeth wedyn. Er hynny, nid oedd popeth a wnâi hi mor heddychlon. Hudoles oedd hi a medrai anfon ysbrydion drwg i'r ddaear i blagio'r rhai oedd wedi pechu yn erbyn y duwiau. Weithiau, fe âi hi ei hun i'r ddaear ar nosweithiau pan fyddai'r lleuad yn llawn, ac fe'i gwelid gyda'i thri chi hela enfawr ar groesffordd ac mewn mynwent ambell dro.

Yn Hades y trigai'r Deraon neu'r Erinyes—Tisiphone, Alecto a Megaira. Ysbrydion dialgar oedd y rhain, hagr yr olwg â chyrff cŵn, adenydd ystlumod a nadredd oedd eu gwalltiau. Er mai'r Byd Tanddaearol oedd eu cartref, eu tasg oedd barnu pa mor wir fyddai cwynion dynion meidrol yn erbyn ei gilydd a phennu'r gosb wedyn i'r rhai fyddai ar fai. Byddent yn ymwneud yn arbennig â phobl a fyddai wedi torri llw sanctaidd neu wedi cynllwynio i lofruddio eu rhieni. Ni fedrai neb a brofid yn euog ddianc rhag llach chwip y tair hyn. I ymlid y rhai euog, fe anfonent y Keres, sef helgwn Hades—angenfilod mewn mentyll cochion, ac adenydd ganddynt a dannedd gwynion, hirion, miniog. Byddai'r Keres yn erlid y dioddefwyr yn ddidostur, hyd yn oed ar draws y môr nes, o'r diwedd, ddisgyn ar eu hysglyfaeth â'u safnau parod yn llydan agored. Wedi cael eu gwala, codent ar eu hadenydd fel fwlturiaid gan gludo gweddillion y wledd i dir y cysgodion.

Persephone ymhlith y meirw

Merch i Cronos a Rhea a chwaer i Zews oedd Demeter. I'r Groegiaid, hi oedd duwies y cynhaeaf a phob planhigyn byw. Bob blwyddyn, fe fyddai hi'n aeddfedu'r ŷd ac ar derfyn yr haf fe ddiolchai pobl iddi am haelioni'r ddaear. Ar ynys fynyddig Sicilia yr oedd hi'n byw gyda'i hunig ferch, Persephone. Tyfodd Persephone i fod yn un o ferched prydferthaf yr ynys, ond er ei bod yn ferch i dduwies bwysig, roedd ei dull o fyw yn syml a dirodres. Ni wyddai hi ddim am y cweryla a'r cenfigennu ar fynydd Olympos. Yna, ryw ddiwrnod, heb rybudd o gwbl, fe newidiodd bywyd tawel a dedwydd y fam a'r ferch yn llwyr.

Roedd Persephone wedi mynd allan am dro ar ei phen ei hun ac ni ddaeth yn ôl. Dechreuodd nosi, ond nid oedd arlliw o'r eneth na neges oddi wrthi. Disgwyliodd Demeter amdani am hydoedd, a'r diwedd fu iddi alw ei gweision ati. 'Chwiliwch y caeau a'r bryniau a'r dyffrynnoedd i gyd,' meddai wrthynt. 'Rhaid bod rhyw ddamwain ofnadwy wedi digwydd i Persephone. Chwiliwch ym mhob twll a chornel ac fe gewch eich gwobr.'

Am ddyddiau lawer, bu'r gweision yn chwilio a chwalu, ond yn ofer. Aethant i bob cwr o'r ynys. Ymunodd Demeter ei hun â nhw, gan gynnau ffaglau â thân y llosgfynydd Etna er mwyn dal ati heb orffwys drwy gydol oriau'r nos. Nid oedd sôn am Persephone yn unman. Roedd hi wedi diflannu oddi ar wyneb y ddaear.

Y diwedd fu i Demeter grwydro dros y môr i wledydd eraill ac iddi, yn ei galar, anghofio am y bobl y dylai hi fod yn eu gwasanaethu. Crinodd y cnydau ŷd, gwywodd pob planhigyn fel nad oedd glaswelltyn na choeden yn unman. Trodd wyneb y tir yn llwm am fod Demeter yn ei esgeuluso.

Wrth grwydro hwnt ac yma, daeth Demeter i Elewsis, tref tua deng milltir i'r gogledd ddwyrain o Athen. Roedd hi wedi'i dieithrio ei hun fel hen wraig am nad oedd arni eisiau i neb ei hadnabod. Cafodd groeso, fel y câi pawb, gan y Brenin Celeos a'i wraig Metaneira. Wrth sgwrsio â nhw, fe ddeallodd fod angen gwraig i ofalu am eu baban newydd-anedig, Demophoön.

'Rhaid i mi orffwyso am dipyn yma am fy mod i mor flinedig,' meddai Demeter wrthynt. 'Wnewch chi adael i mi ofalu am eich plentyn?' Er mai dyna'r rheswm a roddodd iddynt, roedd hi erbyn hyn yn anobeithio ac yn teimlo y byddai gofalu am y baban yn lleddfu rhyw ychydig ar ei hiraeth.

Derbyniodd Celeos a Metaneira y cynnig yn llawen, ac am gyfnod roedd Demeter, i bob golwg, yn eithaf bodlon ar ei bywyd newydd.

Ond roedd colli Persephone a'r blynyddoedd o chwilio'n ofer amdani wedi chwerwi Demeter.

Byddai Abas, mab hynaf Celeos, yn cael hwyl wrth gellwair â hi, ond ambell dro fe âi'n rhy bell. Un diwrnod, wedi'i gwylltio'n sydyn gan y tynnu coes, fe anghofiodd Demeter bopeth am ei swydd ymhlith y meidrolion. Gan fanteisio ar y swyngyfaredd a feddai, fe newidiodd hi Abas yn fadfall mewn eiliad. Yna gwyliodd y creadur yn sgrialu am ei fywyd i hollt yn wal yr ystafell. Buan y ciliodd dicter Demeter, ac roedd yn edifar iawn ganddi ei bod wedi ymddwyn yn y fath fodd. Penderfynodd wneud iawn am hyn i Celeos a'i wraig a'r un pryd ddangos gwerthfawrogiad am iddynt bob amser fod mor garedig tuag ati.

Rhoddodd swyn er daioni ar y plentyn ieuengaf. Wedi codi'r baban o'i grud, croesodd Demeter ar draws yr aelwyd a'i ddal uwchben y tân. Trwy wneud hyn, medrai losgi ymaith ei feidroldeb a'i wneud yn fod anfeidrol, sef un na fyddai'n marw byth.

Y funud honno, digwyddodd Metaneira fynd heibio i'r drws a gweld yr hyn a wnâi Demeter. Gan weiddi mewn braw, rhuthrodd i mewn a chipio'r baban o freichiau'r dduwies. Heb sylweddoli hynny, fe dorrodd y fam y swyn cyn iddo gyflawni ei bwrpas, a bu Demophoön farw yn ei breichiau.

Gwyddai Demeter yn awr fod rhaid iddi ddatgelu pwy oedd hi mewn difri. Gan daflu o'r

neilltu ei mantell dywyll, safodd Demeter fel duwies o flaen Metaneira. Yn rhyfedd iawn, cafodd Demeter ei hun rywfaint o lawenydd yn bur annisgwyl. Roedd gan Metaneira fab arall o'r enw Triptolemos, a phan ddeallodd ef pwy yn hollol oedd yr hen wraig, brysiodd i ddweud wrthi am y si a glywsai.

Y diwrnod y diflannodd Persephone, roedd hi wedi bod yn hel blodau yn y caeau. Roedd bachgen o fugail wrthi'n gwylio ei ddefaid heb fod ymhell oddi wrthi ac wedi sylwi arni'n cerdded yma ac acw wrth hel y blodau. Daeth cerbyd aur yn cael ei dynnu gan ddau geffyl du yn sydyn o rywle, a dyna'r gyrrwr tal yn cipio'r eneth a'i llusgo i mewn i'r cerbyd. Yna, diflannodd y ceffylau a'r cerbyd i hollt ddofn a agorodd yr eiliad honno yn ochr y bryn. Ni welsai'r bugail ifanc wyneb y dyn, ond roedd gan Demeter amcan go lew pwy ydoedd. Ei brawd hi, Hades, Arglwydd y Byd Tanddaearol, oedd yr un a gadwai ei hunig ferch yn garcharor ymhlith y meirwon.

Roedd Demeter yn hynod o falch fod Persephone yn dal yn fyw, ond yn ddig iawn oherwydd y tro gwael a wnaed â hi gan ei brawd. Os oedd Hades yn cadw Persephone yn gaeth, roedd Zews yn siŵr o fod yn gwybod am hyn ac yn cytuno â'r weithred. Wedi gwylltio'n gynddeiriog, fe adawodd Demeter dref Elewsis a dechrau crwydro eto. Drwy gydol yr adeg hon, roedd y tir yn dal yn llwm am fod Demeter yn gwrthod yn lân â'i wneud yn doreithiog fel cynt. Gwywai'r blodau oll yn y blagur, a phetai ambell blanhigyn yn llwyddo i ymwthio allan o'r pridd caled, fe fyddai rhyw aflwydd yn siŵr o'i ddifa cyn pen dim.

Tybiai'r bobl y byddai pob creadur byw yn marw o newyn, ac ni châi'r duwiau hyd yn oed yr ebyrth a'r rhoddion a ddisgwylient. O'r diwedd, dyna Zews yn ymyrryd. Anfonodd ei fab Hermes â neges i Hades ei hun yn gofyn iddo ryddhau Persephone. Roedd yna un amod: gallai hi adael y Byd Tanddaearol oni bai ei bod hi wedi bwyta yn ystod ei harhosiad yno, gan fod pwy bynnag a fwytâi fwyd y marw yn gorfod bod yn deyrngar i'r Brenin Hades.

Daeth Hermes o hyd i Persephone yn eistedd yn welw a thrist ei gwedd wrth ochr Hades, ac yn rhythu i'r cysgodion. Roedd yna dusw o flodau crin yn ei dwylo o hyd, a bob hyn a hyn fe blyciai'n ddifeddwl yn y petalau.

'Dydw i ddim wedi bwyta'r un tamaid er y diwrnod y llusgwyd fi o'm cartref,' meddai Persephone. 'Bob dydd, maen nhw'n dod â ffrwythau i mi a'r rheini'n rhagorach na'r un ffrwyth a welais ar y ddaear erioed. Ond mi wn i mai bwyd y marw ydi hwn a'i flas mor chwerw â lludw. O, Hermes, dos â fi'n ôl i olau'r haul!'

Tosturiodd Hermes wrth Persephone a chariodd hi'n ôl at borth Hades, yn ôl heibio i Cerberos a lyfodd ei llaw wrth ffarwelio â hi, yn ôl ar draws dyfroedd duon Afon Styx ac i gaeau oer Sicilia lle roedd Demeter yn aros amdani. Wrth i Persephone gamu i lawr o gerbyd Hermes, roedd y byd fel petai'n cael ei eni o'r newydd. Treiglodd y gaeaf caled ymaith fel niwl yn codi. Roedd hi'n wanwyn eto a'r wlad i gyd yn wyrdd, ir. Dechreuodd yr ŷd egino yn y pridd a gwelwyd lliwiau llachar eto ar flodau wrth i'r blagur agor. Aeth Demeter a Persephone adref yn orfoleddus.

Byr fu parhad eu llawenydd. Yn y Byd Tanddaearol, galwodd Hades ar bob enaid yn y lle i ddod ynghyd er mwyn holi a stilio pob un nes iddo, o'r diwedd, gael gan un ohonynt yr ateb iawn. Roedd Ascalaphos wedi gweld Persephone yn tynnu pomgranad oddi ar goeden yn yr ardd er mwyn torri ei syched ac wedi sylwi arni'n llyncu'n anfwriadol saith o hadau'r ffrwyth. Roedd Hades wrth ei fodd ac, ar ei union, fe fynnodd fod Persephone yn dod yn ôl ato. Cytunodd Zews fod yn rhaid cadw'r fargen. Serch hynny, nid oedd Demeter am ildio.

'Hyd nes y dychwelir fy merch ataf fi eto, bydd y ddaear mor llwm â'r anialwch mwyaf sych,' meddai Demeter gan lapio'i mantell yn dynn amdani rhag i ddim o'i gallu dwyfol ddylanwadu er lles ar y byd.

Dechreuodd dadl bwysig rhwng y duwiau, ac ymhen y rhawg daethpwyd i gytundeb. Am naw mis o bob blwyddyn, fe gâi Persephone fyw gyda'i mam, ond am y gweddill, rhaid fyddai iddi fynd yn ôl i Hades a bod yn frenhines yno. Cyfaddawd oedd hyn a gorfu i Demeter ei dderbyn, gan mai'r dewis arall fyddai colli ei merch annwyl am byth.

Ni lwyddodd Demeter erioed i ddygymod â'r misoedd heb Persephone. Bob blwyddyn tra oedd ei merch i ffwrdd, fe fyddai hi'n galaru amdani, a byddai'r ddaear yn oer a llwm. Ni chanai'r un aderyn ychwaith. Ond bob blwyddyn, wrth i Persephone ddychwelyd adref i fyd y byw, fe fyddai'n wanwyn eto. Tyfai blodau lle y cerddai hi, byddai dail newydd ar y coed a chanai'r adar eu croeso iddi. Wedi i'r ffrwythau aeddfedu ac wedi medi'r ŷd a rhoi'r cnydau i gyd dan do, dyna pryd y gadawai Persephone ei mam hiraethus a gorfod treulio'r gaeaf ym myd y meirwon.

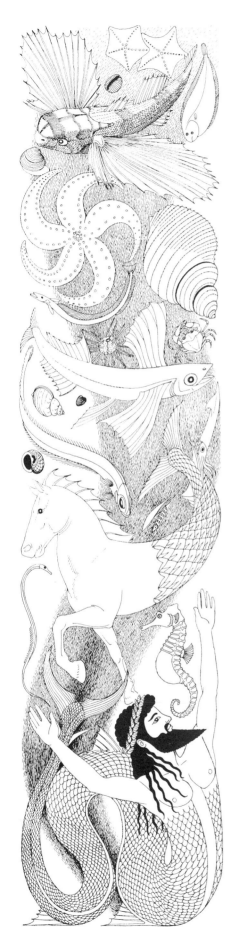

Teyrnas Poseidon dan y môr

Dylai bod yn llywodraethwr ar y moroedd a phopeth byw ynddynt fodloni'r duw mwyaf uchelgeisiol, oherwydd mae rhyw gyfaredd a harddwch dihafal yn eigion y môr. Fel duw'r môr, gallai Poseidon nid yn unig fwynhau ei fyd rhyfedd, ond hefyd harneisio grym tymhestloedd fel y mynnai, gan yrru tonnau enfawr i daro yn erbyn creigiau glannau'r môr. Yn nannedd y gwyntoedd, byddai cychod pysgota yn cael eu lluchio'n ddidrugaredd a llongau hwyliau yn gorfod chwilio am loches rhag y stormydd.

Pan ddiorseddodd Zews, Hades a Poseidon eu tad Cronos, rhannwyd y ddaear, y môr a'r awyr rhwng y tri ohonynt. Daeth teyrnas y moroedd yn eiddo i Poseidon. Nid ef oedd yr unig un i fod yn dduw'r moroedd gan fod eraill wedi llywodraethu yno ers oesoedd. Rhaid eu bod yn dduwiau mwy hynaws a llai cenfigennus na'r duwiau diweddarach, gan iddynt dderbyn awdurdod Poseidon yn ddi-stŵr. Oceanos, mab Wranos, y Titan, oedd crëwr dyfroedd y byd. Roedd ef ar ffurf afon enfawr, ddiderfyn yn amgylchu'r ddaear. Ei blant ef oedd cefnforoedd, moroedd, llynnoedd, afonydd a nentydd y byd. Defnyddiai Helios, duw'r haul, Oceanos er mwyn mynd yn ôl i'r dwyrain ar ôl gyrru ei gerbyd ar draws yr awyr.

Duw môr oedd Nerews hefyd, hen ŵr caredig a gynorthwyai forwyr a fyddai mewn trybini. Mae'n adnabyddus fel tad hanner cant o ferched, y nereidiaid, sef nymffiaid y môr, sy'n ymddangos mewn llawer o chwedlau Groeg fel gwragedd i dduwiau ac i ddynion.

Ar y dechrau, roedd Poseidon yn berffaith fodlon yn ei deyrnas dan y môr. Yn agos i Aegae ar arfordir Ewboia, bellter mordaith o rai dyddiau i'r de o Athen, fe gododd blas godidog ar wely'r môr. Addurnid y plas gan dyrau gwynion a phyrth bwaog mawr ac ynddynt gregyn a chwrelau, ac ar furiau'r neuaddau, roedd lluniau cain o angenfilod y môr o bob math. Yn y stablau, roedd cerbyd aur a dynnid gan geffylau gwynion a chan bob un fwng aur a charnau aur. Yn y cerbyd hwn y byddai Poseidon yn teithio, ac yn ei law ei deyrnwialen, sef y fforch dridant a ddefnyddiodd unwaith i fygwth Cronos, ac sy'n symbol ohono bob amser.

Yn y dechrau, roedd Poseidon yn awyddus i briodi'r nereid Thetis, ond fe gefnodd arni hi pan ddeallodd fod yna broffwydoliaeth y byddai ei mab cyntafanedig yn tyfu i fod yn fwy a phwysicach na'i dad. Ni allai duw balch fel Poseidon dderbyn syniad o'r fath, ac felly, fe briododd un arall o ferched Nerews, sef Amphitrite.

Ganwyd iddynt dri mab, ond er gwaethaf hynny, nid oeddent yn

byw'n gytûn. Roedd Poseidon yn anffyddlon i'w wraig ac yn ei thrin hi'n frwnt a chas. Yn waeth na dim, roedd rhyw uchelgais ysol ynddo a'i gyrrai i grwydro oddi cartref am fisoedd ar y tro.

Cyn bo hir, nid oedd ei deyrnas a'i awdurdod dros y tonnau yn ddigon gan Poseidon. Roedd yn awchu am gael rheoli'r ddaear yn ogystal, ac yn fuan iawn fe drodd ei olygon barus i gyfeiriad talaith Attica a dinas fawr Athen ei hun. I ddangos ei hawl arni, fe fwriodd ei fforch dri-dant i'r graig wastad ar ben yr Acropolis gan achosi i ffynnon o ddŵr hallt ffrydio ohoni.

Yr adeg honno, roedd Attica i gyd o dan nawdd y dduwies Athena, un o ferched Zews, a nith, felly, i Poseidon. Ni allai hi ganiatáu i neb geisio goresgyn ei thiriogaeth hi, ac er mwyn dangos hynny mewn modd heddychlon, fe blannodd olewydden wrth ymyl y ffynnon. Gwreiddiodd y goeden ar unwaith a buan y gwelwyd blagur newydd a dail llwyd-wyrdd arni. Ond chwerthin a wnaeth duw'r môr am ben Athena.

'Dim ond os gwnei di fy nhrechu i mewn ymladdfa y bydda' i'n ildio fy hawl ar y dalaith hon,' meddai Poseidon wrthi. Gwyddai ef, wrth gwrs, ei fod yn llawer cryfach nag Athena ac na fyddai ganddi obaith mewn ymladdfa. Gwyddai hithau hynny, ond fe gytunodd i ymladd.

Fodd bynnag, penderfynodd Zews a welai ac a glywai bopeth, na allai ganiatáu iddynt ymladd ac fe ddaeth â'r ddau ohonynt at ei gilydd i drafod yr achos gerbron tribiwnlys o dduwiau. Ymgynullodd yr un nifer o dduwiau ac o dduwiesau i benderfynu ai Athena ynteu Poseidon oedd wedi rhoi i ddinas Athen y rhodd fwyaf defnyddiol. Roedd y duwiau o blaid Poseidon a'r duwiesau o blaid Athena. Roedd rhaid i Zews, fel barnwr, fod yn ddiduedd ac ni allai bleidleisio: felly y duwiesau a orfu o un bleidlais, ac adferwyd dinas Athen i ofal y dduwies Athena.

Yn welw gan gynddaredd am iddo golli'r dydd, galwodd Poseidon ar y moroedd i orlifo dros y tir lle y trigai Athena. Gyrrwyd tonnau anferthol i daro yn erbyn adeiladau'r ddinas ac i ddinistrio'r deml a'r tai, y ffermydd a'r pentrefi o gwmpas. O'r pryd hwnnw, fe fu'r dduwies yn byw yn Athen er mwyn ei gwarchod a rhoi ei nawdd personol i'r ddinas.

Hyd yn oed wedi iddo ddinistrio ei chartref, ni faddeuodd Poseidon i Athena, ac nid oedd ei uchelgais ronyn llai. Wedyn, fe geisiodd gymryd dinas Troizen oddi arni, ond fe ymyrrodd Zews unwaith eto a deddfu bod rhaid rhannu cynnyrch y ddinas honno yn gyfartal rhwng y ddau. Yn dal yr

un mor anfodlon, fe geisiodd Poseidon gymryd Ynys Aigina oddi ar Zews ei hun ond bu'n aflwyddiannus, a'r un modd gydag Ynys Naxos y ceisiodd ei dwyn oddi ar fab Zews, Dionysos. Yn olaf, hawliodd dir a oedd yn eiddo i Hera. Y tro hwnnw, methodd Zews ag ymresymu â Poseidon o gwbl.

'Fe brofwyd lawer gwaith fod y duwiau yn f'erbyn i,' meddai Poseidon pan awgrymodd ei frawd y dylai'r duwiau unwaith eto ddyfarnu pwy oedd biau'r hawl ar y tir.

'Mae duwiau'r afonydd yn gyfiawn a chall,' meddai Zews ymhen dipyn. 'Wnei di dderbyn eu dyfarniad *nhw?*'

Cododd Poseidon ei ysgwyddau enfawr. 'Waeth i ni roi cynnig arni na pheidio,' meddai'n rwgnachlyd. Roedd yn gobeithio na feiddient fynd yn erbyn rhywun a reolai ddyfroedd gymaint mwy grymus nag afonydd. Sut bynnag, nid oedd Inachos, Asterion a Cephisos, y tri duw afon, yn ofni ochri gyda Hera. Eto fyth, dyna Poseidon yn gwylltio'n gynddeiriog.

Y tro hwn, yn hytrach na dyfroedd yn gorlifo dros y tir, fe barodd i'r afonydd yr oedd y duwiau yn byw ynddynt sychu'n llwyr, gan eu troi'n llwybrau llychlyd, caregog. Achosodd hyn i dduwiau a nymffiaid yr afonydd gael eu gadael yn ddiamddiffyn ar y torlannau sych. Ac felly y bu hi hyd nes i lawogydd y gaeaf ddod i lenwi'r afonydd eto, a bob haf, byth er hynny, mae llai o ddŵr yn yr afonydd.

Disgwylid i holl anifeiliaid y moroedd, o'r morfil mwyaf i'r pryfyn lleiaf, gydnabod awdurdod Poseidon drostynt. Gwelid nymffiaid y môr weithiau'n chwarae yng nghanol y tonnau gyda chreaduriaid rhyfedd a elwid Tritoniaid. Hanner dynion a hanner pysgod oedd y rhain ac esgyll ganddynt a chen dros eu cyrff.

Protews, mab Oceanos, oedd yn gofalu am forloi Poseidon. Bob dydd, byddent yn cysgu'n braf o'i gwmpas ar ben craig lydan, wastad yn llygad yr haul a'r tonnau'n llepian ar y traeth islaw iddynt. Ganol dydd, fe ddôi'r sawl a fynnai wybod ei ffawd i ymgynghori â Protews am ei fod yn medru darogan y dyfodol. Er hynny, cyn i Protews lefaru, byddai rhaid i'r sawl a ddymunai'r wybodaeth ganddo ei ddal. Byddai'n newid ei olwg yn fil a mwy o ffurfiau, ac nid oedd modd i neb wybod pa ffurf a gymerai. Pan welai ddieithryn yn nesu ato, fe allai droi'n llew neu'n ddraig neu'n unrhyw fwystfil arall. Byddai rhaid i'r dieithryn ddangos nad oedd arno ei ofn cyn y newidiai Protews yn ef ei hun eto, ac edrych i'r dyfodol.

Promethews a Pandora

Yn ôl y Groegiaid cynharaf, Zews a Promethews a greodd ddyn. Un o'r Titaniaid oedd Promethews, yr hen dduwiau hynny a gefnogai Zews yn erbyn Cronos. O glai y lluniodd Promethews y dynion cyntaf oll, a'u gwneud fel y medrent gerdded yn gefnsyth â'u pennau i fyny er mwyn iddynt edrych tuag at y duwiau. Zews a chwythodd anadl bywyd iddynt.

Bodau cyntefig oedd y dynion a'r merched hynny, yn byw ar beth bynnag y medrent ei ladd â bwa, bwyell neu gyllell ac ar yr ychydig gnydau y llwyddent i'w tyfu. Ni wyddent ddim oll am dân ac felly fe fwytaent eu bwyd yn amrwd a lapio eu cyrff mewn ffwr trwchus er mwyn cadw'n gynnes yn ystod oerni'r gaeaf. Ni fedrent wneud llestri am nad oedd ganddynt ffwrn i grasu'r clai, na thrin metelau i wneud offer ac arfau.

Roedd Zews yn fodlon iddynt barhau fel hyn, am fod arno ofn i rai ohonynt gael mwy o rym nag ef ryw ddydd. Ar y llaw arall, roedd Promethews yn fwy hynaws ac wedi dod i garu'r ddynoliaeth. Gwyddai y medrent, gyda'i gymorth ef, wella eu byd. Wedi'r cwbl, hon oedd yr hil ddynol yr aeth ef a Zews i'r drafferth i'w chreu. Nid anifeiliaid mo dynion.

'Rhaid i ni ddangos iddyn nhw sut i gynnau tân,' meddai Promethews wrth Zews, 'achos heb wybod hynny, maen nhw mor ddiymadferth â phlant bach. Rhaid i ni orffen ein gwaith yn iawn.'

Ond roedd Zews yn benderfynol. 'Maen nhw'n berffaith fodlon fel ag y maen nhw,' atebodd. 'Wyddan nhw am ddim amgenach, ac felly, pam y dylem ni boeni yn eu cylch nhw?'

Sylweddolodd Promethews na ddarbwyllai byth mo Zews. Felly, aeth yn ddirgel i Olympos lle roedd yna danau'n llosgi ddydd a nos, a rhoddodd ffagl mewn tân er mwyn cael fflam. Yna daliodd y ffagl wrth gnap o olosg nes ei droi'n goch eirias. Cuddiodd y golosg poeth y tu mewn i goesyn y llysieuyn ffenigl a dyfai ar ochr y mynydd, ac wedi diffodd y ffagl, i lawr ag ef yn llechwraidd â'r coesyn ffenigl o'r golwg o dan ei fantell.

O'r tân cyntaf hwnnw ar y ddaear, cynheuodd dynion lawer o danau eraill. Dangosodd Promethews iddynt sut i gael y budd gorau o dân. Cofiodd am eu lles mewn ffyrdd eraill hefyd. Dyma enghraifft o hynny: yr arferiad adeg aberthu fyddai i'r darnau gorau o gig gael eu rhoi ar y naill du ar gyfer y duwiau, a'r dynion yn cael y darnau lleiaf blasus. Trwy ystryw, fe sicrhaodd Promethews fod dynion yn cael eu cyfran deg o gig. Rhannodd gig bustach cyfan yn ddau sypyn yr un faint â'i

gilydd. Dim ond esgyrn a braster wedi'u lapio mewn darn o groen yr anifail oedd yn un sypyn; roedd y cig gorau i gyd yn y llall. Twyllwyd Zews ar y dechrau gan hyn, a phan ddeallodd, bu'n corddi'n fud gan ddicter.

Ryw noson digwyddodd Zews weld tân yn llosgi ar y ddaear, a sylweddolodd ei fod wedi'i dwyllo eto. Anfonodd am Promethews.

'Wnes i mo dy rybuddio di i beidio â dangos cyfrinach tân i ddynion?' gofynnodd iddo. 'Maen nhw'n dweud dy fod ti'n ddoeth, ond elli di ddim gweld, os rhown ni ormod o gymorth iddyn nhw y byddan nhw ryw ddiwrnod yn herio'r duwiau?'

'Os bydd dynion yn derbyn cariad ac yn cael eu haddysgu'n iawn, fydd yna ddim achos pryder,' atebodd Promethews.

Ond roedd Zews yn ddig ac nid oedd modd ymresymu ag ef. Gorchmynnodd i Promethews gael ei gludo ymhell i fynyddoedd y dwyrain, lle y cafodd ei gadwyno ynghlwm wrth graig. Bob dydd, byddai eryr ffyrnig yn bwydo ar ei iau, a bob bore fe dyfai'r iau yn ôl fel bod yr artaith yn dechrau unwaith eto. Aeth llawer o flynyddoedd heibio cyn i Promethews gael ei ryddhau—deng mil ar hugain o flynyddoedd, meddai rhai—ac nid oes sicrwydd sut y bu hynny. Yn ôl un chwedl, Hercwl a achubodd Promethews. Nid oedd Zews, fodd bynnag, yn fodlon bwrw ei ddial ar ei gyd-dduw yn unig. Rhaid oedd i'r ddynoliaeth hefyd ddioddef, oherwydd y gymwynas a wnaethai Promethews â dynion.

Gorchmynnodd Zews i'w fab cloff, Hephaistos, lunio merch o glai. Gwnaeth i Athena anadlu bywyd ynddi a'i dysgu sut i wnïo a choginio. Hermes ffraeth a ddysgodd gyfrwystra, twyll ac anwyldeb ffug iddi, ac Aphrodite a ddangosodd iddi sut i fod yn ddeniadol i ddynion. Bu rhai o'r duwiesau eraill yn rhoi gwisg arian amdani a gosodwyd coron o flodau ar ei phen. Daethpwyd â'r ferch gerbron Zews.

'Cymer y blwch copr gloyw hwn,' meddai gan ei roi yn ei dwylo. 'Ti biau'r blwch ac mae'n rhaid i ti fynd â fo efo ti i bobman, ond paid â'i agor ar unrhyw gyfri. Paid â gofyn i mi pam, ond mi ddylet fod yn falch fod y duwiau wedi dy fendithio di â phopeth y gallai merch ei ddeisyfu.'

Pandora oedd enw'r ferch a gwenodd yn foddhaus wrth gydio yn y blwch, gan dybio ei fod yn llawn o emau gwerthfawr.

'Rhaid i ni'n awr gael gafael ar ŵr a fydd yn dy garu di yn ôl dy haeddiant,' meddai Zews, 'ac mi wn i am yr union ddyn. Mae Epimethews yn ifanc

a golygus, ac fe gei di fywyd dedwydd ar y ddaear efo fo.'

Brawd Promethews oedd Epimethews, dyn ifanc anghyfrifol a hollol wahanol i'w frawd. Hermes a ddewiswyd i hebrwng Pandora at ei gŵr ym myd dynion.

'Onid hon ydi'r ferch harddaf a welaist ti erioed?' gofynnodd Hermes. 'Mae ganddi flwch gwerthfawr yn ei meddiant a gofala di ei bod hi'n ei warchod yn gydwybodol, gan nad oes neb i'w agor byth.'

Cymerodd Epimethews y blwch o ddwylo Pandora a'i gadw mewn lle diogel dan glo. Ar y dechrau, roedd Pandora mor hapus yn ei bywyd newydd nes iddi anghofio am y blwch am sbel. Ond cyn bo hir, dechreuodd feddwl amdano eto a mynd yn chwilfrydig yn ei gylch. Chwiliodd am allwedd y cwpwrdd lle y cedwid y blwch, ond cofiodd fod honno bob amser yn sownd wrth wregys ei gŵr.

Un diwrnod pan oedd Epimethews yn cysgu'n drwm, sleifiodd Pandora i'r ystafell a dwyn yr allwedd. Datglôdd y cwpwrdd ac wedi estyn y blwch ohono'n ofalus, fe'i gosododd ar y bwrdd a throi allwedd fach y caead. Petrusodd am eiliad â'i hofn yn drech na'i chwilfrydedd. Yna cododd y caead.

Wrth iddi wneud hynny, clywodd sŵn corwynt nerthol a chamodd tuag yn ôl mewn braw. Allan o'r blwch, ehedodd pob drygioni sydd wedi poeni'r ddynoliaeth byth er hynny—caledi, tlodi, henaint, afiechyd, cenfigen, anfoesoldeb a drwgdybiaeth. Bron yn orffwyll gan ofn a dychryn, ceisiodd Pandora gau'r caead, ond roedd hi'n rhy hwyr. Roedd cynnwys y blwch wedi dianc ac wedi gwasgaru ar draws y byd. Bellach, roedd Zews bron â gorffen dial am ei gam, ar dduw a dyn. Ni allai'r dynion hynny y bu Promethews yn eu meithrin mor gelfydd a'u haddysgu mor amyneddgar fod byth mwy yr hil ddynol wâr honno yr oedd ganddo ef gymaint o ffydd ynddi. Yn hytrach, fe fyddai bywyd dynion yn frwydr barhaus yn erbyn pob math o helbulon.

Ond nid oedd Zews wedi cario'r dydd yn llwyr ychwaith. Yn grynedig fel deilen, mentrodd Pandora at y blwch eto a sbecian i mewn. Roedd yna rywbeth ar ôl yn y gwaelod isaf ac fe glepiodd hi'r caead i lawr fel na allai, beth bynnag ydoedd, ddianc. Gobaith oedd y peth hwnnw. Trwy gadw gobaith, daeth y ddynoliaeth o hyd i ffordd i bara'n fyw mewn byd gelyniaethus.

Aphrodite, duwies serch

Roedd cyffro mawr yn llys Zews am fod ei wraig Hera ar fin rhoi genedigaeth i blentyn arall. Yn ôl darogan Zews, mab a fyddai ac roedd eisoes wedi dewis yr enw Hephaistos ar ei gyfer. Roedd y meddygon wrthi'n ffwdanu'n bwysig o gwmpas y lle, a sibrwd siarad a wnâi'r duwiau rhag ofn tarfu ar Hera.

Ymhen hir a hwyr, ganwyd bachgen i Hera ac, er siom i bawb, roedd yn afluniaidd yr olwg. Ceisiodd y merched a ofalai am Hera gadw'r baban oddi wrthi cyhyd ag y gallent, am eu bod yn gwybod iddi roi ei bryd ar fab, a fyddai'n tyfu'n dduw ifanc mwy golygus a mwy gwrol na phawb. Wrth reswm, fe fynnodd Hera gael gweld y plentyn, a phan welodd mor anarferol o fach a gwanllyd ydoedd, fe wylltiodd yn gynddeiriog.

'Dydi hwn ddim yn blentyn i mi!' gwaeddodd yn groch. Cododd o'i gwely, gafaelodd yn Hephaistos gerfydd un o'i goesau bach, cam a chyn i neb allu ei hatal, fe luchiodd y bachgen i lawr o ben Olympos.

Syrthiodd i lawr yn is ac yn is drwy'r cymylau, heibio i glogwyni ysgithrog tua'r ddaear. Wrth lwc, ymestynnai braich o fôr i mewn i'r tir yn y fan lle y disgynnodd ac roedd dwy nymff fôr, Thetis ac Ewrynome, yno'n barod i'w ddal wrth iddo suddo dan y tonnau. Buont yn garedig iawn wrtho gan ei fagu, er gwaethaf ei olwg, fel petai'n blentyn iddynt eu hunain, a threuliodd ei fachgendod yn hapus yn y byd o dan y dŵr.

Aeth blynyddoedd heibio a thyfodd Hephaistos yn ŵr ifanc dawnus. Er bod ei goesau'n dal yn gam a gwanllyd, roedd ei freichiau'n gryf eithriadol, ac fe ddaeth yn fedrus wrth drin haearn a metelau eraill. Paratôdd Thetis efail a gweithdy gof ar ei gyfer mewn ogof o dan y môr. Yno y gweithiai'n ddyfal gan wneud pob math o bethau o fetel. Er gwaethaf ei ddwylo di-siâp, roedd Hephaistos yn grefftwr gwych a medrai lunio'r gemwaith mwyaf cywrain.

Byddai Thetis ac Ewrynome wrth eu bodd yn gwisgo neclis a breichled o waith Hephaistos. Credai'r ddwy eu bod wedi'u gwobrwyo'n llawn am ofalu am y baban-dduw bach, rhyfedd a ddisgynnodd o'r awyr. Roedd Hephaistos hefyd yn berffaith hapus yn dilyn ei grefft, gan lwyr gredu y byddai'r bywyd tawel hwnnw yn para am byth.

Un diwrnod, gwisgodd Thetis amdani ei dillad harddaf a rhoddodd dlws arbennig ynghlwm wrth gadwyn am ei gwddf. Perl bron cymaint ag ŵy colomen oedd canol y tlws ac, o'i gwmpas, emau glas o wely'r môr a'r cyfan wedi'i osod mewn ffiligri arian. Disgleiriai'r perl fel y lleuad, ac roedd Thetis mor falch am ei bod wedi cael gwahoddiad i ŵyl a gynhelid gan y duwiau. Gwyddai y byddai'r tlws anghyffredin yn tynnu sylw pawb yno ac y byddent yn eiddigeddus ohoni.

Roedd Thetis yn llygad ei lle. Daeth Hera ati a'i chornelu er mwyn holi pwy oedd y crefftwr a luniodd y fath dlws rhyfeddol o gain. Gwyddai Thetis pa mor ffiaidd yr oedd Hera wedi trin ei mab bychan.

'Alla' i ddim cofio'i enw fo rŵan,' meddai Thetis, yn ffwndrus. 'Hwyrach y cofia' i toc.'

'Rwyt ti'n siŵr o fod yn gwybod ymhle mae o'n byw ac yn gweithio, hyd yn oed os wyt ti wedi anghofio'i enw fo—ac rydw i'n amau hynny'n arw.'

Gwnaeth Thetis druan ei gorau glas i beidio â dweud rhagor, ond roedd hi'n rhy ddiniwed yn erbyn Hera. O'r diwedd, bu'n rhaid iddi gyfaddef mai'r crefftwr medrus oedd neb llai na mab gwrthodedig Hera ei hun.

'Anfon o ataf fi ar ei union,' gorchmynnodd brenhines y duwiau.

'Mi rof y neges iddo,' meddai Thetis yn betrusgar. 'Ond mae o'n ddyn erbyn hyn, ac fe all o wneud fel y mynno.'

Fel yr oedd Thetis wedi amau, gwrthod gadael ei gartref yn y môr a wnaeth Hephaistos. Nid oedd wedi anghofio nac wedi maddau i'w fam am ymddwyn mor warthus. Wedyn aeth ati i lunio, o bopeth, anrheg i'w fam—cadair ysblennydd o aur. Derbyniodd Hera y gadair yn llawen fel arwydd o gymodi rhyngddynt, a theimlai'n ffyddiog y dôi ei mab i'w gweld cyn bo hir.

Eisteddodd Hera yn llawn balchder ar y gadair newydd, gan edmygu ei saernïaeth gelfydd a brolio ei mab dawnus wrth ei morynion. Daeth yn bryd iddi godi oddi ar ei heistedd, a'r eiliad honno roedd yn amlwg i bawb nad oedd y gadair aur yn hollol yr hyn y tybid ei bod. Faint bynnag o wingo ac o ymgordeddu a wnâi Hera, nid oedd dim yn tycio. Roedd Brenhines Olympos, gwraig Zews, wedi'i dal yn gaeth fel mewn magl, a dechreuodd daro breichiau'r gadair â'i dwylo yn ei thymer, ond i ddim pwrpas. Yn ei drysi a'i dicter galwodd Hera ar Zews i'w helpu, ond ni fedrai ef, hyd yn oed, wneud dim o gwbl. Roedd Hera bron â cholli'i phwyll erbyn hyn. 'Rhaid gorfodi Hephaistos i ddod yma i'm rhyddhau i,' meddai. 'Chaiff fy mab i fy hun ddim gwneud tro sâl fel hyn â fi a gwneud ffŵl ohonof fi.' Yn ogystal â bod o'i chof gan lid, fe wyddai ei bod yn edrych yn hollol hurt yn eistedd yn y fan honno wedi'i glynu wrth sedd ei chadair aur. Synhwyrai fod y

duwiau eraill yn chwerthin am ei phen yn ddistaw bach.

Anfonodd Zews negeswyr i ddechrau, ac yna rai o'r duwiau, i ymbil ar Hephaistos, ond ni allai neb ddylanwadu ar y gof-dduw. Y diwedd fu i'w frawd, Dionysos, lwyddo i'w feddwi â gwin nes iddo gytuno i adael ei gartref dan y môr a dychwelyd i Olympos.

Wedi cyrraedd yno, penderfynodd Hephaistos fod ei fam wedi dioddef digon a rhyddhaodd hi o'r gadair. I ddangos pa mor ddiolchgar y teimlai am hynny, fe drefnodd Hera fod ei mab yn cael gweithdy newydd ac efail gof o'r math gorau ar ochr mynydd gerllaw. Erbyn hyn, roedd Hephaistos uwchben ei ddigon heblaw am un peth—gwraig. Yn arwydd terfynol fod y fam a'r mab wedi llwyr gymodi, fe addawodd Hera iddo y câi Aphrodite, duwies serch, yn wraig.

Cyn diwrnod y briodas, roedd Hephaistos mewn helbul eto fyth. Yn ddigon naturiol, roedd wrth ei fodd efo'r syniad o briodi Aphrodite, yn enwedig ac yntau'n sylweddoli na allai byth ennill calon y ferch brydferthaf yn y byd heb gymorth Hera. Am ei fod yn teimlo mor ddiolchgar tuag at ei fam, fe fu mor ffôl ag ochri gyda Hera yn ystod un o'r aml gwerylon rhwng Zews a'i wraig. Roedd Zews mor ddig wrtho am hyn nes iddo hyrddio Hephaistos druan o ben Mynydd Olympos. Y tro hwn, nid oedd yna'r un nymff fôr i leddfu'r godwm na dŵr dwfn ychwaith i arbed ei fywyd. Glaniodd ar lethrau creigiog rhyw fryn ar Ynys Lemnos a thorri ei ddwy goes gam mewn dwsin o leoedd i gyd. Yn fwy cloff nag erioed bellach, gwnaeth Hephaistos sblintiau o aur i ddal ei goesau'n syth er mwyn iddo fedru sefyll a cherdded i gyfarfod â'i briodferch. Cafodd faddeuant gan Zews yn y diwedd.

I'r hen Roegiaid, Aphrodite oedd y symbol o bopeth prydferth a dymunol, a hi oedd duwies serch. Gellir olrhain ei hanes rhyfedd i Oes y Titaniaid pan laddodd Cronos ei dad, Wranos, â phladur. Taflwyd corff drylliedig Wranos i lawr i'r môr ac wrth iddo daro'r dŵr, berwai'r tonnau o'i gwmpas yn golofn o ewyn gwyn. Camodd Aphrodite o ganol yr ewyn, y nymff fôr decaf a welwyd erioed.

Cariodd Poseidon, duw'r môr, hi yn ei gerbyd i Cythera, ynys oddi ar arfordir Laconia. Roedd Poseidon wedi gobeithio cadw Aphrodite iddo ef ei hun, ond fe gyrhaeddodd y newydd am ei genedigaeth ryfedd glustiau Zews ac aed â hi i Olympos.

Safodd Aphrodite yn ystafell gyngor y duwiau heb ronyn o swildod tra oedd y duwiau'n llygadrythu arni. Er bod ei harddwch yn unig yn ddigon i swyno pwy bynnag a'i gwelai, fe wisgai am ei chanol wregys hudol a barai i bob dyn ei charu hi. Roedd y duwiau i gyd eisoes wedi'u cyfareddu'n llwyr ganddi, a phob un am y gorau'n ceisio creu argraff arni.

Credai Poseidon mai ef oedd biau'r hawl arni am mai ef a ddaeth ar ei thraws gyntaf.

'O'r môr y doist ti, a 'nheyrnas i ydi'r môr, felly rwyt ti'n eiddo i mi,' arthiodd duw'r môr. 'Ti fydd biau bob peth sydd o dan donnau'r môr, ac fe gei di fyw mewn ogof foethus a honno'n disgleirio gan berlau.' Cododd ei deyrnwialen dridant ac achosodd storm enbyd er mwyn dangos mai ef oedd meistr y môr. Gyrrodd donnau anferthol i bob bae a chilfach, nes lluchio pysgotwyr fel teganau a rhwygo creigiau enfawr o'r clogwyni.

Addawodd Hermes fynd ag Aphrodite o gwmpas y byd mewn cerbyd aur i weld rhyfeddodau'r cread.

'Os doi di efo mi, fe weli di anialwch crasboeth, bwystfilod gwyllt a harddwch rhew ac eira'r gogledd pell. Yn wir, does dim terfyn ar yr hyn y gallwn i ei ddangos i ti,' meddai wrthi.

Ceisiodd Apolo hefyd ei darbwyllo mai ef oedd yr un y dylai ei ddewis, trwy ganu cân serch arbennig iddi. Ond aros yn fud wnaeth Aphrodite. Gwenodd wrthi'i hun, gan wybod y gallai, trwy gymorth ei gwregys hudol, ennill serch unrhyw un—neu'r cwbl—ohonynt pa bryd bynnag y mynnai. Beth oedd y brys? Pam fod raid dewis yn awr? Roedd ganddi ddigon o amser a thrwy fod yn amyneddgar, efallai y dôi rhywun gwell heibio,

rhyw ddduw mwy golygus a mwy galluog na'r un o'r rhain.

Y gwir amdani oedd na chafodd hi gyfle i ddewis nac i aros ychwaith, oherwydd roedd Hera wedi penderfynu mai priodferch Hephaistos fyddai Aphrodite.

'A gorau po gyntaf hefyd,' meddai hi wrthi'i hun ar ôl sylwi bod llygaid Zews yn pefrio bob tro yr edrychai ar y dduwies ifanc, luniaidd.

'Tyrd ymlaen, Hephaistos,' gorchmynnodd Hera, a safodd y duwiau eraill o'r neilltu mewn tipyn o benbleth wrth ei weld yn hercian cerdded o ben pella'r neuadd. 'Cymer Aphrodite yn wraig. Ti biau hi. Dyna fy ngorchymyn i.'

Roedd Hephaistos, wrth gwrs, yn falch dros ben, ond craffai pawb arall ar wyneb Aphrodite wrth iddi weld y creadur bach, cloff a fyddai'n ŵr priod iddi. Digon gwir ei fod yn dduw, ond yn dduw a chanddo freichiau tebycach i rai gorila na rhai dyn, a choesau rhy eiddil i ddal ei gorff heb gymorth sblintiau, a phen cymaint ag un cawr. Heb amheuaeth, meddylient, fe fydd hi'n cilio'n ôl mewn braw neu'n gwylltio'n gacwn. Ar wahân i'r ffaith fod ei gorff mor ddi-siâp, beth oedd gan Hephaistos i'w gynnig iddi o'i gymharu â'r duwiau eraill?

Dal i wenu roedd Aphrodite a chofleidiodd Hephaistos. Dyfalodd ar unwaith y byddai hwn yn ŵr na cheisiai ei rheoli fel y byddai'r lleill wedi gwneud. Ar ôl priodi hwn, fe allai hi wneud fel y mynnai. Heb wybod beth oedd yn mynd trwy feddwl Aphrodite, penderfynodd Hera a'r duwiau eraill fod y dewis yn un doeth. Roedd Poseidon, Hermes ac Apolo wedi cymryd atynt yn arw, ond fe aethant oddi yno'n ddi-stŵr. Roedd y penderfyniad wedi'i wneud.

Fel y gellid tybio, nid oedd bod yn briod â duwies serch yn fêl i gyd o bell ffordd. Yn fuan iawn, roedd hi'n amlwg fod yn well ganddi hi fod gyda dynion eraill na bod gyda'i gŵr, a daeth si i glustiau Hephaistos ei bod yn treulio'r rhan fwyaf o'r amser gyda'r penboethyn Ares. Penderfynodd ei gŵr chwilio am brawf o hyn ac, os gallai, ddal y ddau yng nghwmni ei gilydd.

Gwnaeth Hephaistos rwyd o wifren bres a honno mor fain nes ei bod yn anweledig bron, ac wedi'i gweithio a'i throelli nes ei bod fil gwaith cryfach na rhwyd gordyn. Wedi gorffen gwneud y rhwyd, fe ddywedodd wrth Aphrodite ei fod yn gorfod mynd oddi cartref am rai dyddiau. Yna, wedi sleifio heb i neb ei weld i dŷ Ares, fe daenodd y rhwyd dros y llenni o gwmpas gwely'r duw rhyfel gan ofalu ei chuddio ym mhlygion y defnydd. Ar ôl ffarwelio ag Aphrodite, cychwynnodd Hephaistos fel petai'n mynd ar siwrnai faith, ond ar ôl milltir neu ddwy, fe drodd yn ei ôl a mynd yn ddistaw bach i ystafell wely Ares.

Y noson honno, aeth Aphrodite i dŷ Ares heb falio pwy a'i gwelai. Profodd cynllun Hephaistos yn un da. Wedi ymguddio yn yr ystafell wely, fe arhosodd nes i'r ddau arall orwedd ar y gwely, wedyn tynnodd mewn gwifren a dyna'r rhwyd yn disgyn ar eu pennau. Er iddynt strancio ac ymlafnio i rwygo'r rhwyd, roeddent wedi'u dal mor gaeth fel nad oedd gobaith dianc.

Gorweddent yn y fan honno fel dau aderyn diymadferth. Cyn pen fawr o dro, clywodd y duwiau eraill am yr helynt, ac ar y dechrau, chwerthin wnaeth pawb. Galwodd amryw ohonynt heibio i'r tŷ er mwyn gwawdio'r ddau garcharor. Roedd y duwiesau, fodd bynnag, yn ffieiddio'r fath ymddygiad gan Aphrodite.

'Roedd hi'n gosb eithaf teg i wraig anffyddlon,' meddai un ohonynt. 'Beth arall wnâi o, dwedwch?'

'Mi wyddwn i o'r dechrau y digwyddai rhywbeth fel hyn yr eiliad y gwelais i hi,' meddai un arall. 'Does wybod beth wnaiff merch fel honna.'

'Fe ddylai gwraig ymddwyn fel gwraig,' meddai un arall eto. 'Mae gen i gydymdeimlad mawr efo Hephaistos druan.'

Ymhen y rhawg, darbwyllwyd Hephaistos i ollwng y cariadon yn rhydd—ond nid cyn i Ares orfod talu iawndal iddo. Casglwyd ynghyd ddarnau aur, cleddyfau a tharianau drudfawr, sef ysbail cant a mwy o frwydrau, a'u cadw wedyn yng nghrombil y mynydd am byth.

Bu gwneud cyff gwawd ohono yn gosb addas i Ares. Er iddo wylltio a bloeddio, ac yna dorsythu o gwmpas y lle fel petai dim byd wedi digwydd, fe wyddai'n iawn ei fod wedi gwneud ffŵl ohono'i hun. Gofalodd wedyn na wnâi byth eto ddigio Hephaistos. Nid oedd Aphrodite wedi cywilyddio dim oherwydd y profiad. Wedi'r cwbl, hi oedd duwies serch, ac nid oedd ymddwyn yn bwyllog am hir yn unol â'i natur hi. Roedd y demtasiwn i ddefnyddio'i gwregys hudol i ddenu dynion yn rhy gryf ynddi, a bu'n edifar iawn gan Hephaistos droeon iddo erioed ei phriodi hi.

Aeth blynyddoedd heibio ac nid oedd Aphrodite yn newid o gwbl. Pryd bynnag y byddai rhyw ddathliad, fe fyddai hi'n ymwelydd pwysig ac, wrth gwrs, ym mhob priodas yn westai o fri. Un diwrnod roedd hi ym mhriodas Thetis, un o'r nymffiaid a fu'n magu Hephaistos. Dyn meidrol, sef y Brenin Pelews, oedd priodfab Thetis. Roedd y briodas yn achlysur hapus wrth fodd calon Aphrodite, ac roedd yno ddigon o ganu a dawnsio i gyfeiliant pibau a ffliwtiau. Edrychai byrddau'r wledd yn ddigon o ryfeddod, yn orlawn o flodau a ffrwythau a seigiau blasus, ar lestri aur ac arian.

Ar ganol y wledd, taflodd Eris, un o'r gwahoddedigion, afal aur ar lawr. Wedi'u cerfio yng nghroen yr afal roedd y geiriau 'I'r ferch brydferthaf un'. Dyna lle roedd yr afal am funud a phawb yn syllu arno. Yr un pryd â'i gilydd, fe estynnodd tair o'r duwiesau amdano: Hera, Athena ac, wrth gwrs, Aphrodite. Nid oedd neb yn awyddus i benderfynu rhyngddynt, ond o'r diwedd, fe ddewiswyd Paris, mab ieuengaf brenin Caerdroia, yn feirniad.

Dyn ifanc golygus a hyderus oedd Paris, ac nid oedd arno ronyn o ofn y tair duwies genfigennus. Gofynnodd i'r tair sefyll o'i amgylch a chamodd yntau at bob un yn ei thro wrth ystyried ei hawl i'r afal. Hera, Brenhines y Nefoedd, Athena ddoeth a hardd, ac Aphrodite â'i llygaid cystal â dweud fod y dyfarniad yn hollol amlwg. Dan wenu arni, iddi hi y rhoddodd Paris yr afal aur.

Digwyddiad bychan efallai, ond un a arweiniodd at ganlyniadau na allai hyd yn oed Athena eu rhag-weld. Yn fuan wedyn, syrthiodd Paris mewn cariad â Helen, un o ferched Zews a gwraig y brenin Groegaidd Menelaos. Gyda chymorth parod Aphrodite, fe lwyddodd Paris i gipio Helen a mynd â hi i'w gartref yng Nghaerdroia. Hwyrach mai rhan fechan a chwaraeodd yr hudoles Aphrodite yn yr hanes dramatig hwnnw, ond un nodweddiadol ohoni hi—peri i ddynion ymryson â'i gilydd ynghylch serch.

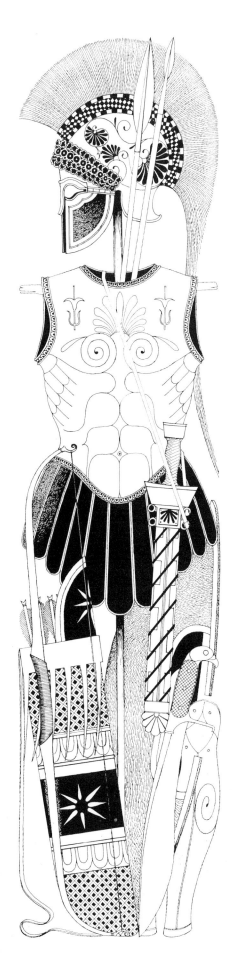

Ares, duw rhyfel

Er bod cweryla ffyrnig yn ddigwyddiad eithaf cyffredin ymhlith yr arwyr Groegaidd, rhwng duwiau a'i gilydd a rhwng dynion a'i gilydd, credai'r duwiau eu hunain fod ymddygiad Ares a'i deulu yn annerbyniol. Pan fyddai'r duwiau eraill yn ymladd, tybient bob tro fod ganddynt reswm digonol—er mwyn ennill rhyddid neu i gywiro cam, dyweder, er nad yw'r ffeithiau yn tystio i hynny ychwaith. Roedd Ares, fodd bynnag, yn mwynhau ymladd er mwyn y weithred ei hun, ac fe fyddai'n rhuthro'n fyrbwyll i unrhyw frwydr heb ystyried pa mor gyfiawn fyddai'r achos. Yn anffodus iddo ef, byddai'n aflwyddiannus yn bur aml.

O gofio ei hanes, mae'n syndod ei fod yn dduw rhyfel o gwbl, yn enwedig gan fod duwiau eraill, Athena yn arbennig, yn llawer mwy medrus nag ef wrth ryfela. Mae'n debyg mai ei frwdfrydedd a'i dymer wyllt a wnâi i ddynion geisio'i gefnogaeth i'w cwerylon, a'r ffaith na fyddai ef yn malio ynghylch cyfiawnder yr achos. Roedd ei chwaer Eris yr un mor fyr ei thymer ag ef, ac yn aml fe achosai ei chynllwynion hi ryfeloedd rhwng dinasoedd a gwladwriaethau. Dyna'r union beth a fyddai wrth fodd calon Ares. Byddai ei ddau fab wedyn yn ymuno â nhw yn yr ymladd, a hefyd y ceffylau gwyllt a roesai ef iddynt i dynnu eu cerbydau rhyfel. O'u cymryd drwodd a thro, rhaid dweud eu bod yn deulu dychrynllyd.

Yr unig un o blith y duwiau a gâi foddhad o helyntion Ares oedd Hades, oherwydd po fwyaf o ryfeloedd a fyddai yna, mwyaf oll o filwyr ifainc a gâi eu lladd ar faes y gad a'u hanfon i Hades. O'r holl dduwiesau, Aphrodite yn unig oedd yn fodlon goddef natur afreolus Ares, ond fel y gwelsom eisoes, ni ddaeth dim lles iddo ef o'u cyfeillgarwch.

Yn ei ddydd, ymladdodd y duw rhyfel ddwywaith mewn brwydrau yn erbyn byddinoedd dan reolaeth Athena fedrus. Colli fu ei hanes ef y ddau dro. Bu gwrthdaro rhyngddo ef ac Athena yn ystod y rhyfel yn erbyn Caerdroia. Yn y rhyfel hwnnw, fe ffafriai'r duwiau ochr bendant gan ymladd yn aml i gefnogi eu harwyr ac weithiau yn achub y rheini, pan fyddent ar fin colli'r dydd. Ochr y Groegiaid a gymerodd Athena ac Ares ar ochr y Troiaid. Yn ystod un diwrnod o ymladd hynod o ffyrnig, ymosodwyd ar Ares gan yr arwr Groegaidd Diomedes. Fel arfer, byddai un o'r duwiau wedi medru ennill y fath ymladdfa yn rhwydd, ond fe gafodd Diomedes gymorth gan rywun arbennig. Daeth Athena, heb i neb ei gweld, i yrru cerbyd rhyfel Diomedes. Pan edrychai ef yn flinedig, fe ymosodai hi ar Ares gan anelu saethau ato â'i bwa arian. Wedi'i glwyfo'n arw, fe ffôdd Ares yn ôl i Olympos dan riddfan.

Cymerodd Ares ran hefyd mewn brwydr rhwng y duwiau eu hunain. Cynllwyniodd dau o feibion Poseidon, Otos ac Ephialtes, i ddringo Mynydd Olympos a meddiannu cartref y duwiau trwy drais. Wedi cyrraedd yno, eu bwriad oedd cipio ymaith Hera ac Artemis.

Dau gawr nodedig oherwydd eu taldra a'u cryfder oedd Ephialtes ac Otos. Roedd eu cynllwyn yn unol â'u maint: gosod dau fynydd, Pelion ac Ossa, ar ben ei gilydd er mwyn cael mantais i fedru cyrraedd copa Mynydd Olympos ei hun.

Go brin y gellid cyflawni'r fath dasg enfawr heb i neb sylwi, a buan y clywodd Zews am y paratoadau i symud y ddau fynydd creigiog. Galwodd ei fyddinoedd ynghyd ar unwaith a pharatôdd i ymladd yn erbyn y cewri. Brysiodd Ares, wrth gwrs, i ymuno â'r frwydr. Am unwaith, roedd ar yr ochr iawn, ond er bod Zews wedi trechu'r ddau gawr yn ulw, cyn iddo wneud hynny, fe gymerwyd Ares yn garcharor. Nid oedd sôn amdano yn unman.

Er gwaetha'r chwilio maith a thrylwyr, nid yw'n syndod na ddaeth neb o hyd iddo, gan fod y cewri wedi'i guddio mewn llestr pres ac nid oedd modd iddo ddod allan ohono. Am dri mis ar ddeg y bu'n garcharor yn y fan honno, amser diderfyn, yn wir, ac yntau'n wan a thenau a chrebachlyd.

Ers tro byd, roedd pawb wedi rhoi'r gorau i chwilio am Ares, ond ryw ddydd fe ddigwyddodd Hermes fynd heibio i'r ysgubor lle cedwid y llestr pres. Roedd hi'n dechrau nosi ac yntau wedi blino. Edrychai'r ysgubor yn glyd a chynnes ac fe orweddodd ar swp o wair mewn cornel.

Pan oedd ar fin syrthio i gysgu, fe glywodd sŵn curo ysgafn. Ar y dechrau, ni chymerodd fawr o sylw ohono am ei fod yn credu mai llygod mawr oedd yn chwilio am rawn yn y llofft uwch ei ben. Ond parhau a wnâi'r curo ac, o'r diwedd, am ei fod yn methu'n lân â chysgu, fe gododd Hermes i weld beth oedd yr achos. Mewn cornel dywyll yn yr ysgubor, gwelodd rywbeth tebyg i lestr tal ac roedd y sŵn fel petai'n dod ohono.

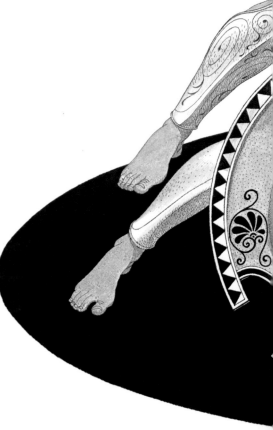

'Hwyrach mai llygoden fawr sydd yna, wedi syrthio i mewn ac yn methu â dringo allan,' meddai wrtho'i hun. Llusgodd y llestr ar hyd y llawr pridd yn nes at y drws agored, lle roedd y lleuad yn taflu ei golau. Curodd yn ysgafn â'i ddwrn ar y llestr pres ac, er ei syndod, clywodd guro gwyllt oddi mewn i'r llestr. Gan deimlo braidd yn wirion, dechreuodd siarad â'r llestr.

'Pwy sydd i mewn yn fanna? Llygoden fawr go swnllyd, ddywedwn i!'

'Fi, Ares, sydd 'ma,' meddai llais bach, gwan. 'Gollwng fi'n rhydd o'r carchar yma ac mi gei di unrhyw beth a fynni, os bydd o fewn fy ngallu.'

'Ares, sut ar y ddaear yr aethost ti i'r fath le? Ond paid â phoeni rhagor. Mi ollynga' i di'n rhydd.'

Ymhen eiliad, roedd Hermes wedi tynnu'r sêl oddi am geg y llestr ac wedi codi'r caead trwm. Dan riddfan ac ymestyn ei gorff, camodd Ares allan yn hen greadur tenau, llychlyd, ei arfwisg heb sglein arni a'i farf a'i wallt yn cyrlio am ei freichiau esgyrnog.

Er mor druenus ei olwg yn sefyll yno yng ngolau'r lleuad, roedd Ares yn rhydd, yn rhydd i ymladd eto. Ac o wybod am ei natur ryfelgar ef, dyna'n sicr a wnâi.

42

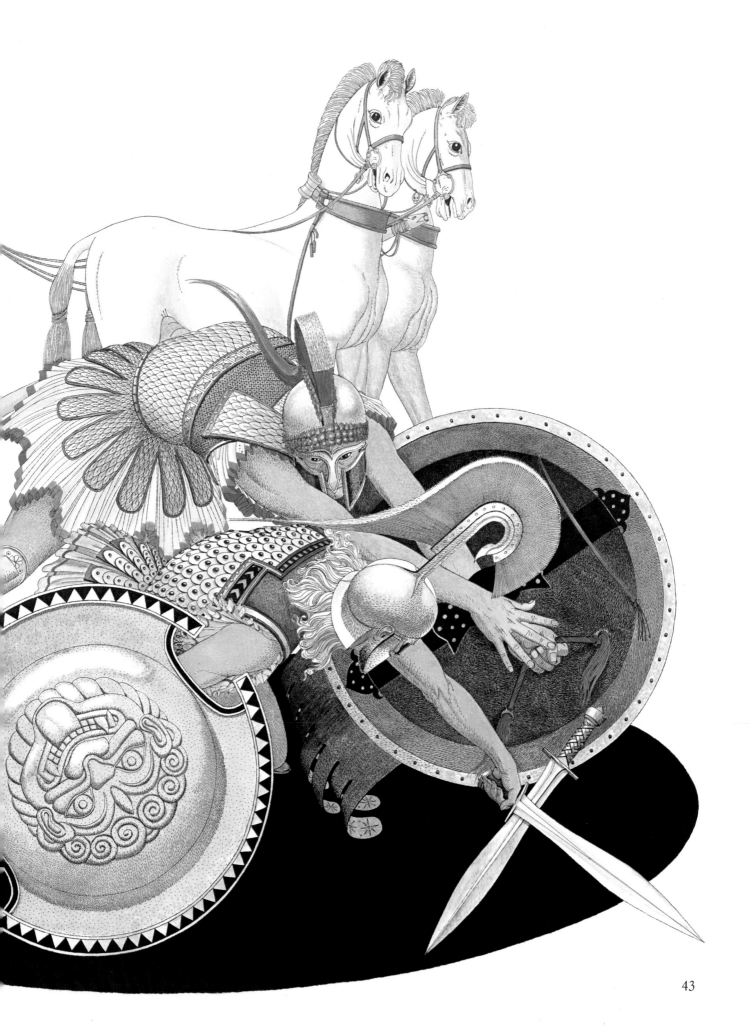

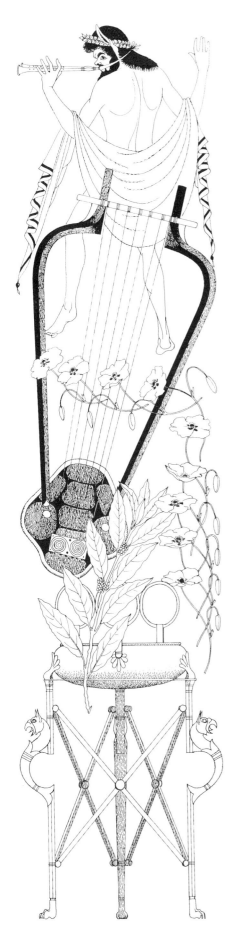

Artemis ac Apolo

Ymhlith duwiau Olympos, nid ystyrid priodas yn uniad am oes rhwng un dyn ac un ddynes heb neb yn dod rhyngddynt. Petai'r duwiau wedi credu felly, ni fyddai hanner cymaint o hanesion amdanynt ac fe fyddai'r chwedlau yn llai difyr. Gwaetha'r modd, nid yw byw'n heddychlon a pharchus yn destun stori gyffrous. Dyna'r rheswm, efallai, pam nad yw Hestia, duwies yr aelwyd a symbol o'r tŷ a'r teulu, yn cael rhan amlwg yn y chwedlau hyn. Er ei bod hi'n bwysig iawn yng ngolwg yr hen Roegiaid, ac er bod aelwyd ym mhob cartref wedi'i chysegru iddi hi, ni laddodd Hestia yr un anghenfil erioed ac ni chafodd hi anturiaethau rhamantus gyda duwiau na dynion ychwaith.

Mae'n debyg mai Zews ei hun a roddai'r esiampl waethaf oll: mae rhestr ddiderfyn o ferched y bu ef yn rhedeg ar eu holau. Un o'r rhain oedd merch i un o'r Titaniaid, sef Leto a drigai ar Olympos. Pan ddeallodd Hera, gwraig Zews, fod Leto yn mynd i roi genedigaeth i blentyn Zews, fe yrrodd Leto o'r wlad, ac fe anfonodd y sarff Python i'w herlid hi i ble bynnag yr elai rhag iddi gael munud o orffwys.

Ymhen rhyw naw mis blinedig, cyrhaeddodd Leto Ortygia ar arfordir Sicilia ac yno fe anwyd merch iddi, Artemis. Gan fod y sarff yn dal yn dynn ar ei sodlau, croesodd Leto ar unwaith i Ynys Delos ym Môr Aegea. Yno, lle na fedrai'r sarff ei dilyn, ganwyd efaill Artemis, sef Apolo. Roedd y ddau ohonynt yn blant hoffus ac, fel eu mam, yn hardd o bryd a gwedd. Ar eu pen-blwydd yn dair oed, fe ymwelodd Zews â nhw, ac roedd mor falch ohonynt nes iddo benderfynu y byddai'n rhaid dod â nhw i Olympos ryw ddiwrnod.

Aeth rhai blynyddoedd heibio ac anfonodd Zews am yr efeilliaid. 'Edrych, Apolo,' meddai, 'mae gen i anrheg i ti.' Ac aeth â'r llanc allan i ddangos iddo gerbyd aur a cheffylau gwynion wedi'u bachu wrtho. Roeddent yn anifeiliaid llewyrchus yr olwg, pob un â gwddf hir, bwaog, a mwng trwchus yn chwifio yn yr awel. Symudent yn ddiamynedd rhwng llorpiau'r cerbyd, gan ysu am garlamu ar draws yr awyr gyda'u meistr newydd. I mewn yn y cerbyd roedd yna fwa aur a llond cawell o saethau aur.

'Mae Hephaistos a'r Cyclopes wedi gwneud y rhain i gyd i ti o'r defnyddiau gorau,' meddai Zews wrth ei fab. Yna, trodd at Artemis. 'Doeddwn i ddim mor siŵr beth a hoffet ti,' meddai, 'ac felly, rydw i'n gadael i ti ddewis yr hyn a fynni. Dywed wrtha' i beth fydd o ac fe'i cei gen i.'

Ni phetrusodd Artemis. Roedd hi'n debyg iawn i'w brawd mewn llawer modd ac fe hoffai hithau fywyd iach yr awyr agored. Nid oedd ymwneud â chartref a theulu yn apelio dim ati hi. Gwell ganddi hi ac Apolo fyddai treulio'r dydd yn hela carw ar ochr y mynydd ger eu cartref.

'Rhowch i mi fwa a saethau a cherbyd fel rhai Apolo,' meddai Artemis, 'ond rhai arian ac nid aur i mi. Tiwnig hefyd, o edau arian, i'w gwisgo wrth hela. Mi hoffwn i hefyd gael haid o helgwn buan a ffyrnig, ac ugain o nymffiaid y goedwig ac ugain o nymffiaid y dŵr i weini arna' i ac i fod yn gwmni i mi.'

Yn wahanol i'r rhan fwyaf o ferched yr un oed â hi, ni fyddai Artemis byth yn meddwl am ddynion ac nid oedd hi am briodi ychwaith. Serch hynny, addolai'r Groegiaid hi fel y dduwies a warchodai blant bach.

Lluniodd y Cyclopes, y cewri unllygeidiog a wnaeth y daranfollt i Zews, y bwa a'r saethau arian i Artemis a hynny dan gyfarwyddyd Hephaistos. Y duw Pan a roddodd yr helgwn iddi, ac Artemis ei hun a ddewisodd y nymffiaid tecaf o'r coed a'r nentydd. Wedi derbyn yr holl anrhegion, anfonodd Artemis ddau o'r helgwn mwyaf chwim i'r bryniau.

'Rhedwch yn fuan, rhedwch yn rhydd,' meddai wrthynt, 'a dowch â dau garw gwych i mi, ond gofalwch beidio â'u brifo nhw. Peidiwch ag ymdroi gormod achos rydw i wedi aros am ddigon o hyd, ac yn ysu am gael defnyddio anrhegion fy nhad wrth fynd i hela.'

Dychwelodd yr helgwn gyda dwy ewig a bachodd Artemis y rhain wrth ei cherbyd arian. Yna, dan glecian ei chwip uwch eu pennau, rhoddodd floedd uchel ac i ffwrdd â nhw draw i'r bryniau. Y tu ôl iddi, mor chwim ag unrhyw ewig, fe redai'r nymffiaid, ac roedd y creigiau'n diasbedain gan gyfarth yr helgwn wrth iddynt brysuro tua'r helfa.

Dechreuodd nosi ac Artemis yn dal heb ddod o hyd i unrhyw beth i anelu ato. Felly, dyma hi'n cynnau ffagl yn un o'r tanau ar Fynydd Olympos. Yng ngolau'r ffagl, anelodd at binwydden dal a'i hollti'n ddwy â'i saeth. Bore drannoeth, trywanwyd baedd gwyllt ag un o'i saethau a chwympodd yn farw gelain. Nid oedd Artemis eto wedi cael targed a rôi ddigon o her iddi, a daliodd i grwydro gan chwilio liw dydd a chysgu o dan y coed wedi iddi nosi. Ymhen hir a hwyr, cyrhaeddodd ddinas lle roedd yna lywodraeth anghyfiawn a'r trigolion yn byw bywyd hunanol a drwg. Wrth fynd heibio, anelodd Artemis ei thrydedd saeth i ganol y ddinas. Gan hollti'n filoedd o ddarnau gloywon, angheuol fe laddodd y saeth honno'r bobl i gyd yr un pryd.

Aeth y newydd ledled y wlad am y digwyddiad syfrdanol hwnnw ac am fedrusrwydd Artemis wrth drin bwa a saeth. Am ei bod hi'n helwraig mor nodedig, daeth yn dduwies hela. Hoffai hela'n aml ar nos olau leuad, a dyna sut y daeth yn dduwies y lleuad hefyd.

Cadwodd Artemis ei llw i beidio ag ymwneud â dynion. Pan syrthiodd y duw afon Alpheios mewn cariad â hi, fe orchmynnodd ei nymffiaid i blastro clai o lan yr afon ar eu hwynebau. Gwnaeth hithau'r un fath a buont i gyd yn gwneud hwyl am ben Alpheios. Am na allai ef yn awr wahaniaethu rhyngddynt, gorfu iddo adael llonydd i Artemis. Roedd y nymffiaid hefyd wedi cymryd llw i beidio ag ymwneud â dynion, ond nid oedd pob un ohonynt mor benderfynol ag Artemis, yn enwedig pan fyddai Zews o gwmpas. Ychydig o ferched a allai'i anwybyddu ef a buan yr anghofiodd Calisto, un o'r nymffiaid, ei llw.

Roedd Artemis yn ddig iawn pan ddeallodd fod Calisto yn disgwyl plentyn Zews. Yn wir, fe'i cynddeiriogwyd gymaint nes iddi droi Calisto yn arthes gan fwriadu hysio'r helgwn ar ei hôl ac i'r rheini ei llarpio hi'n ddarnau. Yn ffodus i Calisto, cipiodd Zews yr arthes i'r nefoedd cyn i'r helgwn ddod ar ei thrywydd. Yna gosododd hi ymhlith y sêr, lle y mae hi hyd y dydd heddiw.

Ni fu'r llanc Actaion mor ffodus. Digwyddodd ef ryw dro ddod ar draws Artemis yn ymdrochi'n noeth mewn nant. Swynwyd ef gan ei harddwch ac arhosodd i'w gwylio. Pan sylweddolodd Artemis hynny, fe'i newidiodd ef yn garw. Yna cafodd ei ymlid gan ei helgwn ef ei hun a'i ladd.

Tra oedd Artemis yn ei helfen yn rhedeg ar y bryniau ac yn y coedwigoedd, roedd Apolo hefyd wrthi'n dysgu sut i drin yr anrhegion a gawsai gan Zews. Nid oedd wedi anghofio'r chwedlau a adroddai ei fam Leto am y sarff ddieflig Python. Darganfu fod gwâl y sarff mewn ogof ar ochr Mynydd Parnassos. Gan yrru ei gerbyd yn gyflym a distaw tuag yno, gwelodd Python yn hepian yng ngwres yr haul y tu allan i'r ogof. Anelodd Apolo saeth euraidd at y sarff. Wrth i'r saeth ei tharo, gwingodd holl dorchau anferthol corff y sarff a dechreuodd hithau hisian yn swnllyd a chwythu bygythion nes oedd y lle'n diasbedain. Ei chlwyfo'n unig a gafodd cyn llithro o'r golwg rhwng y creigiau.

Llwyddodd Python i ffoi at yr allor yn Delphi lle y cafodd loches, ond unwaith eto fe ddaeth Apolo o hyd iddi. Y tro hwn, nid un saeth a anfonodd o'i fwa ond saethau di-rif, nes bod y sarff yn gorwedd yn gelain wrth ei draed.

Delphi, yng nghesail mynyddoedd coediog, oedd yr oracl lle y byddai pobl yn derbyn atebion a chynghorion gan y Fam Ddaear. Byddai'r duwiau eu hunain yn ymgynghori â'r oracl yn Delphi ac roeddent wedi'u cythruddo'n arw am fod llofruddiaeth wedi digwydd mewn lle mor sanctaidd. Mynnent fod Apolo yn gwneud penyd am y weithred o ladd y sarff. Yn lle hynny, meddiannodd Apolo y fan a'r oracl, a sefydlodd ŵyl flynyddol i ddathlu ei oruchafiaeth ar y sarff. Cynhelid yr ŵyl ar fryn gerllaw a cheid yno ornestau a chwaraeon o bob math.

Roedd Apolo yn gerddor gwych ac yn enwog am ei alawon swynol a'i gyffyrddiad ysgafn ar dannau'i delyn fechan. Nid oedd neb tebyg iddo fel cerddor, ond yn fuan wedi iddo feddiannu Delphi, clywodd bobl yn canmol satyr o'r enw Marsyas ac yn dweud bod ei ddawn ef ar y ffliwt yn tra rhagori ar ddawn Apolo ar y delyn. Gan fod Marsyas braidd yn ddiniwed, nid oedd yn ddigon call i wadu'r gosodiad ac fe'i galwyd gerbron Apolo.

'Fe gaiff yr Awenau farnu p'run ohonom ni ydi'r gorau am ganu offeryn,' meddai Apolo.

Roedd Marsyas yn rhy ofnus i anghytuno â'r duw, ac felly trefnwyd yr ornest. Canodd y ddau eu hofferynnau, am y gorau i ennill. Bu'r Awenau yn ymgynghori gan nodio ac ysgwyd pen yn ddoeth, ond er eu holl ddoethineb, methwyd â chytuno. Roedd Apolo yn flin ynghylch hyn.

'Mi gawn ni ornest arall,' meddai. 'Mi drown ein hofferynnau wyneb i waered a'u canu nhw felly. Gan fy mod i'n dduw a thithau'n ddim ond satyr cyffredin, fi ddylai berfformio gyntaf,' meddai'n fawreddog.

Dyna Apolo yn troi ei delyn â'i phen uchaf yn isaf a dechrau canu a chyfeilio'r un pryd. Roedd y gerddoriaeth yn well nag o'r blaen hyd yn oed. Wedi iddo orffen, tro Marsyas oedd hi a chododd ei ffliwt at ei wefusau gan sylweddoli ar unwaith ei fod wedi cael ei dwyllo. Nid oes modd canu'r ffliwt â'i hwyneb i waered, a'r un mor ofer fyddai ceisio canu a chyfeilio'r un pryd.

Talodd Marsyas yn ddrud am ei ddiniweidrwydd. Dialodd Apolo arno'n greulon trwy ei flingo ac yntau'n dal yn fyw ac yna hoelio'i groen ar binwydden ar lan afon wrth ymyl. Hyd y dydd hwn, mae'r afon honno'n dwyn enw'r satyr anffodus.

Byddai'r sawl a dderbyniai her gan y duwiau yn gwneud hynny ar boen ei fywyd. Eto i gyd, trist ac annheg iawn oedd i Apolo ennill yr ornest trwy dwyll. Hyd yn oed petai hi wedi'i chynnal mewn

dull teg, mae'n bur debyg mai Apolo fyddai'n fuddugol, am mai ef oedd duw cerddoriaeth a seiniau peraidd ei delyn ef a glywid yng ngwleddoedd y duwiau.

Medrai Apolo, fel llawer o'r duwiau eraill, ei weddnewid ei hun er mwyn cael yr hyn a fynnai. Un diwrnod, roedd y nymff Dryope yn bugeilio diadell o ddefaid ei thad gyda'i chyfeillion, y dryadiaid, sef nymffiaid y coed. Tra oedd y defaid yn pori, fe aeth hi i hel blodau gwynion ar y llechwedd. Digwyddai Apolo fod yn crwydro o gwmpas a gwelodd y nymffiaid, ond tybiai y byddent yn dychryn petai'n dod ar eu gwarthaf yn rhy sydyn. Hyd yn oed o bell, roedd Dryope yn hynod o brydferth ac roedd arno ofn drwy'i galon iddi ffoi oddi wrtho mewn braw. Yn ddistaw bach, newidiodd Apolo ei hun yn grwban ac yn y ffurf honno fe symudodd yn araf tuag at y nymffiaid. Roedd y merched wrth eu bodd pan welsant y crwban a phob un eisiau gafael ynddo. Rhyfeddent at ei gragen a'r patrwm melyn a du arni. Estynnodd Dryope ei llaw ato: 'Fi biau hwn,' meddai gan ei roi dan ei thiwnig, yn unol â chynllun Apolo. Yr eiliad wedyn, trodd yntau ei hun yn neidr a chan godi'i ben o blygion gwisg

Dryope, fe chwythodd yn ffyrnig ar y nymffiaid eraill. Rhedodd y lleill oddi yno a chwympodd Dryope i'r llawr mewn llewyg. Pan ddadebrodd, roedd breichiau cryfion Apolo amdani a'i wefusau yn ei chusanu.

Yn fuan wedyn, gwelwyd Apolo gyda merch arall, tywysoges yn Thessalia, o'r enw Coronis. Roedd hi mewn cariad â thywysog ifanc a elwid Ischys. Er hynny, rhoddodd groeso i Apolo ac fe anwyd plentyn iddynt.

Roedd Apolo yn amau bod Coronis yn caru Ischys yn fwy nag ef a phan fu raid iddo fynd ar daith toc wedi geni'r plentyn, fe adawodd frân wen i gadw golwg arni. Ymhen rhai dyddiau, ehedodd y frân dros y mynyddoedd i ddweud wrth Apolo fod Coronis y funud honno gyda'i chariad.

'Yr hen aderyn anwadal!' llefodd Apolo yn groch, gan fwrw'i lid ar yr aderyn druan. 'Pam na fuaset ti wedi gwylio'n fwy manwl a dod ataf fi ynghynt? Rhaid i ti dalu'r pris am fod mor esgeulus. O'r dydd hwn allan, mi fyddi di, dy gywion a phob un o'th deulu cyn dduet â'r fagddu.'

Tra oedd Apolo yn siarad â hi, newidiodd plu'r frân o wyn i ddu, a hyd heddiw mae aelodau teulu'r frân yn dwyn nod y felltith honno.

Mynnai Apolo gosbi Coronis hefyd, er nad oedd ef ei hun yn mynd i'w niweidio hi. Yn hytrach, galwodd ar Artemis ac, ag un saeth o'i bwa arian, fe saethodd hi'r eneth yn gelain.

Arbedwyd mab Coronis, sef Asclepios, ac o dan hyfforddiant y centawr neu'r dyn-farch, Cheiron, fe dyfodd ef i fod yn llawfeddyg medrus. Roedd sôn ei fod ef yn dod â phobl o drothwy'r Byd Tanddaearol ac yn eu gwella nes eu bod yn holliach, a hynny wedi i bawb arall lwyr anobeithio yn eu cylch. Cwynodd Hades wrth Zews fod hyn yn ei amddifadu ef o ddeiliaid, ac er mwyn cymodi ag Arglwydd y Cysgodion, fe drawodd Zews Asclepios yn farw.

Tro Apolo i gynddeiriogi oedd hi'n awr. Yn ei lid, ni faliai ddim ynghylch grym a gallu Zews ac fe ymosododd yn ei gerbyd aur ar efail y Cyclopes, gwneuthurwyr taranfolltau Zews, a lladd pob un. Trwy ymbil taer Leto yr arbedwyd Apolo rhag cael ei yrru i Tartaros am byth. Y gosb a gafodd oedd gorfod treulio blwyddyn faith, dywyll ymhlith y colledigion, ymhell o'r bryniau a'r awyr iach a garai, ac ymhell iawn o seiniau cerddoriaeth. Yn ystod y flwyddyn ddiflas honno, magodd Apolo amynedd a doethineb, ac o hynny allan bu fyw'n ddiddig a di-stŵr.

Cerbyd yr Haul

Helios, mab y Titaniaid Hyperion a Thea, oedd y duw a yrrai gerbyd yr haul bob dydd o'r dwyrain i'r gorllewin ar draws yr awyr, gan daenu gwres a goleuni dros y byd. Gyda'r hwyr, fe ddychwelai i'w gartref yn y dwyrain mewn cawg aur enfawr ar hyd Afon Oceanos a amgylchai'r ddaear. Yno y gorffwysai cyn paratoi i gychwyn ar ei siwrnai unwaith eto gyda'r wawr.

Byddai ei gerbyd aur yn cael ei dynnu gan bedwar ceffyl nwyfus, bob un â mwng euraidd. Gwisgai Helios ei hun helmed aur â phob math o emau'n disgleirio arni. Byddai rhaid i bawb a edrychai arno gysgodi eu llygaid rhag cael eu dallu gan y pelydrau llachar o oleuni o'i gwmpas.

Roedd gan Helios fab o'r enw Phaethon. Mam y bachgen oedd Clymene, nymff fôr, sef un o'r nereidiaid. Magwyd ef yn Yr Aifft, gwlad ffrwythlon iawn bryd hynny. Er bod Phaethon yn gallu gweld ei dad o bell bob dydd fel y teithiai ar draws yr awyr, roedd cartref Helios ymhell ac amser yn brin iddo ymweld â'i fab. Petai wedi gallu fforddio'r amser ar gyfer hynny, mae'n bur debyg y byddai hanes Phaethon wedi bod yn hapusach. Pan oedd yn blentyn, byddai'r plant eraill yn ei wawdio am ei fod yn dweud mai duw'r haul oedd ei dad. Tybient mai rhyw ymffrost gwag oedd hyn er mwyn celu'r ffaith fod y tad wedi gadael y teulu.

'Dwyt ti ronyn gwell na'r un ohonom ni,' meddent wrtho. 'Does dim angen i ni gogio bod ein tadau ni'n dduwiau er mwyn swnio'n bwysig. Rydym ni'n berffaith hapus i fod yn ni'n hunain, ac felly y dylet tithau fod hefyd.'

'Mi brofa' i eich bod chi'n anghywir,' meddai Phaethon yn ddig. Roedd yn falch iawn o'i dad ac roedd ei fam wedi dweud wrtho am sefyll ei dir mewn unrhyw ddadl. Bu'n pendroni am dipyn cyn penderfynu nad oedd ond un ffordd y gallai brofi ei fod yn dweud y gwir. Rhaid mynd i weld Helios a gofyn ffafr ganddo a fyddai'n chwalu pob amheuaeth ym meddyliau'r bechgyn eraill.

Felly, dyna gychwyn ar y daith ac ymhen dyddiau lawer cyrhaeddodd Phaethon balas ei dad y tu draw i'r gorwel yn y dwyrain.

'Phaethon ydw i, dy fab di,' meddai wrtho. 'Rydw i wedi teithio o bell, o'r Aifft, i ofyn ffafr gen ti.'

Croesawodd Helios ei fab yn gynnes. 'Dim ond gofyn sydd eisiau,' meddai, ond pan glywodd beth oedd y cais, daeth gwg yn lle gwên i'w wyneb.

'Does dim modd i ti gael dy ddymuniad,' meddai. 'Unrhyw beth arall ac fe'i cei gen i, ond nid hynna. Mae angen medr a phrofiad a llawer o nerth braich ar gyfer hynna. Rwyt ti'n dal yn rhy ifanc i ymgymryd â'r fath dasg.'

Roedd Phaethon wedi gofyn i'w dad a gâi ef am un diwrnod gymryd lle Helios a gyrru cerbyd yr haul ar draws yr awyr. Pe gwelai ei gyfeillion ef, fe fyddai'n rhaid iddynt ei goelio wedyn.

Erfyniodd Phaethon ar ei dad i newid ei feddwl, ond dal yn ddi-ildio yr oedd Helios am sbel. Sut bynnag, roedd wedi rhoi ei air i'w fab ar y dechrau, a'r diwedd fu iddo ildio.

'O'r gorau,' meddai, 'ond dim ond am un diwrnod, wyt ti'n deall? Mae fy ngheffylau i'n wyllt iawn, ac o'r cychwyn cyntaf, i mi a neb arall yr ymddiriedwyd yr orchwyl o'u cadw nhw dan reolaeth ar hyd y llwybr iawn. Bydd yn hynod ofalus. Paid â gyrru'n rhy uchel nac yn rhy isel. Dilyna'r llwybr llydan a wnaed gennym drwy'r canrifoedd, a chofia gadw'r awenau yn dynn yn dy ddwylo. Petaet ti'n llacio d'afael, fe fyddai ar ben arnat ti.'

Nid oedd llawer o amser tan doriad gwawr. Dringodd Phaethon i mewn i gerbyd aur duw'r haul a chydio yn yr awenau. Edrychai'r ceffylau yn dawel a dof, a theimlai yntau'n hyderus wrth glecian y chwip i'w cychwyn ar eu taith i awyr glir y nos. Wrth iddynt godi fry i'r ffurfafen, cyffyrddai eu goleuni â phennau'r bryniau cyn ymledu i lawr tua'r dyffrynnoedd ac at y pentrefi a lechai hwnt ac yma.

Taflai pob ceffyl ei ben tuag yn ôl a chwifiai mwng euraidd pob un yn awel y bore. Fflachiai eu llygaid yn wyllt wrth iddynt deimlo unwaith eto ryddid yr awyr a synhwyro hefyd nad oedd gafael sicr Helios yno i'w tywys ar hyd y llwybr. Wrth iddynt garlamu uwchben bro mebyd Phaethon, edrychodd i lawr a gwelodd ymhell islaw iddo y tai bychain lle roedd ef a'i gyfeillion yn byw a drws pob un yn dal ar gau.

'Sut y gallan nhw wybod mai fi sydd yma?' gofynnodd Phaethon iddo'i hun. 'Rhaid i mi fynd â'r ceffylau yn is i lawr er mwyn iddyn nhw f'adnabod i ac iddyn nhw ddeall fy mod i, o ddifri, yn fab i Helios.'

Dan glecian ei chwip uwchben y ceffylau, fe'u gorfododd nhw tuag i lawr, draw oddi ar y llwybr a wnaed ar draws yr awyr gan siwrneiau fyrdd, ac i lawr tua'r ddaear. Plymiodd y ceffylau yn wyllt, yn is nag y bwriadodd Phaethon, nes bod y coed a'r creigiau fel petaent yn codi i'w gyfarfod, ac yna'n cilio draw yn sydyn wrth i'r cerbyd droelli ar i fyny eto. Trwy gil ei lygad, gwelodd Phaethon griw o'i gyfeillion wedi dychryn yn arw ac yn crynu gan ofn wrth dalcen ei gartref. Yna, collodd olwg arnynt wrth i'r cerbyd tanllyd fynd allan o reolaeth.

Erbyn hyn, gwyddai'r ceffylau'n iawn mai nhw oedd y meistri. Gwibient yn isel uwchben y ddaear, gan ddeifio coed a glaswellt a chrino'r ŷd. Roedd gwres eirias yr haul yn rhoi dinasoedd ar dân a throdd wlad ffrwythlon Yr Aifft yn anialwch llychlyd ac eithrio un rhimyn cul, gwyrddlas lle y llifai Afon Nil. Am dipyn, fe fu'r afon fawr ei hun yn berwi'n sych yn y gwres tanbaid. Yn fuan wedyn, carlamodd y ceffylau i fyny fry i'r entrychion ar hyd ymyl eithaf y ffurfafen. Oerodd hyn y ddaear islaw a rhewodd y moroedd yn dalpiau enfawr o rew.

Galwodd Phaethon am gymorth gan ei dad, ond ni fedrai duw'r haul wneud dim. Roedd fel petai'r ddaear gyfan ar fin difodiant. A dyna fyddai wedi digwydd oni bai i Zews, a oedd yn gwylio fel arfer o Olympos, gydio mewn taranfollt a'i hanelu'n ddi-feth at y bachgen.

Cwympodd Phaethon o'r cerbyd dan weiddi'n orffwyll a phlymiodd i'r ddaear cyn disgyn yn farw i afon o'r enw Eridanos. Yn y fan honno, wylai nymffiaid y dŵr mewn galar gan oeri ei gorff llosgedig â'u dagrau wrth geisio'n ofer ei adfywhau. Dywedir bod Zews wedi tosturio wrth y galarwyr hyn a'u troi'n goed poplys a'u dagrau'n ddiferion o ambr. Maent yn sefyll yno hyd heddiw, yn ochneidio yn y gwynt ac yn oeri'r ddaear o'u cwmpas â'u dail crynedig.

Cychwynnodd Helios yn drist i chwilio am ei gerbyd aur a oedd ar goll. O'r diwedd, daeth o hyd iddo ar un o fynyddoedd uchel Ethiopia. Roedd y cerbyd yn crasu'r ddaear am filltiroedd o gwmpas wrth i'r pedwar ceffyl guro'u carnau a gweryru mewn dryswch llwyr. Lluchiodd Helios ei fantell dros eu llygaid gwyllt er mwyn ceisio'u dofi. Yna tywysodd y pedwar a'r cerbyd yn ôl yn dawel i'w stabl yn y gorllewin, gan deithio'n araf a gofalus ac yn uwch na'r llwybr arferol. Am weddill y diwrnod digalon hwnnw, bu'r ddaear i gyd mewn tywyllwch.

Athena, duwies doethineb

Go brin y byddai Zews byth yn diflasu ar ei fywyd. Byddai'n treulio llawer o'i amser yn ceisio cadw trefn ar y duwiau digon gwamal eu natur, ac fe fyddai byth a hefyd yn rhedeg ar ôl rhyw nymff neu ferch feidrol. Ei brif wraig, fel petai, oedd Hera, ond nid hi oedd yr unig un. Bu Metis, un o'r hen Ditaniaid, yn wraig iddo am gyfnod hefyd.

Priodwyd Zews a Metis ar ôl carwriaeth faith a hithau wedi bod yn gyndyn o gydsynio. Ar y dechrau, roedd hi wedi newid ei hun yn bysgodyn er mwyn ei osgoi, ond fe drodd yntau'n bysgodyn a nofio ar ei hôl. Llamodd hithau o'r dŵr i'r awyr a throi'n eryr, a newidiodd Zews yn eryr hefyd. Nid oedd modd iddi ddianc rhagddo. Cyn bo hir, dywedodd Metis ei bod yn disgwyl ei blentyn. Am ei fod yn awyddus i wybod ai mab ynteu merch a fyddai'r baban, fe ymgynghorodd Zews â'r oracl yn Delphi.

'O, Zews, nerthol a galluog,' llefarodd yr oracl. 'Merch dda, ddawnus, ddoeth fydd plentyn cyntaf-anedig Metis. Ond bydd yn ofalus: os bydd Metis yn cael ail blentyn, mab fydd hwnnw ac fe fydd yn dy ddisodli di yn union fel y bu i ti orchfygu dy dad, Cronos.'

Cythruddodd hyn Zews yn arw. Penderfynodd na allai fentro gyda'r plentyn cyntaf, hyd yn oed. Un diwrnod, cyn geni'r baban, roedd Metis yn cerdded yn y gerddi wrth ymyl Llyn Triton yn Libya. Galwodd Zews arni i ddod ato. Nesaodd hithau ato dan wenu, yn disgwyl croeso ganddo, ond yn ddirybudd fe ymaflodd Zews ynddi a'i llyncu ar un llwnc fel aderyn yn llyncu gwybedyn. Ni châi'r un o blant Metis fyw i fygwth ei deyrnasiad ef.

Dyna Metis wedi mynd, ond yn ei lle, fe gafodd Zews gur pen dychrynllyd. Ni allai'r un o'r moddion arferol leddfu'r boen. Felly, anfonodd Zews neges ar frys i Hephaistos, y gof-dduw, ddod ato.

'Mae yna ryw ysbryd aflan y tu mewn i mi a rhaid ei ollwng allan,' meddai wrtho. Gafaelodd Hephaistos mewn cŷn a morthwyl a ddaethai gydag ef, yna gwnaeth hollt ym mhenglog Zews er mwyn i'r ysbryd ddianc drwyddo. Ond ni ddaeth yr un ysbryd allan. Yn hytrach, allan o gorun Zews, fe lamodd geneth ifanc dlos, bryd golau â llygaid glas. Roedd arfwisg amdani a gwaywffon yn ei llaw. Gwyddai Zews yn ôl ei golwg mai plentyn Metis oedd hon. Er gwaethaf ei ofn yn gynharach, ni allai Zews fwrw o'r neilltu ei ferch brydferth. Rhoddodd yr enw Athena arni.

Magwyd Athena yn Athen, sef y lle y daethai i'r byd. Yn unol â darogan yr oracl, roedd hi'n ddawnus eithriadol ac ymddangosai fel

petai hi wedi'i bendithio â phob rhinwedd a gallu. Roedd hi'n barod iawn i rannu ei gwybodaeth, ac o dan ei chyfarwyddyd hi y dysgodd y ddynoliaeth lawer o grefftau. Hi oedd y gyntaf un i nyddu gwlân a'i wehyddu'n frethyn. Dangosodd i ddyn sut i wneud olwyn, bwyell, ffliwt, utgorn, aradr, a hwyliau ar gyfer llongau Groeg. Pan fyddai rhyw anghydfod neu ffraeo'n digwydd ymysg y rhai o'i chwmpas, fe lwyddai Athena, fel arfer, i dorri'r ddadl trwy ymresymu'n gall. Gofynnwyd iddi droeon fod yn farnwr yn llys Areopagos am y byddai ei dyfarniad hi yn gyfiawn, a phan fyddai modd, yn drugarog hefyd.

Er ei bod hi wrth natur yn berson heddychlon, bu ei medr strategol mewn rhyfel ar brawf lawer gwaith. Fodd bynnag, ceisiai hi bob amser ddod i gytundeb trwy ryw ddull arall, fel ag y gwnaeth pan oedd Poseidon yn hawlio dinas Athen oddi arni. Dim ond ynglŷn ag un peth y dangosai Athena unrhyw wendid. Gallai hi, fel y duwiau eraill bron i gyd, fod yn genfigennus wrth y sawl a geisiai wneud cystal neu'n well na hi mewn maes yr oedd hi ei hun yn rhagori ynddo fel rheol. Ar un achlysur, gadawodd i genfigen ddylanwadu'n gryf arni.

Yr adeg honno, roedd geneth ifanc o'r enw Arachne yn byw yn Lydia, gwlad enwog am ei gwehyddion ac am y lliw porffor a ddefnyddient. Er nad oedd hi ond dwy ar bymtheg mlwydd oed, Arachne oedd y fwyaf medrus ohonynt i gyd am weithio ar y gwŷdd. Roedd hi nid yn unig yn gyflym a destlus, ond hefyd yn dangos llawer mwy o ddychymyg na neb arall wrth greu patrymau newydd.

Wrth ddod yn fwy medrus a chelfydd, aeth Arachne yn fwy uchelgeisiol. Meddyliodd am gynllun ar gyfer tapestri enfawr a fyddai'n gampwaith. I mewn iddo fe weodd olygfeydd o straeon am y duwiau—Poseidon yn rhodio ar y tonnau yn ei gerbyd; Demeter yn wylo am Persephone; Promethews wedi'i gadwyno wrth graig ac adain yr eryr yn taflu cysgod drosto; Aphrodite brydferth ac Artemis a'i bwa arian. Ymddangosai'r rhain a llu o'r duwiau eraill fel petaent yn symud yn fyw ar draws y tapestri.

O'r diwedd, cwblhawyd y gwaith. Dôi pobl o bob cwr o'r pentref i syllu ar y tapestri gan ryfeddu ato. Buan yr ymledodd y sôn amdano o bentref i bentref ac o dref i dref ar hyd a lled gwlad Lydia a thu hwnt. Dechreuodd Arachne, a oedd yn hyderus ynghylch ei chrefft eisoes, fynd yn falch ac ymffrostgar wrth glywed y fath ganmoliaeth. Pan fyddai pobl yn edmygu ei

gwaith gan ddweud wrthi mai gan Athena y cafodd hi'r ddawn hon, fe daflai'i phen yn ôl a dweud: 'All Athena ei hun wneud dim byd cystal â fi! Digon gwir iddi ddangos y pwythau syml cyntaf i mi, ond edrychwch beth wnes i efo nhw: creu campwaith y mae'r duwiau, hyd yn oed, yn eiddigeddus ohono.'

Cyn bo hir, pan oedd Athena yn gweithio wrth ei gwŷdd ei hun, fe glywodd y newydd. Penderfynodd fynd i weld drosti'i hun waith yr eneth yn Lydia, ac ymddangosodd ar ei hunion ym marchnad y pentref lle roedd Arachne yn byw. Roedd dau fwrdd hir wedi'u gosod yno i ddal y tapestri. Nid oedd Athena wedi newid ei golwg er mwyn ei dieithrio'i hun ac roedd pawb felly'n ei hadnabod. Penliniodd Arachne o'i blaen, wrth ei bodd am fod y dduwies enwog yn dymuno gweld y campwaith, a'r un pryd yn rhyw led ddifaru oherwydd iddi ganmol cymaint arni'i hun.

'Cod ar dy draed, eneth, a dangos i mi'r hyn a wnest ti,' meddai Athena wrthi.

Cerddodd y dduwies, ac Arachne ychydig gamau y tu ôl iddi, heibio i'r byrddau lle y gorweddai'r tapestri a chraffodd ar bob pwyth, gan sylwi ar y lliwiau'n ymdoddi i'w gilydd ac ar y cynllun mawreddog. Wrth iddi syllu ar luniau a phatrymau gwych y defnydd o'i blaen, fe dywyllodd llygaid glas Athena a daeth gwg i grychu'i thalcen. Roedd hi wedi dod yno gan ddisgwyl gweld gwaith geneth a allai, petai'n ddigon da, ddod yn ddisgybl iddi hi, ond beth a ganfu ond tapestri mwy cain o lawer nag y gallai hi fyth ei lunio.

Ymdrechodd Athena yn galed i beidio â dangos ei theimladau, ond roedd hi'n ferch i'w thad, sef Zews stormus ei natur, ac anodd oedd rheoli'r genfigen a etifeddodd ganddo ef. Trodd wyneb

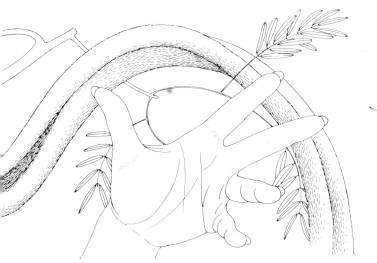

Athena yn hyll gan gynddaredd. Gafaelodd yn y tapestri yn wyllt ac, â nerth anhygoel, fe rwygodd y defnydd nes ei fod yn ddarnau ar lawr.

Â'i hwyneb yn wyn fel y galchen, gwyliai Arachne hyn, ac yna trodd ymaith a rhedeg i'r goedwig. Ni allai hi oddef bod yn fyw bellach ac fe'i crogodd ei hun â'i gwregys oddi ar gangen un o'r coed, yn eneth brudd mewn gwisg wen, wedi colli popeth a drysorai. Ymhen ychydig, dilynodd Athena hi i'r goedwig a difaru rhyw gymaint oherwydd ei chynddaredd. Cyffyrddodd â chorff marw'r eneth.

'Dal ati i wehyddu, eneth fach,' meddai, 'ond i ti dy hun yn unig a neb arall. Mi fydd dy edau di'n awr yn fil gwaith meinach a'th ddefnydd di'n fil gwaith mwy bregus. Ychydig iawn o bobl fydd yn sylwi arno fo, a fydd neb, mi greda' i, yn dy gymharu di â'r duwiau.'

Tra oedd Athena yn siarad, lleihaodd corff Arachne a chrebachu'n ddim bron nes bod y wisg wen yn hongian fel plisgyn gwag oddi ar y gangen. O ganol plygion y wisg, fe ddisgynnodd pryf copyn bychan yn dawel i'r ddaear, ac yna dechreuodd ddatod ei edau sidanaidd. O'r diwrnod hwnnw hyd heddiw, mae Arachne, y pryf copyn, wedi bod wrthi'n llunio ei gwe. Mae aml i we o'r golwg mewn conglau tywyll, ond yn gynnar ar fore o haf, gellir gweld ambell we yn sgleinio ac yn dawnsio yn yr heulwen.

Fel Artemis, ni phriododd Athena ac er bod llawer o'r duwiau wedi ceisio ennill ei serch a'i phriodi, ni lwyddodd neb. Er hynny, roedd Athena yn fwy tosturiol na duwies oeraidd yr hela. Un tro, pan oedd hi'n ymdrochi mewn pwll o ddŵr, fe ddaeth dyn o'r enw Teiresias ar ei draws a sefyll i'w gwylio hi, yn union fel y bu Actaion yn gwylio Artemis, duwies yr hela. Trodd Artemis Actaion yn garw a bu helgwn yn ei ymlid a'i ladd. Cosb Athena i Teiresias oedd dallineb, ond fe roddodd iddo'r ddawn i weld i'r dyfodol a bu'n broffwyd mwyaf ei oes.

Weithiau gelwir Athena yn Palas Athena, ond nid oes sicrwydd sut y cafodd hi'r enw hwn. Mae un fersiwn ar y stori yn mynd yn ôl i'w phlentyndod yn Libya. Hyd yn oed pan oedd hi'n blentyn ifanc, fe ddangosai lawer o'r nodweddion hynny a'i gwnaeth hi'n dduwies ac yn arweinydd mor wych mewn rhyfel. Math o ffug frwydrau fyddai amryw o'i chwaraeon gyda'i chyfeillion. Caniateid iddynt, yn hollol annoeth, waywffyn a chleddyfau bychain (ond rhai go-iawn er hynny) er mwyn i'r brwydrau fod fel rhai gwir. Un diwrnod, gwaetha'r modd, fe fu un frwydr yn rhy wir.

Roedd Athena a'i ffrind, Palas, ar lan Llyn Triton, wedi'u gwisgo ar gyfer eu hoff chwarae fel rhyfelwyr a chan y ddwy helmed, dwyfronneg a tharian bob un. Penderfynwyd cogio bod yn ddau o'r duwiau, yn ymladd am law'r forwyn decaf a droediodd y ddaear erioed. Safai'r ddwy yn wynebu'i gilydd â chleddyf yn un llaw a gwaywffon yn y llall. Yna, dechreuodd y ddwy symud mewn cylch yn barod i ymosod. Athena oedd y gyntaf i ddal ar ei chyfle a bwriodd ymlaen â'i gwaywffon. Osgôdd Palas y waywffon, ond yr eiliad honno, fe faglodd Athena a methodd Palas â symud o'r ffordd yn ddigon sydyn. Syrthiodd Palas i'r llawr wedi'i thrywanu yn ei chalon. Byth er hynny, cymerodd Athena enw Palas o flaen ei henw'i hun, er cof am ei ffrind.

Efallai fod yr enw wedi'i roi i Athena am y rheswm syml ei fod yn dod o'r gair Groeg sy'n golygu geneth.

Hermes, negesydd y duwiau

Bu llawer o'r duwiau yn cyflawni'r campau mwyaf anhygoel pan oeddent yn blant, a neb fwy felly na Hermes. Fe'i ganwyd ar Fynydd Cylene yn fab i Zews a Maia, merch Atlas. Yn ôl y sôn, fe gychwynnodd ar ei anturiaethau ac yntau'n ddim ond ychydig o wythnosau oed. Pan oedd yn dod i lawr ochr y mynydd un dydd, gallai weld gyr o fuchod gwynion yn pori yn y dyffryn a phefriodd ei lygaid yn llawn direidi. Ymhen blynyddoedd wedyn, daeth llawer o'i gydnabod yn gynefin â'r edrychiad cellwierus hwnnw. Chwarddai wrtho'i hun yn awr gan feddwl am y cast y bwriadai ei chwarae ar berchennog y gwartheg.

Wedi cyrraedd llawr y dyffryn, torrodd Hermes wialen o wernen a dyfai wrth ymyl nant, a'i defnyddio i yrru'r buchod i un gongl o'r ddôl. Cyn gynted ag yr oeddent wedi'u corlannu, aeth yn ôl at y nant a thorri swp o'r brwyn hirion a dyfai yno. Yna aeth at y buchod eto gan hel ambell dusw o laswellt wrth fynd. Defnyddiodd y brwyn i glymu'r glaswellt am garnau pob buwch, yna gyrrodd y buchod i gyd ar hyd llwybr i fyny i'r mynyddoedd. Gwyddai Hermes na allai neb ddweud i ba gyfeiriad yr aethant, gan nad oedd y carnau, o dan eu gorchudd o laswellt, yn gadael olion o gwbl ar y llwybr caregog.

Buont yn dringo'r llwybrau am dipyn a gwelodd Hermes hafn ddofn oddi tano. Roedd ei hochrau mor serth nes bod y gwaelod isaf mewn cil haul drwy'r adeg. Sylwodd Hermes fod yna lwybr cul, bron yn guddiedig gan lwyni olewydd, yn arwain tuag i lawr. Byddai dilyn y llwybr yn o beryglus, ond fe wyddai Hermes y byddai'r hafn yn guddfan berffaith ar gyfer y buchod. Ni thybiai neb wrth edrych oddi uchod y gallai gwartheg fod wedi crwydro i'r fath le, ac fe fyddai'r cysgodion tywyll yn ei gwneud yn anodd i neb eu gweld.

Tywysodd y buchod, y naill wrth gwt y llall, i lawr y llwybr serth. Tyfai glaswellt yn borfa fras ger yr afon fechan a lifai ar draws llawr y ceunant. Gan adael y buchod yn pori'n braf, i ffwrdd â Hermes, wrth ei fodd am fod ei gynllun mor llwyddiannus. Byddai pwy bynnag oedd biau'r buchod gwynion yn gorfod treulio dyddiau lawer yn chwilio amdanynt.

Yr hyn na wyddai Hermes oedd mai Apolo, ei hanner brawd, oedd eu perchennog. Pan ddeallodd Apolo fod y buchod wedi diflannu o'r ddôl, fe dybiodd yn ddigon naturiol mai rhyw leidr gwartheg oedd wedi'u lladrata. Galwodd am gymorth nifer o satyriaid a buont wrthi'n cribinio'r llechweddau am y buchod. Buont yn chwilio ymhellach ac ymhellach bob dydd, nes i Apolo un diwrnod, wrth fynd trwy Arcadia, glywed cerddoriaeth bersain yn dod o geg rhyw ogof. Penderfynodd fynd i ymchwilio gan ei fod yn hoff iawn o gerddoriaeth o bob math, ac roedd yr alaw honno yn cael ei chanu ar offeryn dieithr iddo. Sylwodd hefyd fod croen buwch wen wedi'i daenu ar y glaswellt wrth ymyl yr ogof, er mwyn iddo sychu yn yr haul.

Wedi gwthio o'r neilltu frigau llwyn o fanadl melyn a led-guddiai geg yr ogof, aeth Apolo i mewn iddi. Yn y gwyll, gwelodd y nymff Cylene yn magu plentyn bach ac, er ei syndod, fe sylweddolodd mai'r plentyn oedd yn creu'r gerddoriaeth. Nid oedd golwg o neb tebyg i ladron.

'Sut y mae plentyn mor ifanc yn medru bod mor ddawnus?' gofynnodd Apolo.

'Mae hynny'n destun syndod i minnau hefyd,' atebodd y nymff. 'Y cyfan alla' i ei ddweud ydi ei fod o wedi'i eni rywle yn yr ardal hon, a'i fod wedi'i weld yn crwydro ar ei ben ei hun. Fi fydd ei fam o nes y doir o hyd i'w fam iawn o.'

Plygodd Apolo wrth ymyl y bachgen bach a chraffu ar yr offeryn a chwaraeai. Fe'i gwnaed o gragen crwban a thri tant yn dynn ar draws yr ochr bantiog. Wrth blycio'r tannau, fe atseiniai nodau clir, perffaith.

'Ymhle y cafodd o hwnna, tybed?' gofynnodd Apolo. Roedd wedi sylwi mai o berfedd buwch y gwnaed y tannau, a hyn yn peri iddo amau'n fwy fyth.

'Fo'i hun wnaeth yr offeryn ac mae'n ei alw'n delyn,' meddai Cylene.

Roedd Hermes wedi sylweddoli erbyn hyn fod Apolo yn siŵr o fod wedi gweld y croen tu allan i'r ogof, ac fe wyddai fod amheuaeth Apolo yn prysur droi'n sicrwydd. Hyd yn hyn, nid oedd wedi yngan gair am ei fod yn gwybod na fyddai Apolo yn tybio ei fod yn ddim amgen na'i olwg—bachgen bach, diniwed. Ond credai'n awr fod pethau wedi mynd yn ddigon pell.

'Rhaid i chi faddau i mi,' meddai Hermes. 'Tipyn o hwyl oedd y cyfan a doeddwn i ddim yn bwriadu drwg i neb. Mi ddof â'r buchod i gyd yn ôl i'r ddôl heblaw am un. Roedd rhaid i mi ladd un fuwch er mwyn cael tannau i'r delyn. Fel iawndal, mi gewch yr offeryn yma gen i ac mi ddangosa' i i chi sut i'w ganu o.'

Penderfynodd Apolo dderbyn y cynnig, a fyddai wedi bod yn fargen go sâl yng ngolwg rhywun llai cerddorol. Yna arweiniodd Hermes ef i'r hafn lle y porai'r buchod gwynion o hyd. Roedd y plentyn yn falch o gyfarfod ag un o'r duwiau a bu'n sgwrsio'n ddiddig ag ef. Sylweddolodd Apolo yn fuan mai'r tad enwog a grybwyllai Hermes mor

aml oedd neb llai na Zews, ac aeth â Hermes yn ôl gydag ef i Olympos. Yn ei galon, fe gredai Zews fod hanes Hermes yn chwarae cast ar ei hanner brawd yn ddoniol dros ben, ond ei geryddu a gafodd y plentyn.

'Dydi'r fath ymddygiad ddim yn deilwng o un o'r duwiau,' meddai Zews. 'Fydd y duwiau ddim yn lladrata nac yn dweud celwydd. A thithau yma rŵan, beth wnawn ni efo ti, dywed? Mae'n amlwg fod gen ti dafod ffraeth ac ysbryd anturus. Hwyrach y gallwn ni wneud rhywbeth o hynny.'

Bu Zews yn pendroni am rai munudau ac yna dywedodd wrth Hermes ei fod yn cynnig swydd iddo fel negesydd y duwiau a gwarcheidwad hawliau teithwyr. Rhoddodd iddo ffon arbennig â rubanau gwynion wedi'u plethu amdani a phâr o sandalau euraidd ac adenydd wrthynt i'w gludo'n chwim ar ei deithiau. Daeth Hades i weld y duw newydd hwn a'i benodi'n dywysydd y meirw i'w deyrnas yn y Byd Tanddaearol.

Ni fyddai meddwl effro Hermes byth yn segur. Edrychai ar y sêr gan ddyfalu yn eu cylch a dyna ddechrau seryddiaeth. Astudiai lythrennau a lluniodd yr wyddor gyntaf. Ef a ffurfiodd y raddfa gerddorol ac ef a ddyfeisiodd y gwahanol fesurau ar gyfer pwyso a mesur. Dysgodd hefyd sut i ragfynegi'r dyfodol. Ei syniad ef oedd llawer o wahanol gêmau megis lluchio esgyrn bychain a'u dal ar y llaw, a chwarae cardiau—er eu bod yn wahanol i'n cardiau ni heddiw.

Ystyrid Hermes yn dduw diadelloedd a gyrroedd, yn dduw masnach ac yn dduw lladron. Yn y dyddiau hynny, pan oedd gwartheg yn rhan bwysig iawn o gyfoeth dyn, roedd perthynas agos iawn rhwng gyr o anifeiliaid a masnach. Roedd rhoi nawdd i ladron yn unol â'i natur ddireidus ef ei hun.

Edmygai llawer ei ddoniau ac roedd rhai'n eiddigeddus o'r hyn a gyflawnodd. Chwarddent wrth glywed ei ddywediadau ffraeth, ond ni fyddent yn coelio pob un o'i straeon hyd nes cael prawf pellach eu bod yn wir. Roedd yn gwmnïwr diddan ac yn siaradwr difyr, ond ni ellid dibynnu bob tro ar yr hyn a ddywedai. Tueddai i dwyllo rhywun weithiau, nid â chelwydd fel y cyfryw ond â hanner y gwir. Anodd fyddai dweud pa bryd y byddai o ddifri a pha bryd yn smalio. Nid oedd hyn wrth fodd y duwiau mwyaf dwys eu natur gan na chredent fod y math o dynnu coes a wnâi Hermes yn ddoniol.

Pan a Dionysos, y duwiau gwyllt

Nid oes neb yn gwybod pwy oedd tad Pan. Ymhlith y rhai a enwir mae Zews, ond go brin fod hynny'n wir, yn yr achos hwn beth bynnag. Efallai fod Pan wedi'i ddiarddel gan ei dad iawn am ei fod mor hyll yr olwg: yn afrosgo a blewog a chanddo gyrn, barf, cynffon a choesau bwch gafr. Tueddai'r duwiau eraill i gyd i'w ddirmygu oherwydd ei olwg, ac nid ystyrient ef yn un ohonynt er ei fod, mae'n debyg, o ran tras yn dduw ac yn ôl rhai, yn dduw hŷn na'r Titaniaid.

Nid oedd Pan i'w weld yn malio rhyw lawer, gan ei fod yn wylaidd a di-uchelgais. Nid oedd yn dyheu am gael byw ar fynydd Olympos gan ei fod yn ddigon bodlon byw gyda'r meidrolion yn Arcadia yng nghanol deheudir Groeg. Roedd yno wastadeddau eang a choedwigoedd yma a thraw. Tua'r gogledd, roedd mynyddoedd uchel lle y byddai Pan yn bugeilio'i ddefaid a'i eifr ac yn gofalu am ei wenyn. Yn y nos, fe ymunai'n afieithus mewn tipyn o hwyl efo nymffiaid y coed a'r bryniau. Bryd hynny, fe âi'n fwy gwyllt ei natur. Ei hoff bleser wedyn fyddai ymguddio yn y coed pan ddôi dieithryn heibio a'i ddychryn â sgrech sydyn ac annaearol.

Bu Pan yn rhedeg ar ôl llawer o'r nymffiaid ac yn eu plith, Syrinx, a ffodd mewn braw at lan Afon Ladon a throi'n frwynen er mwyn dianc rhagddo. Am na fedrai ef ddweud pa un oedd hi ymysg cynifer, fe dorrodd Pan lawer o'r brwyn a gwneud pibau ohonynt. Mae pibau Pan yn enwog hyd heddiw.

Wedi i'w ddawn fel pibydd ddod yn adnabyddus y galwyd ar Pan i fynd i Olympos i hyfforddi'r duwiau ar y grefft o ganu'r pibau. Ond buan y deallodd oddi wrth eu gwenau gwatwarus nad oedd ganddynt ronyn o barch ato, ac fe ddychwelodd i Arcadia a'r hen fywyd syml.

Mae hanes y duw Dionysos yn dra gwahanol i un Pan a oedd mor fodlon ei fyd. Stori yw hi am wallgofrwydd, ysbeidio ac anrheithio, am dduw yn cael ei yrru gan rymoedd y tu hwnt i'w reolaeth.

Zews oedd tad Dionysos a Semele, merch i frenin Thebai oedd ei fam. Lladdodd Hera, gwraig genfigennus Zews, Semele â mellten, ond cipiodd y dduwies Rhea, un o'r Titaniaid, y baban newydd i ddiogelwch a'i roi yng ngofal y Brenin Athamas a'i wraig Ino. Er mwyn bod yn fwy diogel fyth, dieithrwyd golwg Dionysos i edrych fel geneth tra oedd efo nhw. Er gwaethaf hyn, llwyddodd Hera i'w ddilyn, ac fe drawodd y brenin a'i frenhines â gwallgofrwydd nes iddynt ladd eu plant eu hunain yn ystod pwl o orffwylltra.

Ni chafodd Dionysos ei hun unrhyw niwed, ond ar orchymyn Zews, fe frysiodd Hermes i weddnewid y bachgen yn afr er mwyn iddo fod yn haws ei guddio. Yna, aeth Hermes â Dionysos ymaith yn ddirgel liw nos i Fynydd Nysa, lle y gallai'r nymffiaid ei warchod. Yno, newidiwyd ef yn fachgen yn ôl, heblaw am ddau gorn bychan fel rhai myn gafr a arhosodd ar ei ben am weddill ei oes. Tra oedd yn byw ar ochr y mynydd, bu'n tyfu'r winwydden gyntaf ac yn plannu gwinllan ar lechwedd yn wynebu'r de. Arferai blannu gwinwydd ym mha le bynnag yr elai trwy gydol ei oes, ac, yn y diwedd, fel duw'r gwin yr adwaenid ef.

Bu popeth yn iawn am sbel, ond nid oedd Hera wedi rhoi'r gorau i chwilio am y bachgen, a llwyddodd i ddod o hyd iddo ymhen hir a hwyr. Gan ymddwyn yn hollol ffiaidd a didrugaredd, fe ddrysodd hi ei ymennydd a'i wneud yn wallgof, yn union fel y gwnaethai i Athamas ac Ino.

Cefnodd Dionysos yn awr ar y nymffiaid addfwyn a fu'n gofalu amdano mor annwyl. Dewisodd yn hytrach gwmni'r satyriaid afreolus a garw a'u harweinydd Seilenos. Hoffai hefyd fod efo'r maenadiaid, sef merched hollol anwar â llygaid gwyllt a wisgai grwyn anifeiliaid ac wedi'u harfogi â chleddyfau ac â seirff. Aent o gwmpas y wlad yn codi ofn ar bobl ac yn dinistrio unrhyw un a feiddiai eu gwrthwynebu.

Gyda'r fintai ryfedd hon o ddilynwyr, fe grwydrai'r duw ifanc ymhell dros y môr gan frwydro a lladd yn ddidostur bawb a groesai ei lwybr. Yn gyntaf, aeth i'r Aifft, lle'r ymunodd yr Amasoniaid ag ef i adfer y Brenin Ammon i'r orsedd. Yna, buont ar siwrnai faith i'r India, lle'r ymladdwyd ugeiniau o frwydrau gwaedlyd nes darostwng yr holl wlad. Yn y dwyrain, gwelodd Dionysos arferion a chreaduriaid a oedd yn ddieithr i'w wlad ei hun, ac ef a ddaeth â'r eliffant cyntaf i Ewrop.

Wedi i Dionysos ddychwelyd adref o'i grwydro, ceisiodd Hera yrru'r gorffwylltra allan ohono, ond yn rhy hwyr iddo gael llwyr iachâd. Llwyddodd i ryw raddau, ond ni allai Dionysos gefnu ar y fintai o satyriaid a maenadiaid a'r math o fywyd a gawsent efo'i gilydd. Roedd wedi mynd yn rhy hoff o'r gyfeddach a'r rhialtwch ac, wrth gwrs, o'r gwin a gâi o'i rawnwin ef ei hun.

Ni fyddai Dionysos a'i ddilynwyr rhyfedd, er pwysiced yr oedd ymladd yn eu bywyd, yn fuddugoliaethus bob tro. Fe'u gorchfygwyd yn llwyr gan Lycwrgos, brenin yr Edoniaid, pan geisient oresgyn Thracia, ac er i Rhea wneud

Lycwrgos yn wallgof er mwyn arbed Dionysos, bu'n rhaid i'r duw blymio i'r môr neu byddai wedi'i ladd. Yno, cuddiodd Thetis, y nymff fôr, ef nes bod y perygl drosodd.

Mewn ysbryd mwy heddychlon, ymwelodd Dionysos a'i fintai â Thebai, prif ddinas Boiotia, wedi siwrnai o rai dyddiau tua'r gogledd o Athen. Roedd y trigolion yn bobl dawel a swil ac yn ffieiddio ymddygiad y satyriaid a'r maenadiaid barbaraidd a hanner meddw. Ni allent gymeradwyo'r dawnsio gwyllt a âi ymlaen drwy gydol y nos ar lechweddau Mynydd Cithairon uwchlaw'r dref. Roedd yn gas ganddynt gael eu cadw ar ddi-hun gan y canu a'r twrw.

Gwyddai brenin Thebai fod parch yn ddyledus i un o'r duwiau, ond roedd ei bobl wedi goddef gormod o gorchmynnodd ddwyn Dionysos a'i ddilynwyr i'r ddalfa. Cyn i hynny ddigwydd, fodd bynnag, fe yrrodd Dionysos y brenin yn wallgof. Cafodd y satyriaid gyfle i ddianc ac i achosi terfysg ar hyd a lled y wlad gan ysbeilio a lladd.

Gan adael Boiotia yn ferw gwyllt, hwyliodd Dionysos i Ynysoedd yr Aegea. Aeth ar fwrdd llong a anelai am Naxos, ac ymhen rhai dyddiau, heb wybod pwy doedd, fe glymodd y criw ef wrth yr hwylbren. Yna, hwyliodd y llong tua'r dwyrain gan fwriadu mynd i borthladd Priene yn Asia Leiaf lle y gallai'r longwyr werthu Dionysos fel caethwas.

Toc, sylweddolodd y llongwyr mai camsyniad oedd hynny, gan fod Dionysos yn medru dod yn rhydd o'r cadwynau. Safodd yn stond o'u blaenau am funud a'i gorff eiddil braidd yn tyfu'n ddwywaith ei daldra o flaen ei llygaid. Yn sydyn, yn ei le roedd yna glamp o lew yn ysgyrnygu. Clywid rhuo, fel petai yno dorf o fwystfilod gwyllt, yn llenwi'r awyr. Tyfai gwinwydd o fwrdd y llong a chordeddu am y rhaffau a'r hwyliau, a chrynai'r llong fel petai ton anferthol wedi'i tharo.

Safai pob un o'r criw yn ei unfan gan ofn â'i wyneb fel y galchen. Yna, fel un gŵr, dyna ruthro a phlymio i'r môr. Yn y dŵr, fe newidiwyd pob llongwr yn ddolffin ac yno y buont wedyn yn llamu ar frig y tonnau.

Wedi ailgyfeirio'r llong, hwyliodd Dionysos unwaith eto tuag Ynys Naxos. Yno, cyfarfu ag Ariadne, merch i frenin a'i phriodi, ac efallai mai oherwydd ei dylanwad hi y bu diwedd ei oes yn hapusach na'i dechrau.

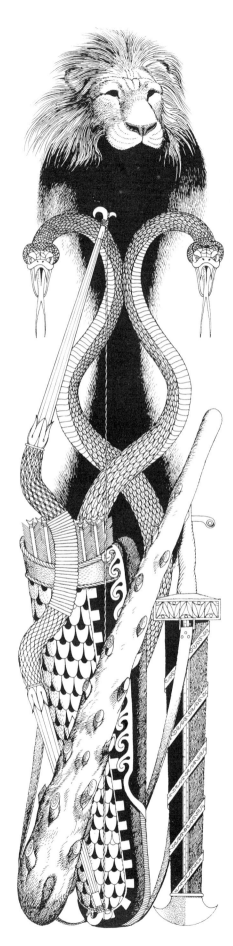

Gorchestion Hercwl

Hercwl, efallai, yw'r enwocaf o'r arwyr Groegaidd ac mae yna straeon di-rif amdano ef a'r hyn a gyflawnodd. Y gwir amdani yw fod cynifer o hanesion amdano nes gwneud i ni dybio bod campau rhai dynion a duwiau llai poblogaidd wedi'u priodoli iddo ef o dro i dro. Ond, os ef a gyflawnodd y gorchestion hyn, roedd yn ddyn anhygoel.

Zews oedd tad Hercwl, ond Alcmene, gwraig feidrol, oedd ei fam. Teimlai Hera yn ddig iawn fod yna faban newydd eto a Zews yn dad iddo, ac felly'n llawn dialedd, fe ddyfeisiodd hi gynllun i ladd y plentyn. Penderfynodd osod dwy sarff wenwynig yn ei grud. Er nad oedd Hercwl ond ychydig o wythnosau oed, roedd eisoes mor gryf fel nad oedd y seirff yn fygythiad o gwbl iddo. Gwasgodd y ddwy yn ei ddyrnau, eu clymu yn ei gilydd fel pâr o gareiau a'u tagu.

Roedd Hera wedi'i threchu dros dro, beth bynnag, a thyfodd Hercwl yn llanc eithriadol o gryf a gwrol. Yr athletwr medrus Polydewces, y cawn ei hanes yn ddiweddarach, a'i hyfforddodd i ymladd ag arfau. Awtolycos, mab i Hermes, a ddangosodd iddo sut i ymaflyd codwm. Gan Ewrytos, ŵyr i Apolo, y dysgodd sut i drin bwa a saeth. Roedd yn hyddysg mewn meysydd eraill hefyd, ac fe ddaeth yn fedrus ar ganu'r liwt.

Wedi meistroli cynifer o gampau amrywiol, ni allai benderfynu ar unwaith sut y dylai dreulio'i oes. Un diwrnod tra oedd yn cerdded ar Fynydd Cithairon, fe ymddangosodd dwy wraig o'i flaen. Eu henwau oedd Pleser a Rhinwedd a cynigient ddewis iddo. Cynnig Pleser oedd bywyd hawdd a helaeth, a chynnig Rhinwedd oedd bywyd o ymdrech a llafur a rhywfaint o ofid a galar, ond ag addewid o orfoledd ar ei derfyn. Cynnig Rhinwedd a ddewisodd Hercwl, ac aeth ati'n ddi-oed i chwilio am achos gwerth ymladd drosto.

Ei gymwynas gyntaf oedd diddymu treth drom a orfodwyd ar ddinas Thebai gan wladwriaeth gyfagos. Fel gwerthfawrogiad o hynny, fe roddodd Creon, brenin Thebai ei ferch Megara, yn wraig i Hercwl. Buont yn hapus gyda'i gilydd a ganwyd plant iddynt. Ond fe ddaeth y galar a addawyd iddo yn fuan. Gwelodd Hera ei chyfle i daro unwaith eto ac fe achosodd i Hercwl wallgofi nes iddo ddychmygu bod Megara a'i blant yn elynion iddo. Mewn pwl o gynddaredd gorffwyll, fe laddodd bob un ohonynt.

Pan ddaeth Hercwl ato'i hun eto, roedd mor edifeiriol a digalon fel y teithiodd i Delphi i ofyn i'r oracl sut y gallai wneud iawn am yr hyn a wnaethai. 'Dos i ddinas Tiryns yn Argolis, lle y mae Ewrysthews yn frenin,' meddai'r oracl wrtho. 'Yno am gyfnod o ddeuddeg mlynedd rhaid i ti wasanaethu Ewrysthews. Os byddi di'n cyflawni'r tasgau a osodir i ti ganddo ef, fe gei di faddeuant ac fe ddaw heddwch i'th enaid.' Ar hynny, tawodd yr oracl a chychwynnodd Hercwl ar ei daith.

Nid oedd angen mynd ymhell o Tiryns i wneud y dasg gyntaf o'r deuddeg. Daethai newyddion i'r palas fod llew yn ymlwybro i lawr o'r bryniau bob nos i browla o gwmpas Nemea ger Corinth, a'i fod yn niweidio ac yn lladd dynion ac anifeiliaid. Roedd y werin bobl yn rhy ofnus i adael eu cartrefi, hyd yn oed liw dydd.

'Rhaid i ti ladd y llew yna,' meddai Ewrysthews wrth Hercwl, 'a'i flingo hefyd. Rhaid i ti ddod â'i groen yn ôl yma yn brawf ei fod wedi marw. Ond cymer ofal eithriadol, achos maen nhw'n dweud nad oes yr un arf yn y byd yn medru treiddio trwy'i groen melyn, gwydn o.'

Cymerodd Hercwl ei gleddyf a'i waywffon a phastwn praff, ac wedi taro rhwyd gref dros ei ysgwydd, i ffwrdd ag ef. Ymhen deuddydd, wedi deall gan ryw fugail ofnus fod ffau'r llew mewn ogof ar ochr bryn heb fod ymhell, brysiodd tuag yno. Roedd hi'n gynnar yn y bore, ac ymguddiodd Hercwl ar ei gwrcwd wrth ymyl llwyni ger ceg yr ogof i aros i'r llew ddychwelyd ar ôl bod yn hela drwy'r nos. Toc, gwelai'r llew yn nesu'n llechwraidd dros ael y bryn â'i safn anferth yn diferu gan waed. Byddai un olwg ar y fath glamp o law yn ddigon i beri i'r mwyafrif o ddynion ffoi oddi yno am eu bywyd.

Camodd Hercwl yn eofn i'w lwybr ac wrth iddo godi'i waywffon, safodd y llew. Gwibiodd y waywffon drwy'r awyr a llamodd y bwystfil enfawr ymlaen dan ruo. Ond er bod Hercwl wedi anelu'n union, sbonciodd y saeth yn ei hôl oddi ar fynwes y llew heb adael yr un marc arno.

Wedi llamu i'r ochr er mwyn osgoi'r saeth, gwthiodd Hercwl ei gleddyf â'i holl nerth i gorff y llew, ond ni chafodd hynny fwy o effaith nag a gâi ar graig solet. Gan ysgyrnygu'n gynddeiriog, rhuthrodd y llew amdano. Safodd Hercwl ar flaenau'i draed ac wedi tyfalu'i gleddyf diwerth ar lawr, chwifiodd ei bastwn uwch ei ben a'i hyrddio drwy'r awyr. Wrth i'r pastwn ei daro, caeodd safn agored y llew â chlec ac fe ddechreuodd y bwystfil wegian. Yn syfrdan ac ofnus, ciliodd y llew i mewn i'r ogof cyn i Hercwl fedru manteisio ar ei gyflwr.

Roedd ganddo ddigon o brawf bellach nad oedd unrhyw arf cyffredin yn werth dim yn erbyn y llew: ni allai ei bastwn, hyd yn oed, ei drechu. Penderfynodd Hercwl roi cynnig arni trwy gyfrwystra. Gosododd ei rwyd ar draws ceg yr ogof ac yna mentrodd i mewn trwy dwll arall yn y creigiau. Am fod y llew wedi'i ddal yn gaeth mewn lle cyfyng, rhuodd yn herfeiddiol a symud wysg ei gefn i'r rhwyd gan nad oedd lle iddo ddianc. Â'i galon yn ei wddf, nesaodd Hercwl at y llew a chrynai'r ddaear wrth i'r ddau gyfarfod; ond byr iawn fu'r ymladd. Ar amrantiad, crafangodd dwylo cryfion Hercwl am wddf y llew, ac wedi ymlafnio caled am ychydig, fe orweddai'r llew yn gelain o'i flaen.

Gorffwysodd am sbel a dyfalu sut y gallai flingo'r llew gan nad oedd unrhyw gyllell yn medru treiddio trwy'r croen. O'r diwedd, cafodd syniad. Torrodd un o grafangau'r llew i ffwrdd ac am fod yr ewinedd yn fachog fel cryman, defnyddiodd y rheini i dynnu'r croen. Yna, wedi lapio'r croen am ei gorff ef ei hun, dychwelodd i Tiryns.

Lle diffaith heb fod ymhell o Argos oedd Lerna. Llifai afon drwyddo ac ymestynnai corsydd o bobtu iddi. Yno roedd cartref yr Hydra, anghenfil â naw o bennau a phob un fel pen neidr, yn ysglyfaethu ar deithwyr diniwed a ddôi heibio'r ffordd honno. Roedd llawer o ryfelwyr a helwyr wedi ceisio mynd ar ei drywydd a'i ladd ond neb wedi llwyddo. Yn ôl y sôn, pe torrid un o'r pennau i ffwrdd, fe dyfai un arall yn ei le a byddai'r anghenfil cyn gryfed ag o'r blaen. Roedd un o blith y naw yn ben na ellid ei ladd byth, ond nid oedd modd gwybod p'run oedd hwnnw. I ymladd yn erbyn yr Hydra yr anfonwyd Hercwl wedyn gan y Brenin Ewrysthews.

Wedi gwisgo croen llew Nemea amdano, yn ôl ei arfer bellach, cychwynnodd tua'r corsydd yn ei gerbyd a yrrid gan nai iddo o'r enw Iolaos. Chwibanai'r gwynt ar draws y tir llwm gan blygu'r brwyn tal, pendrwm o'i flaen, a chlywid cri adar y môr yn y pellter.

Ni ddaeth yr Hydra i'r golwg ar unwaith ond dangosodd Iolaos lwyn o goed ar gefnen o dir fymryn yn uwch, lle y tybid ei fod yn byw. Anelodd Hercwl saethau tanllyd i'r awyr er mwyn iddynt ddisgyn yng nghanol y coed. Yn fuan wedyn, boddwyd sŵn aflafar y gwylanod gan hisian erchyll wrth i'r anghenfil ymddolennu o'r coed â'i dafod fforchog yn mynd a dod yn ddi-baid a'i holl lygaid milain yn fflachio drygioni.

Nesaodd Hercwl ato, â'i gleddyf yn ei law, a tharo'r Hydra. Gwibiodd un o'r pennau trwy'r awyr, ond ar amrantiad, dechreuodd pen arall dyfu yn ei le. Trawodd Hercwl eto ac eto. Roedd dau ben arall wedi mynd a dau arall wedi tyfu. I dalu'r pwyth yn ôl, fel petai, cordeddodd yr Hydra ei gorff yn dorchau am goesau Hercwl er mwyn ei wasgu. Llwyddai Hercwl, er hynny, i ddal ati'n rhyfeddol, ond anodd credu sut y medrai fyth guro gelyn fel hwn.

Gwyliai Iolaos y cyfan ar ei ben ei hun wrth y cerbyd, ond roedd yna un arall yn gwylio'n fanwl hefyd: ymhell oddi uchod, edrychai Hera ar yr ymladdfa.

'Rydw i wedi aros digon o hyd am gyfle i ddial fy ngham ar Zews,' meddai Hera wrthi'i hun. 'Os llwydda' i rŵan, mi fydd hi ar ben ar ei fab o.' Ar y gair, ymlusgodd dau granc anferthol o ddŵr lleidiog y gors. Yn araf bach, dyma nhw'n symud tuag at y ddau ymladdwr ac, yn sydyn, caeodd eu crafangau miniog yn dynn am fferau noeth Hercwl. Fe fyddai eu gafael ffyrnig wedi mathru esgyrn dynion cyffredin, ond ciciodd Hercwl y crancod ymaith a'u sathru ag un troed nes hollti'r ddwy gragen yn eu hanner.

Erbyn hyn, roedd Hercwl wedi blino a galwodd ar Iolaos am gymorth. Cynheuodd yntau ffagl ac wrth i Hercwl dorri'r naill ben ar ôl y llall â'i gleddyf, seriodd y llanc fonyn pob un fel na allai pennau newydd dyfu. Yn raddol, roedd yr Hydra yn dechrau gwanychu, a chan chwifio'i gleddyf am y tro olaf, torrodd Hercwl y pen anfeidrol, sef yr un na fyddai byth yn marw. Neidiodd arno er mwyn ei sathru i'r tir meddal nes diffodd y fflach filain yn ei lygaid. Am ei fod ef ei hun yn hanner-duw, roedd gan Hercwl y gallu i ddinistrio bod anfeidrol hyd yn oed. Cyn ymadael â'r lle hwnnw, trochodd Hercwl ei saethau yng ngwenwyn yr Hydra i'w gwneud yn fwy effeithiol yn erbyn gelynion y dyfodol.

Nid oedd y drydedd dasg a gafodd Hercwl yn gofyn am gymaint o gryfder a dewrder er ei bod yn rhoi prawf ar ei amynedd a'i fedr fel heliwr. Roedd rhaid iddo ddal ewig Ceryneia, ond heb ei niweidio hi o gwbl a mynd â hi i Tiryns.

Yn ôl y sôn, dihangodd yr ewig hon pan anfonodd Artemis ei helgwn i'r bryniau i chwilio am geirw i dynnu ei cherbyd. Ei chyrn euraidd hi oedd wedi denu Artemis. Wedi llwyddo i ddianc, fe fu'r ewig yn byw ar lethrau creigiog yng ngogledd talaith Arcadia.

Ddydd a nos, bu Hercwl ar drywydd yr ewig ar draws gwlad, o dymor y gwanwyn tan y gaeaf canlynol. Ar y dechrau, roedd ei chyflymder a'i chyfrwystra yn ei chadw'n ddiogel rhag Hercwl, fel rhag Artemis cyn hynny. Yna, tra oedd blodau'r gwanwyn yn ymagor y flwyddyn wedyn, fe flinodd yr ewig. Roedd hi wedi tramwyo pellter

diderfyn dros fryn a dôl a'r heliwr di-ildio yn dynn ar ei sodlau o hyd. Un noson, gorweddodd i gysgu ac am ei bod hi wedi llwyr ymlâdd, ni ddeffrôdd ar doriad gwawr. Daeth Hercwl o hyd iddi mewn pant yng nghanol y bryniau, ac wedi nesu'n dawel ati, fe daenodd ei rwyd hela dros yr ewig druan. Dyna sut y llwyddodd i'w dal heb ei brifo, yn ôl gorchymyn y brenin. Wedyn, aeth â hi adref i Tiryns.

'Rwyt ti wedi llwyddo'n ardderchog,' meddai'r Brenin Ewrysthews, 'ond mae gen i dasg arall ar dy gyfer wedi i ti gael ychydig o orffwys.'

'Does arna' i ddim angen gorffwys,' meddai Hercwl wrtho. 'Tipyn o ymarfer bach diniwed oedd hela'r ewig. Rydw i'n barod ar gyfer y dasg nesaf, doed a ddelo.'

'Da clywed hynny,' meddai'r brenin, 'achos nid chwarae plant fydd dal y baedd sydd yn Erymanthos, a gwneud hynny heb ei niweidio.'

'Beth ydi hanes y baedd yma felly?' gofynnodd Hercwl. Am ei fod oddi cartref mor aml, ni wyddai am yr helyntion diweddaraf.

'Clywsom ryw newydd o ardal draw yn y gogledd ddwyrain ar ffiniau Arcadia, lle y mae Afon Erymanthos yn llifo. Mae yna faedd gwyllt, anferthol ei faint, wedi codi arswyd ar yr holl dalaith. Maen nhw'n dweud bod y dannedd hirion

o bobtu'i drwyn o cyhyd â braich dyn a does arno fo ofn na dyn nac anifail. Cofia di, rhaid dal hwn eto yn fyw a heb ei niweidio.'

Bore drannoeth, i ffwrdd â Hercwl unwaith eto. Ymhen pum niwrnod, cyrhaeddodd yr afon. Nid oedd angen holi neb ymhle roedd y baedd gwyllt gan fod eira'n drwch ar lawr. Ni fu fawr o dro cyn dod o hyd i'w drywydd. Wrth syllu ar olion mawr ei garnau fforchog, cydiodd Hercwl yn dynnach yn ei gleddyf, a chan edrych o'i gwmpas yn ochelgar, dilynodd y trywydd.

Toc wedyn, clywodd ryw ystwyrian a sŵn rhochian yn dod o'r tu draw i lwyn o ddrain. Safodd yn stond ac edrych. Ar y chwith i'r drain, roedd yna luwch o eira yn y pant. Yn hynod o bwyllog, fe gamodd i'r dde ac yna i ochr arall y drain. Dyna lle roedd y baedd. Rhoddodd Hercwl sgrech annaearol nes bod y lle'n diasbedain. Yn ddigon naturiol, fe ddychrynodd y baedd am ei fywyd a ffoi draw oddi wrtho dan wichian a'i gwneud hi'n syth am y pant. Cyn pen dim, roedd y baedd yn gwingo ac yn palfalu'n ddiymadferth yn y lluwch dwfn o eira. Rhyw funud neu ddau a gymerodd hi i Hercwl daflu'i rwyd drosto a'i glymu â rhaffau cryfion. Taflodd y baedd dros ei ysgwyddau cyhyrog a'i gario ymaith.

Nid oedd y Brenin Ewrysthews yn rhyw falch iawn pan glywodd fod Hercwl wedi dal y baedd mor ddidrafferth. Bwriadwyd i'r tasgau fod bron yn amhosibl eu cyflawni. Felly, pendronodd y brenin yn arw cyn dewis y dasg nesaf. O'r diwedd, dywedodd wrth Hercwl am garthu beudái a stablau'r Brenin Awgeias mewn un diwrnod. Yn ystod ymweliad â'r brenin hwnnw, roedd Ewrysthews wedi sylwi bod llawer o'r adeiladau â baw gwartheg a cheffylau hyd at y penglin ynddynt a bod yna domennydd tail yn llenwi'r buarthau hefyd. Roedd hi'n amlwg nad oedd neb wedi bod yno'n carthu ers blynyddoedd maith. Er bod haint yn ymledu o'r holl fudreddi ac yn bergyl i iechyd pobl talaith Elis, roedd y Brenin Awgeias yn rhy ddiog i falio. Chwarddodd yn uchel pan glywodd fod rhaid i Hercwl gwblhau'r dasg mewn un diwrnod.

'Mi gymer un llond berfa awr o amser i ti. Ac mi fydd yna gant neu fil, efallai, o lwythi felly. Hyd y gwn i, does yna'r un diwrnod â mil o oriau ynddo fo.'

Gwenodd Hercwl wrtho'i hun. Roedd wedi sylwi bod Afon Alpheios yn llifo wrth ymyl ac eisoes wedi meddwl am gynllun. Cododd argae ar draws yr afon gan newid cwrs ei lli cyflym er mwyn i'r dyfroedd lifeirio drwy'r beudái, y stablau a'r buarthau, ac ysgubo'r holl fudreddi o'u

blaenau. A hynny a fu.

Yna dychwelodd i Tiryns i gael gwybod beth fyddai ei chweched dasg. Dywedodd y brenin wrtho fod llawer o saethyddion mwyaf medrus Groeg newydd ddychwelyd ar ôl cyrch aflwyddiannus i geisio difa'r adar a oedd yn bla ger Llyn Stymphalos yn Arcadia. Cynefin yr adar hyn oedd y corsydd yng nghysgod Mynydd Cylene lle y ganwyd Hermes. Adar hirgoes oeddent a chanddynt grafangau a phigau efydd, ac fe allent ollwng plu efydd oddi ar eu hadenydd pan fynnent. Byddai'r plu rhyfedd hyn yn syrthio ar ben rhywun a thrywanu'r benglog, yna disgynnai'r adar ar y corff a'i fwyta'n wancus.

Oherwydd y tir corsiog, peryglus a'r ffaith fod yr adar mor wyliadwrus, nid oedd modd mynd yn agos atynt i'w saethu â bwa. Ar ben hynny, fe allent synhwyro rywsut a fyddai dyn yn arfog ai peidio. Os na fyddai, fe ymosodent arno. Ond os byddai ganddo arf o ryw fath, fe gadwent draw oddi wrtho bob tro. Dywedodd Ewrysthews wrth Hercwl fod rhaid cael gwared o'r adar hyn o'r tir.

Ar y dechrau, â'i fwa a'i gawell saethau ar ei gefn, ceisiodd Hercwl fynd ar drywydd yr adar yn y ffordd arferol gan symud fesul modfedd trwy'r brwyn tal. Ond roedd y tir meddal, llaith yn rhoi o dan ei bwysau a'r siglen yn ei dynnu i lawr. Cael a chael fu hi arno i gyrraedd tir cadarnach mewn pryd. Draw yn y pellter, gwelai'r adar yn camu ar eu coesau main trwy'r llaid ar lan y llyn. I bob golwg, nid oedd presenoldeb dieithryn yn mennu dim arnynt. Trwy brofiad, fe wyddent eu bod yn ddiogel cyn belled â'u bod yn aros yn y fan honno.

O bryd i'w gilydd yn ystod y blynyddoedd y bu'n cyflawni'r gorchestion, fe gyfarfu Hercwl â rhai o'r duwiau a chafodd gymorth neu gyngor gan ambell un ohonynt. Digwyddai Athena fod yn teithio trwy Arcadia bryd hynny ac fe gyrhaeddodd Fynydd Cylene tra oedd Hercwl yno. Eglurodd wrthi beth oedd ei dasg a rhoddodd hithau iddo glamp o ruglen efydd a wnaethai Hephaistos iddi.

'Mae'r rhuglen yma'n gwneud twrw fel clyndarddach coedwig ar dân,' meddai Athena wrtho.

Wedi cymryd y rhuglen gan Athena, dringodd i fyny i'r mynydd nes gallu gweld y llyn i gyd yn ymestyn oddi tano. Daliodd y rhuglen uwch ei ben a'i chwyrlïo'n gyflym. Cododd yr adar ar eu hunion oddi ar lan bellaf y llyn yn un cwmwl, yn amlwg wedi'u dychryn gan y sŵn dieithr. Troellent yn yr awyr mewn braw dan sgrechian yn aflafar ac yna anelu tuag ato. Am funud, tybiodd

Hercwl eu bod ar fin ymosod arno a gyrrodd saethau i fyny i'r awyr. Fe gwympodd rhai o'r adar, ond hedfanodd y lleill yn uwch i'r awyr a diflannu o'r golwg. Nid oeddent wedi dychwelyd erbyn nos. Arhosodd Hercwl yno am un diwrnod arall rhag ofn iddynt ddod yn eu holau. Yna aeth i Diryns.

Gorchymyn nesaf Ewrysthews oedd i Hercwl ddal tarw enfawr â fflamau tân yn dod o'i geg, a redai'n rhydd ar Ynys Creta, gan ddinistrio cnydau a chornio pawb a fyddai ar ei ffordd. Yn ôl y sôn, y tarw hwn oedd tad y Minotawros, sef yr anghenfil hanner dyn-hanner tarw a oedd wedi'i garcharu ar yr un ynys. Unwaith eto roedd rhaid dal yr anifail a mynd ag ef i Diryns.

Felly, cychwynnodd Hercwl ar fordaith hir i Ynys Creta, lle y cafodd groeso gan y Brenin Minos yn ninas Cnossos. Eglurodd Minos wrtho na allai pobl Creta fentro o'r ddinas heb beryglu eu bywydau. Byddai'n hynod o ddiolchgar petai Hercwl yn llwyddo i ddal y tarw.

'Os bydd arnat ti angen cymorth, cofia ofyn, ac mi gei di hynny ar unwaith,' meddai'r Brenin Minos wrtho.

Gwyddai Hercwl, er bod y creadur yn codi arswyd ar bawb, nad oedd gan y tarw alluoedd goruwchnaturiol. Roedd yn ffyddiog ei fod ef ei hun yn ddigon cryf a heini i'w wrthsefyll cyhyd ag y medrai osgoi'r tân a fflamiai o'i ffroenau. Daeth o hyd iddo y tu allan i furiau'r ddinas, a llwyddodd Hercwl i neidio wysg ei ochr wrth i'r tarw ruthro amdano. Tra oedd yn carlamu heibio, llamodd Hercwl ar ei gefn a chydiodd yn ei gyrn. Bu'n ymlafnio nes ei lorio. Toc, roedd ei bedair coes wedi'u rhwymo'n dynn yn ei gilydd a'r bwystfil gwyllt wedi gorfod llonyddu. Cododd Hercwl ef yn ei hafflau a'i gario i'r llong a oedd wedi angori mewn harbwr ger y ddinas.

Diolchodd Minos iddo'n gynnes a dymuno rhwydd hynt iddo. Yna hwyliodd Hercwl am Nawplia, y porthladd agosaf at Diryns ar dir mawr Groeg. Er bod Hercwl wedi cyflawni'r dasg ac wedi danfon y tarw at y Brenin Ewrysthews, bu hwnnw mor ynfyd â gadael yr anifail yn rhydd. Yn ystod y cyfnod hwnnw, fe grwydrodd y tarw tua'r gogledd, heibio i gaer fawr Mycenai a chroesi'r darn cul o dir sy'n cysylltu gogledd a de Groeg ger Corinth. Ymhen y rhawg, fe arhosodd ar wastadedd Marathon ar yr arfordir wrth ymyl Athen, lle y dechreuodd godi arswyd ar bobl eto hyd nes i arwr arall, Thesews, ei ladd yn y diwedd.

Cychwynnodd Hercwl o Nawplia ar gyfer ei wythfed anturiaeth. Teithiodd ar long draw i'r gogledd i Thracia, gwlad a lywodraethid gan y brenin ffyrnig Diomedes. Parhaodd y fordaith am lawer o ddyddiau a'r tywydd weithiau'n deg ac weithiau'n stormus. Hwyliodd y llong trwy Fôr Aegea nes dod i dir ym mhorthladd Abdera. Oddi yno, fe deithiodd Hercwl ar draws gwlad i'r brifddinas, Tirida.

Er bod Diomedes yn gyfeillgar, roedd Hercwl yn wyliadwrus gan fod Ewrysthews wedi'i rybuddio ymlaen llaw beth i'w ddisgwyl. Roedd y brenin yn rhyfelwr gwych, ond yn wyllt a chreulon ei natur. Byddai'n bwydo'r cesig a dynnai'i gerbyd rhyfel ar gnawd y rhai a orchfygai mewn brwydr. Byddai'n rhaid bwydo'r cesig pan na fyddai'n rhyfela hefyd. Dull y brenin o ddatrys y broblem fyddai gorchymyn ei filwyr i dorri gyddfau rhai o'r gwesteion a arhosai yn y palas. Gosodid eu cyrff wedyn yn y cafnau bwyd yn y stablau lle y byddai'r cesig yn eu llarpio'n ddarnau a'u bwyta'n flysig. Tasg Hercwl oedd dofi'r cesig a mynd â nhw i Tiryns. Yn gyntaf peth, fodd bynnag, byddai rhaid osgoi tynged arferol gwesteion Diomedes.

Penderfynodd Hercwl beidio â cholli dim amser, ond gweithredu cyn i Diomedes ddrwgdybio pwrpas yr ymweliad. Aeth i'w wely'n gynnar y noson gyntaf, ond gorweddai â'i gleddyf wrth ei ochr ac ni chysgodd o gwbl. Llusgai'r oriau heibio ond, trwy drugaredd, ni ddaeth neb i aflonyddu arno ac yn union cyn i'r wawr dorri, cododd a sleifio'n dawel o'i ystafell wely. Cerddodd ar hyd rhodfa hir ac at ddrws ochr ag un gwyliwr yn unig yn ei warchod. Er y dylai hwnnw fod yn effro, hepian yr oedd y dyn a buan y trechodd Hercwl ef cyn iddo gael cyfle i weiddi. Yna aeth fel cysgod tua'r stablau. Roedd y gwastrodion, sef y gweision a ofalai am y cesig, eto'n hepian a chafodd Hercwl y gorau ar y rhain hefyd bob yn un nes bod y cwbl yn gorwedd yn hurt ar lawr. Hyd yn hyn, roedd pethau wedi mynd yn dda iawn, ond fe wyddai fod y rhan fwyaf anodd o ddigon i ddod.

Roedd y pedair caseg wedi'u rhwymo yn eu stâl â chadwyni haearn a byddai rhaid torri'r rheini cyn y gellid eu gollwng yn rhydd. Dechreuodd y cesig ystwyrian yn anesmwyth a moeli eu clustiau am eu bod yn synhwyro dieithryn o gwmpas. Gwyddai Hercwl y medrai dorri'r cadwyni â nerth braich yn unig, ond i roi cynnig ar hynny, fe olygai glosio at y cesig a wynebu'r perygl o gael ei larpio neu'i gicio i farwolaeth. Roedd gofyn dyfeisio rhyw ddull i gadw o gyrraedd y safnau gwancus a'r carnau chwim hynny. Edrychodd Hercwl o'i gwmpas ac yn y llwyd-olau fe sylwodd fod yna fwyell dorri coed wrth y drws. Dyma'r union beth.

Aeth i'w nôl a safodd wrth y stâl ar y pen. Gwelodd fod y cadwyni a ddaliai'r cesig yn sownd yn rhedeg trwy staplau haearn wedi'u dyrnu i byst derw praff a gyplysid â thrawstiau yn y to. Anadlodd Hercwl yn ddwfn, ymwrolodd a chododd y fwyell uwch ei ben. Trawodd y staplen gyntaf o'r postyn derw. Cafodd y cesig gymaint o fraw nes iddynt godi ar eu traed ôl ac yna bwrw ymlaen dan weryru'n wyllt. Ond cyn iddynt sylweddoli beth oedd yn digwydd, roedd y fwyell yn taro'r ail staplen ac yna'r drydedd a'r bedwaredd, a Hercwl yn llamu o'r ffordd. Yn

awr, roedd y cesig yn rhydd a'u cadwyni'n llusgo hyd y llawr wrth iddynt droi a throi yn eu hunfan. Ymhen dim o dro, roeddent yn ei gwneud hi am y drws agored a sŵn eu carlamu'n ddigon i ddeffro'r meirw.

Fe ddeffrowyd Diomedes a milwyr ei warchodlu, beth bynnag, a rhedodd pawb i'r stablau tra oedd Hercwl yn gyrru'r cesig i foncyn ar benrhyn o dir a ymwthiai allan i'r môr. Aeth Hercwl ati ar unwaith i dorri sianel ar draws y tir er mwyn gwneud y penrhyn yn ynys. Yna, llifeiriodd y dŵr dros y darn tir lle y croesai'r milwyr wrth ymlid Hercwl a'r cesig. Troesant ar eu sodlau i ffoi, ond llamodd Hercwl dros y dŵr ac wedi cael y blaen arnynt, fe'u trawodd i lawr bob yn un â'i fwyell. Roedd hyd yn oed Diomedes yn gelain a llusgodd Hercwl ei gorff i ben y bryn.

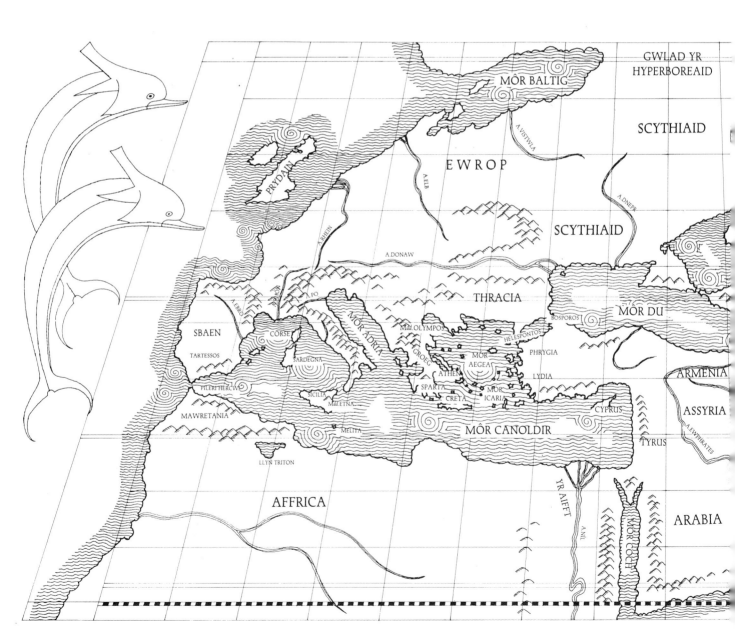

Yno, bu ei gesig ef ei hun yn gwledda ar gorff Diomedes. Wedi cael eu gwala, roeddent yn ddigon hydrin i Hercwl allu rhwymo eu safnau â chortyn cryf cyn eu hebrwng i'r llong ar gyfer y siwrnai adref i Tiryns.

Nawfed tasg Hercwl oedd mynd i nôl gwregys aur Hippolyta, brenhines yr Amasoniaid a drigai ar lannau'r Môr Du. Unwaith eto fe olygai fordaith hir, ond yn y diwedd fe laniodd Hercwl yno'n ddiogel. Ar y dechrau, cynigiodd Hippolyta y gwregys iddo'n anrheg fel arwydd o'i hedmygedd ohono, ac roedd popeth yn iawn i bob golwg. Penderfynodd Hera ymyrryd eto, gwaetha'r modd. Lledodd y si mai gwir nod Hercwl oedd cipio Hippolyta ei hun. Wedi digio oherwydd y twyll honedig, cododd yr Amasoniaid yn ei erbyn. Buan y gyrrodd Hercwl bob un ohonynt ar ffo,

ond yn ystod yr ymladd fe laddodd Hippolyta â'i gleddyf. Gan deimlo'n ofidus am iddo gael ei gamfarnu ac am ganlyniad anffodus hynny, aeth Hercwl â'r gwregys gydag ef a hwylio i Nawplia.

Y dasg nesaf oedd lladrata gyr o ychen oddi ar Geryon, brenin Tartessos ar benrhyn Sbaen. Creadur dychrynllyd yr olwg oedd Geryon: uwchlaw ei ganol tew, roedd ganddo dri chorff a phob un â'i freichiau a'i ben ei hun. Er mwyn cyrraedd Sbaen, cafodd Hercwl fenthyg y cawg aur a ddefnyddiai Helios, duw'r haul, i ddychwelyd i'w balas yn y dwyrain ar ôl ei siwrnai ar draws y ffurfafen. Wrth fynd drwy'r culfor sy'n gwahanu Sbaen ac Affrica, fe osododd Hercwl ddau biler carreg mawr un ym mhob gwlad i ddangos ei fod wedi tramwyo'r ffordd honno. Hyd y dydd heddiw, fe'u gelwir yn Bileri Hercwl. Wedyn,

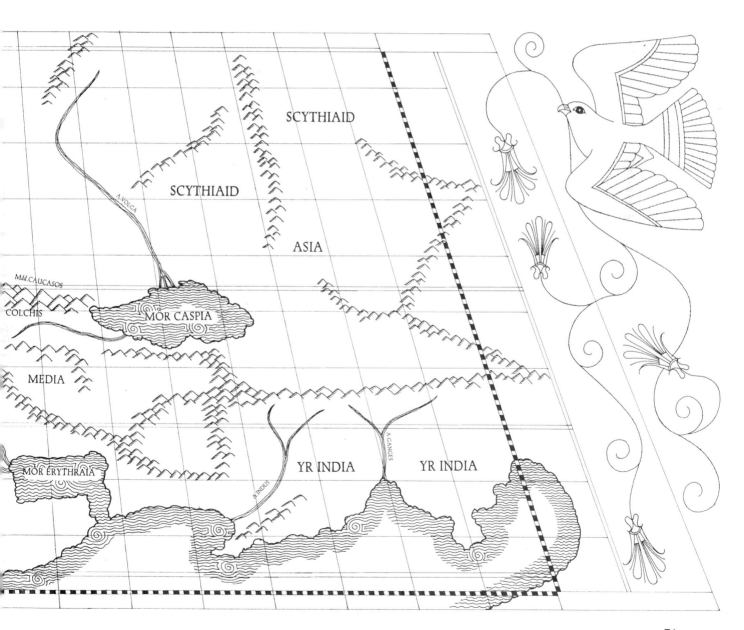

cychwynnodd ar draws gwlad i Tartessos, lle y porai ychen Geryon ar ochr bryn o dan ofal ei was, Ewrytion, a chi ffyrnig o'r enw Orthros a dau ben ganddo.

Lladdodd Hercwl y ci ag un saeth, ac Ewrytion ag un arall. Roedd wrthi'n gyrru'r ychen o'i flaen pan ddaeth Geryon ei hun a dechrau rhedeg ar ei ôl. Ymguddiodd Hercwl y tu ôl i graig, a phan ddaeth y brenin gyferbyn ag ef, saethodd ato o'r ochr fel bod un saeth yn trywanu'r tri chorff ac fe syrthiodd Geryon yn gelain.

Hwyliodd Hercwl a'r ychen wrth ei ymyl yn y cawg aur adref i Roeg, a dyna'r ddegfed dasg wedi'i chwblhau.

'Yn nesaf, rhaid i ti ddod ag afalau oddi ar goeden yr Hesperiaid,' meddai Ewrysthews wrtho. 'Mae'r goeden yn sefyll mewn gardd ar lethrau Mynydd Atlas yn nhalaith Mawretania, y tu draw i Fôr Libya.'

Gwyddai Hercwl mai anrheg briodas i Hera oedd y goeden afalau a bod yna ddraig ffyrnig yn ei gwarchod. Antur go enbyd fyddai meiddio cymryd yr hyn a oedd yn eiddo i Hera, ond credai Hercwl y gallai, petai rhaid, alw am gymorth Atlas. Roedd Atlas, un o dduwiau'r Titaniaid, yn ei gwman ar ben y mynydd uwchlaw'r ardd yn dal pwysau'r nefoedd ar ei ysgwyddau cadarn. Ei ferched ef a ofalai am yr ardd lle y tyfai'r goeden afalau. Dywedwyd wrth Hercwl y dylai'r genethod gasglu'r afalau iddo ac na ddylai fentro gwneud hynny ei hunan.

Cyrhaeddodd Mawretania a lladdodd y ddraig. Yna dringodd ochr y mynydd ger yr ardd. Uwchlaw iddo, gwelai Atlas ac eglurodd wrtho pam y daethai yno.

'Mi fydd fy merched i'n falch o fynd i nôl yr afalau i ti,' meddai Atlas, 'ond rhaid i mi ddod o hyd iddyn nhw i ddechrau.'

'Alla' i chwilio amdanyn nhw tybed?' gofynnodd Hercwl.

Ysgydwodd Atlas ei ben. 'Fe allai gymryd dyddiau lawer i ti,' meddai. 'Mi wn i lle y byddan nhw'n debygol o fod. Os cymeri di'r baich trwm yma am ychydig bach, mi af i'w nôl nhw i ti cyn gynted ag y medra' i.'

Dyna Hercwl yn cymryd pwysau'r nefoedd ar ei gefn ei hun, a chychwynnodd Atlas i lawr ochr y mynydd. Rhaid bod ei ferched yn bur agos wedi'r cyfan, gan fod Atlas wedi dychwelyd yn fuan gyda'r ddwy eneth a gariai rhyngddynt fasged yn cynnwys yr afalau gwerthfawr. Roedd Hercwl yn

ysu am fynd eto, ond nid oedd Atlas, a fwynhâi'r rhyddid cyntaf a gawsai ers blynyddoedd lawer, yn barod i ffeirio lle efo Hercwl. Dechreuodd Hercwl hel meddyliau ac amau bod gan Atlas resymau eraill dros gynnig mynd ei hunan i nôl ei ferched. Po hwyaf y daliai Hercwl faich trwm Atlas, lleiaf yn y byd o awydd a fyddai gan y cawr i'w gymryd yn ôl eto.

'Pan fydda' i wedi gorffwyso tipyn, mi gei di fynd,' meddai Atlas wrtho, ond nid oedd tinc didwyll yn y dweud. Roedd rhyw betruster yn ei lais, ond penderfynodd Hercwl mai'r peth gorau fyddai cymryd arno ei fod yn cydsynio. Dywedodd wrth Atlas fod y baich yn yr ystum honno yn anghytbwys ac anghyffyrddus, a phetai Atlas yn cymryd pwysau'r nefoedd eto am funud, fe allai ef newid ei ystum i ddal y baich yn well. Felly, dyma Atlas yn gwyro ei ysgwyddau a Hercwl yn trosglwyddo'r baich yn ôl arnynt. Pan oedd Hercwl yn cychwyn i lawr ochr y mynydd â'r afalau aur yn ei feddiant y sylweddolodd Atlas fod y dyn ifanc wedi'i dwyllo a bod ei hoe fach ar ben.

Ar gyfer ei ddeuddegfed dasg, sef yr olaf un, roedd rhaid i Hercwl ymweld â'r Byd Tanddaearol, a dod â Cerberos, yr helgi ffyrnig a oedd yn geidwad y porth yno, yn ôl gydag ef. Wedi mynd i lawr ceudwll dwfn ger Sparta, fe ddaeth Hercwl toc, gyda Hermes yn ei dywys, at ddyfroedd tywyll Afon Styx. Roedd Charon, y cychwr, yn gyndyn iawn o gludo Hercwl drosodd gan mai eneidiau'r meirw yn unig a gâi fynd y ffordd honno. Yn ffodus, fe lwyddodd Hermes â'i ddadlau brwd i ffwndro Charon nes iddo, o'r diwedd, gytuno i gludo Hercwl drosodd i'r ochr draw. Ac felly, gan weld golygfeydd enbyd ar y daith, yr aeth Hercwl i'r Byd Tanddaearol, lle y teyrnasai Hades a Persephone.

'Mi gei di fynd â Cerberos efo ti'n ôl am dipyn, os medri di gael goruchafiaeth arno fo heb ddefnyddio cleddyf, gwaywffon na saethau,' meddent, dan wenu ar ei gilydd am na chredent am eiliad y byddai'n llwyddiannus. Sut bynnag, wrth nesáu at Cerberos, tynnodd Hercwl y croen llew oddi ar ei ysgwyddau ei hun a'i luchio dros y tri phen a ysgyrnygai arno, nes eu drysu'n llwyr a'u gwneud yn ddiymadferth. Gan godi'r ci yn ei freichiau, cychwynnodd Hercwl yn ôl i fyd y byw yn ysgafn ei fryd. Roedd y deuddeg tasg wedi'u cwblhau bob un ac yntau wedi gwneud iawn am ei gamwedd gynt, sef lladd ei deulu yn ei wallgofrwydd.

Anturiaethau Persews

Llywodraethai'r Brenin Acrisios wlad Argolis, sef teyrnas ar arfordir Groeg i'r gorllewin o Arcadia. Golchai'r Môr Saronig draethau creigiog y gogledd-ddwyrain ac roedd Tiryns a Mycenai o fewn ei therfynau.

Roedd y Brenin Acrisios uwchben ei ddigon pan anwyd merch fach i'w wraig. Galwyd y fechan yn Danaë ac aeth y brenin i holi oracl i weld beth fyddai ei ffawd hi mewn bywyd. Nid oedd Acrisios yn fodlon o bell ffordd pan ddeallodd fod yr oracl yn darogan gwae, sef y byddai ef yn cael ei ladd ryw ddiwrnod gan fab ei ferch.

Er mwyn ceisio atal geiriau'r oracl rhag cael eu gwireddu, penderfynodd na fyddai'n caniatáu i Danaë briodi byth. Gan ei bod hi mor brydferth, fe wyddai'r brenin y byddai llawer o ddynion yn dod i ofyn am ei llaw. Wedi iddi dyfu'n ferch ifanc, cadwodd ei thad hi'n garcharor mewn tŵr efydd uchel, a gosod milwyr i warchod y tŵr. Nid oedd yr un dyn byw, hyd yn oed y milwyr, i gael edrych ar ei hwyneb hardd. Roedd y cynllun hwn mor effeithiol fel na ddaeth yr un dyn yn agos ati, er bod pobl yn chwilfrydig yn ei chylch ac wedi clywed rywfodd ei bod yn nodedig o brydferth. Nid oedd y tŵr uchel, di-ffenestr yn rhwystr yn y byd i'r duwiau, fodd bynnag, ac un noson fe newidiodd Zews ei hun yn gawod o aur a mynd yn ddirgel i ymweld â Danaë. Ni wyddai'r milwyr, wrth gwrs, ddim am hyn. Y cyfan a welent oedd pelydryn cryf o oleuni'r lleuad yn disgleirio ar furiau'r tŵr wrth i Zews adael, a hwyrach fod y gwynt yn y coed yn fwy swnllyd nag arfer.

Ar ôl cyfnod o amser, rhoddodd Danaë enedigaeth i fab Zews ac enwodd ef yn Persews. Roedd Acrisios yn gynddeiriog, ac yn ofnus iawn hefyd, oherwydd gwelai yn y cnawd y baban bach a fyddai, yn ôl yr oracl, yn fygythiad i'w fywyd ef. Am na allai ef ei hun ladd y plentyn bach mewn gwaed oer, meddyliodd am gynllun i derfynu bywyd y bychan, a hynny heb iddo ef fod yn uniongyrchol gyfrifol am hynny. Daethpwyd â Danaë a'i mab yn ei breichiau gerbron ei thad.

'Does yma ddim croeso mwyach i ferch sydd wedi fy nhwyllo i'n fwriadol,' meddai wrthi.

Dan wylo, erfyniodd Danaë ar ei thad. 'Mae o mor ddiniwed, druan bach, ac nid arno fo mae'r bai ei fod o wedi'i eni. Trowch fi allan, os mynnwch, ond gadewch i mi roi Persews yng ngofal rhywun a fydd yn ei fagu'n iawn.'

Ni ddywedodd Acrisios yr un gair. Trodd oddi wrthi. Roedd ei geiriau hi wedi effeithio arno ef, ond fe wyddai y byddai'n rhaid bod yn gadarn er mwyn arbed ei fywyd ei hun. Aeth allan o'r ystafell a

chadwodd o'r golwg tra oedd ei weision yn cyflawni ei orchymyn. Aed â Danaë a'r baban at lan y môr ac wedi'u rhoi mewn cist bren fawr, fe'u gadawyd ar drugaredd y tonnau. Heb fwyd na dŵr, nid oedd ganddynt obaith para'n fyw am hir, hyd yn oed petai'r gist yn dal heb suddo.

Ond unwaith eto, ni weithiodd cynllun Acrisios yn ôl y bwriad. Cludodd y gist y fam a'r mab bach ar draws y tonnau at Ynys Seriphos. Yno, cawsant loches a charedigrwydd gan Dictys, brawd i frenin yr ynys.

Yno, yn llys y brenin y magwyd Persews. Dim ond un peth a'i gwnâi'n drist. Roedd ar y Brenin Polydectes eisiau priodi Danaë, er nad oedd hi'n hoff ohono. Am fod Persews yn ochri gyda'i fam yn erbyn y brenin yn y mater hwn, penderfynodd Polydectes fod yn rhaid ei yrru oddi yno. Heb gefnogaeth ei fab, efallai y gellid darbwyllo Danaë i'w briodi. Anfonodd, felly, am Persews a gwenodd arno'n gyfeillgar.

'Mae arna' i eisiau gofyn rhywbeth i ti,' meddai. 'Rydych chi'r dynion ifainc i gyd yn hoff o her i brofi pa mor wrol yr ydych chi.'

Gwrandawai Persews arno'n astud, ac ychwanegodd Polydectes: 'Mae pobl yn dweud dy fod ti ormod yng nghwmni dy fam a merched eraill, ac nad wyt ti'n ddigon o ddyn. Mi wn i nad ydi o'n wir, ond mi hoffwn i roi'r cyfle i ti brofi hynny i bobl eraill.'

Nid oedd gair o'r stori'n wir, ond roedd Persews yn coelio'r brenin.

'Os dyna beth maen nhw'n feddwl amdana' i, beth ddylwn i ei wneud?'

'Petaet ti'n lladd y Medwsa a dod â'i phen hi'n ôl yma, dyna brofi tu hwnt i bob amheuaeth nad oes arnat ti ofn un dim,' meddai Polydectes.

Ni theimlai Persews yn rhyw ddewr iawn wrth glywed hyn, ond ceisiodd guddio'i deimladau. Y Medwsa oedd y fwyaf dychrynllyd o'r Gorgoniaid. Tair chwaer hyll ofnadwy oedd y rheini, â chrafangau miniog a dannedd hir, peryclach na rhai unrhyw flaidd, â'u gwalltiau'n llawn o nadredd gwenwynig. Pwy bynnag a edrychai ar wyneb y Medwsa, fe gâi ei droi'n garreg yn y fan a'r lle. Ni allai Persews wrthod yr her gan fod ei enw da yn y fantol.

'O'r gorau. Mi af i,' meddai, 'ac mi ddof â phen y Medwsa yma'n ôl i chi.'

Gwyliai Zews hyn oll oddi uchod. Roedd yn falch o'i fab a galwodd ar y duwiau eraill i roi cymorth i'r dyn ifanc. Cafodd helmed gan Hades, ac adenydd ar gyfer ei draed gan Hermes, er mwyn medru teithio'n gyflym. Ond y rhodd gan Athena oedd yr orau un, er nad oedd ei phwrpas yn amlwg ar y pryd. Tarian fawr oedd hi, mor llyfn a gloyw nes bod ei hwyneb fel drych yn adlewyrchu popeth o'i blaen.

'Pan gyrhaeddi di'r lle y bydd y Medwsa yn llercian, edrycha arni hi yn y darian yn unig,' eglurodd Athena wrth Persews. 'Os edrychi di ar yr anghenfil ei hun, mi gei di dy droi'n garreg.'

Yng ngwlad yr Hyperboreaid y trigai'r Gorgoniaid, yn y gogledd pell. Hedfanodd Persews tuag yno ar adenydd Hermes, gan deithio mor chwim â'r wennol dros foroedd maith. Lle diflas iawn oedd y wlad a'i thir yn llwm a chreigiog. Wrth gerdded rhan olaf ei siwrnai, gwelai Persews ar fin y llwybr ffurfiau dynol wedi'u troi'n feini.

Wedi holi mewn pentref bach, deallodd fod y Medwsa yn byw yn ymyl, mewn pant ar rostir anial yng nghanol cerrig a fu unwaith yn bobl. Nid âi neb mwyach ar gyfyl y lle a byddai pob anifail a phob aderyn yn ei osgoi'n gyfan gwbl.

Edrychodd y pentrefwyr ar Persews mewn ofn a braw pan dynnodd gryman o'i wain a chychwyn i chwilio am y Medwsa. Toc, gwelai o'i flaen, ar lain o dir agored, ugain delw garreg a dyfalai mai yng nghanol y rhain y byddai'r anghenfil yn disgwyl am brae.

Wedi tynnu tarian loyw Athena oddi ar ei ysgwydd, trodd ei gefn ar y cylch cerrig. Dan syllu ar y darian drwy'r adeg, cerddodd yn araf wysg ei gefn fesul cam dros y crawcwellt.

Yn y man, gwelodd rywbeth yn symud yn isel ymhlith y cerrig. Ar y dechrau, ni allai ddweud beth oedd yno, ond sylweddolodd wedyn fod y pant lle trigai'r Medwsa yn dod i'r golwg yn y darian. Yr hyn a welai oedd ei mwng o bennau nadredd, er ei bod hi ei hun yn dal o'r golwg. Nid oedd smic o sŵn yn unman.

Closiodd Persews yn nes fyth at y pant, ond fe drawodd blaen ei droed yn erbyn carreg a rhuglodd honno i lawr llethr bychan. Ar hynny, llanwyd yr awyr â'r rhuo mwyaf ofnadwy. Yn y drych, gwelai Persews yr anghenfil yn codi i'r golwg â'i safn yn llydan agored a'r llygaid milain yn fflachio.

Safodd yntau yn ei unfan. Gwnaeth y Medwsa yr un modd, mewn cryn ddryswch, mae'n debyg, am na throwyd y dyn o'i blaen yn golofn garreg. Yna, nesaodd ato gan ymlusgo fel rhyw octopws dieflig ar hyd y llawr â'r holl bennau nadredd yn hisian casineb.

Â'i galon yn curo fel gordd, arhosodd Persews yn ei unfan a chrymu ymlaen ychydig. Roedd ei

goesau ar led a'r cryman yn barod yn ei law. Y funud honno, gallai deimlo gwres anadl y Medwsa ar ei gefn. Yn y darian, y cyfan a welai oedd llun y geg enfawr a'r dannedd miniog yn rhincian. Yna'n hollol sydyn, chwyrlïodd ei fraich tuag yn ôl. Teimlodd frath min y cryman yn gafael a chlywodd floedd erchyll a barodd i'r creigiau ddiasbedain. Yna, popeth yn llonydd a distaw.

Am ysbaid go hir, safodd Persews heb symud gewyn. Yna edrychodd yn y darian unwaith eto rhag ofn i'r Medwsa, hyd yn oed a hithau'n farw, fedru troi rhywun yn garreg. Gorweddai'r anghenfil ar y llawr a'r pen ffiaidd wedi'i dorri oddi wrth y corff.

Roedd Persews wedi gofalu dod â sach o ddefnydd gwydn gydag ef. Estynnodd ei fraich tuag yn ôl i godi'r pen a'i roi yn y sach. Wedyn, caeodd geg y sach yn dynn â chortyn cryf. Wedi taflu'r sach dros ei ysgwydd, adref ag ef. Cerdded

a wnaeth am dipyn er mwyn cael lledaenu'r newydd da yn y gwahanol bentrefi. Dawnsiai'r bobl ar y stryd mewn llawenydd. Wedi cyrraedd yr arfordir, defnyddiodd Persews adenydd Hermes i allu hedfan uwch y tonnau. Cadwodd yn agos at y lan rhag iddo golli ei ffordd.

Roedd wedi hedfan am filltiroedd lawer, pan ddigwyddodd edrych i lawr a gweld rhyw ffigwr bychan yn sefyll ar graig a godai o ganol y tonnau. Gan dybio mai llongwr wedi'i adael yno ar ôl llongddrylliad ydoedd, hedfanodd Persews yn is ac o amgylch y graig, fel un o'r gwylanod a droellai o'i chwmpas. Ond nid llongwr oedd ar y graig.

Geneth brydferth, bryd tywyll heb gerpyn amdani ac eithrio neclis o emau oedd yno, wedi'i chlymu wrth y graig â chadwyni am ei harddyrnau a'i fferau. Gan lanio'n ysgafn ar y silff yn y graig taenodd Persews ei fantell dros y ferch a cheisiodd dorri'r gefynnau. Yn y cyfamser, dywedodd hithau ei hanes.

Andromeda oedd hi, merch Cephews, brenin yn Ethiopia. Roedd ei mam wedi edliw droeon ei bod hi ei hun a'i merched yn dlysach na'r un nereid a drigai dan y môr. Ystyrid y nereidiaid, sef nymffiaid y môr, y creaduriaid prydferthaf yn y byd. Roedd y fam wedi bod yn ddigon ffôl i ddatgan ei barn yn groyw wrth bobl eraill, a'r diwedd fu i'r stori gyrraedd clustiau'r nereidiaid eu hunain.

Aethant hwythau i gwyno at dduw'r môr, Poseidon, a achosodd i donnau enfawr godi a tharo yn erbyn arfordir teyrnas Cephews nes gorlifo dros y tir. Nid oedd modd i neb ddianc gan fod y wlad wedi'i hamgylchynu gan fynyddoedd uchel ar ochr y tir, ac roedd Poseidon wedi gyrru angenfilod môr anferth i wylio'r glannau.

Bron â drysu'n lân, aeth Cephews i ymgynghori ag oracl i gael gwybod sut y gellid arbed ei wlad.

'Rhaid i ti aberthu dy ferch Andromeda i'r anghenfil,' meddai'r oracl wrtho. 'Dyna'r unig fodd y gellir lliniaru llid Poseidon.'

Gwelwodd wyneb Cephews. 'Byth! Wna' i byth bythoedd ganiatáu hynny,' meddai mewn braw. 'Mi fyddai'n ganmil gwell gen i golli fy nheyrnas gyfan na cholli fy merch!'

Ond nid oedd ef ar ei ben ei hun pan lefarodd yr oracl. Er eu bod yn gwybod pa mor angerddol y carai Cephews ei ferch, ni allai ei wŷr llys gydweld ei bod hi'n bwysicach na holl ddeiliaid eraill y deyrnas.

'Ni ddylid aberthu cynifer o bobl er mwyn arbed bywyd un,' meddent wrtho. 'Cofia di, mi fyddwn ninnau'n galaru efo ti, achos mae hi'n eneth dda a charedig. Ond rhaid iddi farw, os ydym ni am arbed ein gwlad a'n cenedl.'

Â'i galon ar dorri, gorfodwyd y brenin i gytuno. A dyna pam y cadwynwyd Andromeda yn noeth wrth y graig a'i gadael yno nes y dôi'r anghenfil môr i'w nôl.

Roedd Andromeda yn wylo'n hidl wrth orffen dweud ei stori, ond nid oedd gan Persews amser i'w chysuro hi. Fe allai'r anghenfil fod eisoes ar ei ffordd tuag yno. Trodd i edrych draw dros y tonnau rhag ofn y câi ryw arwydd o hynny. Beth a welai ond pen corniog â llygaid llydan agored yn codi o'r dŵr, a chorff fel sarff a chyn braffed â boncyff coeden yn corddi'r tonnau wrth symud at y graig.

Llamodd Persews yn uchel i'r awyr a throdd pen yr anghenfil tuag ato. Gwyliai'n ochelgar tra oedd Persews yn hedfan mewn cylch uwch ei ben, heb benderfynu eto beth i'w wneud. Yn sydyn, roedd fel petai yna hollt wedi agor yn y cymylau gan adael pelydryn disglair o'r haul drwodd. Cafodd Persews syniad. Penderfynodd blymio i lawr, o lygad yr haul megis, ar ben yr anghenfil. Am y byddai hwnnw'n edrych yn union i'r golau llachar, ni fyddai'n gallu gweld Persews nes ei fod wedi'i daro. Paratôdd i symud ar gyfer hynny, ac roedd ar fin plymio, pan ddigwyddodd rhywbeth a barodd iddo newid ei feddwl mewn chwinciad.

Roedd yr haul yn taflu cysgod Persews ar y tonnau wrth ochr yr anghenfil a thynnodd hynny ei sylw a'i dwyllo i gredu bod yna elyn newydd yn ei fygwth o'r ochr. Dechreuodd droi a'r eiliad honno, disgynnodd Persews arno fel eryr y môr ar ysglyfaeth. Gwanodd ei gryman drwy'r awyr. Synhwyrodd yr anghenfil y perygl yn rhy hwyr. Sbonciodd ei ben oddi wrth ei gorff cyn iddo allu troi i gyfarfod yr ymosodwr. Yna, caeodd y tonnau amdano a suddodd o'r golwg.

Tra oedd yn hedfan yn ôl at y graig, gwelodd Persews fod yna long yn cychwyn allan o borthladd bychan ychydig yn is ar hyd yr arfordir. Daliai ei hwyliau cochion lewyrch yr haul fel rhuddem a throchionai'r môr yn wyn oddeutu blaen y llong. Y Brenin Cephews oedd yn dod i nôl ei ferch.

Erbyn hyn, roedd Persews wedi syrthio mewn cariad â hi ac yn benderfynol o'i phriodi. Teimlai Andromeda yr un fath ato yntau, a rhoddodd y brenin sêl ei fendith yn llawen i'r briodas am fod Persews wedi achub bywyd ei ferch. Roedd yna orfoleddu mawr ar hyd a lled y wlad o gael y dywysoges yn ôl yn ddianaf.

Yn ystod y wledd ar ôl seremoni'r briodas,

agorwyd drysau'r neuadd led y pen yn wyllt. Safai dieithryn tal yno â'i gefn at y golau a thwr o filwyr arfog o'i gwmpas.

'Arhoswch!' arthiodd. 'Rydw i'n hawlio Andromeda yn briodferch i mi! Fe wnest ti ei haddo hi i mi, on'd do? Ateb fi, Cephews! Ydi hynny'n wir?'

Â'i wyneb yn wyn a'i dafod yn fud, nodiodd Cephews ei ben i gytuno â'r dieithryn. Edrychodd Persews ar Cephews a gweld ei fod mewn penbleth aruthrol. Roedd wedi gadael i'w lawenydd o gael ei ferch yn ôl liwio'i farn ac wedi anwybyddu'n llwyr yr addewid a wnaethai ryw dro i'r gŵr arall, sef Agenor.

Ni allai Persews ffrwyno'i hun eiliad yn rhagor. Llamodd dros y byrddau ac ymosododd ar Agenor â'i gryman. Ar y trawiad cyntaf, syrthiodd Agenor i'r llawr yn gelain a chiliodd ei filwyr mewn braw. Gwasgarodd y gwahoddedigion i bob cyfeiriad, wedi dychryn yn arw. Wedi cydio yn Andromeda ag un llaw a'r sach yn cynnwys pen y Medwsa yn y llaw arall, rhedodd Persews i lawr y grisiau. Ni feiddiai neb ei atal, ac i ffwrdd â nhw ar frys o'r palas nes cyrraedd tir uwch. Yno, dan gofleidio'i wraig yn dynn, cododd Persews i'r awyr a hedfan uwchben y môr tuag adref.

Ar y ffordd, arhosodd y pâr priod am ysbaid yn Mawretania, gan ddisgwyl croeso gan y duw Atlas ar gopa'r mynydd a chan ei ddwy ferch. Yn anffodus, nid oedd Atlas mewn hwyliau rhy dda. Am fisoedd lawer, fe lwyddai Atlas i ddygymod yn rhyfeddol â'r dasg o gynnal y nefoedd ag amynedd di-ben-draw. Ond o dro i dro, byddai ei esgyrn yn brifo'n annioddefol ac fe hiraethai yntau, bryd hynny, am yr hoe fer a gawsai pan ddaliodd Hercwl y baich yn ei le. Yr adeg honno, fe fyddai'n flin ac oriog. Ar adeg felly y cyrhaeddodd Persews ac Andromeda. Prin y siaradai Atlas â nhw o gwbl a gorchmynnodd ei ferched i beidio â rhoi lloches iddynt.

Yn ôl rhai, o dosturi y gweithredodd Persews, ac yn ôl eraill, o ddicter am fod Atlas mor ddigroeso, ond beth bynnag oedd y rheswm, roedd hi'n weithred ofnadwy. Estynnodd ben y Medwsa allan o'r sach ac wedi gofalu edrych draw, fe ddaliodd y pen i fyny er mwyn i Atlas edrych arno. Ar hynny, dyna Atlas yn troi'n garreg.

Aeth Persews ac Andromeda ymlaen ar eu siwrnai. Hyd yn oed wedi cyrraedd adref, nid oedd helbulon Persews drosodd eto. Tra oedd ef oddi cartref, roedd y Brenin Polydectes wedi dal i swnian ar Danaë i'w briodi. Ni thybiai hwnnw y dôi Persews byth yn ôl. Roedd Danaë wedi gwneud ei gorau i'w wrthsefyll, ond ni feiddiai neb ei chefnogi hi. Bu Dictys, brawd y brenin, yn rhyw gymaint o gefn iddi, ond ni feiddiai yntau ychwaith herio'r brenin. Yn y diwedd, fe ildiodd Danaë yn erbyn ei hewyllys ac addo priodi Polydectes. Trefnwyd dyddiad y briodas ac yn gynnar y bore hwnnw, glaniodd Persews ac Andromeda o'r awyr. Yn ei chartref, roedd morynion Danaë yn ei helpu i roi'r wisg briodas amdani. Pan welodd Persews ei fam, roedd hi'n wylo a rhedodd at ei mab i'w gofleidio.

'O'r diwedd! Yr ateb i'm gweddi!' meddai wrtho. 'Roedd gen i ffydd drwy'r adeg.'

Eglurodd mor daer a phlagus y bu Polydectes a'u bod yn priodi'r diwrnod hwnnw, er cased oedd hynny ganddi hi.

Yn gynddeiriog ulw, cydiodd Persews yn y sach, lle roedd pen y Medwsa, a brasgamu tua phalas y brenin. Yno, roedd Polydectes yn gwisgo amdano ar gyfer y seremoni. Ciliodd mewn ofn pan ruthrodd y dyn ifanc drwy'r drws a sefyll yn stond o'i flaen. Yn araf bach, datododd Persews y cortyn oddi am geg y sach a'r brenin yn ei wylio heb wybod beth i'w wneud.

Meddyliodd Polydectes fod yna gyfle iddo ymosod pan drodd Persews ei ben draw, ond dim ond gofalu peidio ag edrych ar y pen a dynnai o'r sach yr oedd Persews. Syllodd llygaid llonydd y Medwsa ar Polydectes ac, yn ddi-oed, safai yntau yno mor llonydd â cherfluniau ei balas brenhinol.

Wedi cael gwared o'r brenin, rhoddodd Persews yr orsedd i Dictys a chafwyd heddwch a hapusrwydd ar yr ynys. Sut bynnag, nid oedd darogan yr oracl cyn geni Persews byth wedi dod yn wir, ac roedd pawb bron wedi anghofio am y peth.

Er bod Persews bellach yn byw'n dawel a dedwydd gyda'i wraig, roedd yn dal yn ddyn ifanc ac fe gâi fwynhad wrth gystadlu ag athletwyr eraill. Roedd yn fedrus ar bob math o fabolgampau ac yn neilltuol felly am daflu disgen. Ef oedd pencampwr y wlad am wneud hynny.

Roedd mabolgampau yn rhan bwysig o fywyd y Groegiaid a phan gynhelid gŵyl chwaraeon, fe deithiai timau o bell i gystadlu. Er mai chwaraeon y gelwid nhw, campau i athletwyr oeddent mewn gwirionedd—rhedeg, ymaflyd codwm, taflu gwaywffon a disgen. Cynhelid gornest o'r fath yn Argos ryw flwyddyn, ac aeth Persews yno fel aelod o dîm arbennig.

Gwawriodd y diwrnod mawr ac roedd y stadiwm yn orlawn o wylwyr eiddgar. Chwifiai baneri oddi ar bolion o gwmpas y maes, ac i gyfeiliant utgyrn, gorymdeithiodd athletwyr o bob dinas yng Ngroeg i'r cylch a sefyll yn un llinell o flaen y pwysigion. Ymhlith y rheini, roedd Acrisios ac, am mai ef oedd brenin y rhan honno o'r wlad, ef oedd y prif westai. Nid oedd ganddo syniad fod ei ŵyr, Persews, yn un o'r athletwyr. Yn wir, credai fod ei ferch a'i mab bach wedi hen foddi yn y môr.

Daeth y timau i gyd ymlaen yn eu tro i gystadlu ar y gwahanol gampau. O'r diwedd, dyna hi'n bryd i'r taflwyr disgen ddod ymlaen. Roedd hi'n amlwg, yn ôl y cyffro, fod y dorf yn edrych ymlaen at yr ornest hon. Persews oedd y cyntaf i daflu disgen. Wrth iddo droi ei gorff cyn taflu, llithrodd ei droed ar y glaswellt ac ymaith â'r ddisgen arian o'i afael tua'r ochr gan hedfan drwy'r awyr i gyfeiriad y gwylwyr. Trawodd y ddisgen drom Acrisios yn ei ben a'i ladd yn y fan a'r lle. Roedd darogan yr oracl wedi'i gwireddu: fe laddwyd Acrisios gan fab ei ferch ei hun.

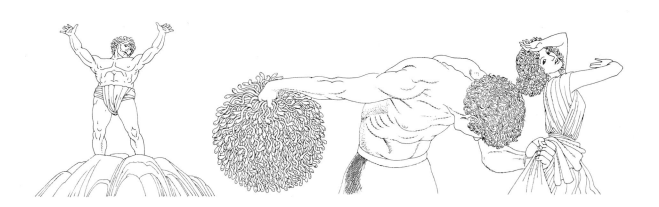

Yr Efeilliaid Cecrus

Efeilliaid oedd Castor a Polydewces a dyna hefyd oedd eu cefndyr, Idas a Lyncews, ond nid oedd y naill bâr na'r llall yn wir efeilliaid. Er bod Castor a Polydewces wedi'u geni yr un pryd i'r un fam, roedd ganddynt dadau gwahanol. Mab i Zews oedd Polydewces a mab i frenin Sparta oedd Castor. Yr un modd, mab i Poseidon oedd Idas a thad meidrol oedd gan Lyncews.

Tyfodd Castor a Polydewces i fod yn rhyfelwyr gwych ac yn athletwyr nodedig, Castor yn gerbydwr a Polydewces yn baffiwr. Cyfeirid atynt gyda'i gilydd fel y Dioscwroi, ac arferent ennill buddugoliaethau lu i Sparta yn y Gêmau Olympaidd. Daeth Idas a Lyncews yn ymladdwyr medrus hefyd, a bu'r pedwar cefnder yn gyfeillion agos am amser maith. Ynghylch merched y bu eu ffrae gyntaf.

Roedd Idas a Lyncews i fod i briodi dwy chwaer. Y noson cyn y briodas, fe aeth Castor a Polydewces, a oedd wedi'u gwahodd i'r dathliad, i farchogaeth gyda'r merched tra oedd y ddau briodfab yn gorffen y trefniadau at y seremoni drannoeth. Yn sydyn hollol, dyna'r ddau yn cydio yn awenau ceffylau'r merched ac yn carlamu efo nhw dros y bryniau i Sparta. Yn naturiol, roedd Idas a Lyncews wedi'u cythruddo'n ofnadwy, ac yn lle'r cyfeillgarwch a fu gynt, roedd yna elyniaeth chwerw bellach rhwng y ddau bâr o efeilliaid.

Cyn bo hir iawn, fe syrthiodd Idas mewn cariad eto, y tro hwn efo tywysoges o'r enw Marpessa. Un o feibion Ares oedd tad Marpessa ac nid oedd pob rhyw fath yn ddigon da i fod yn gariad i'w ferch ef. Dyfeisiodd brawf rhyfedd i brofi gwroldeb y dynion ifainc. Roedd rhaid i bob un a fynnai law ei ferch gymryd rhan mewn ras gerbydau yn ei erbyn ef. Fe gâi'r enillydd Marpessa, ond byddai'r rhai a fyddai'n colli yn gorfod marw. Gan ei fod ef ei hun yn gerbydwr penigamp, teimlai'n hyderus y medrai ef yrru'n well nag unrhyw ddyn ifanc. Derbyniodd amryw yr her a chaent eu curo'n rhwydd. Yn wir, roedd Marpessa yn dechrau meddwl na phriodai hi byth.

Yna un diwrnod, daeth rhywun arall, y duw Apolo, i geisio llaw y ferch. Roedd Idas a thad Marpessa yn ofnus, ond am resymau gwahanol. Gwyddai'r tad na fedrai ennill y ras yn erbyn un o'r duwiau, ac fe wyddai Idas y collai ei briodferch. Cyn diwrnod y ras gerbydau, cipiodd Idas yr eneth ymaith ganol nos a mynd â hi i'w gartref yn Messene.

Aeth Apolo ar eu holau a bu ymladdfa ffyrnig. Er bod Idas yn fab i Poseidon, nid oedd ganddo obaith yn erbyn Apolo a dim ond wedi i Marpessa erfyn ar Zews i ymyrryd, yr achubwyd ef. Penderfynodd Zews y dylai Marpessa ei hun gael dewis ei gŵr, a'r hyn a wnaeth hi oedd gwrthod Apolo a phriodi Idas.

Erbyn hynny, roedd Idas a Lyncews bron wedi anghofio popeth am eu ffrae efo'r pâr arall o efeilliaid, ac yn ystod yr ymweliad nesaf â Sparta, fe gymodwyd y pedwar cefnder â'i gilydd.

'Pam y dylai dwy ferch ddod rhyngom ni a ninnau mor agos fel arall?' gofynnodd Idas.

'Dwn i ddim os nad i ddwyn ein harian ni i brynu dillad newydd,' meddai Castor dan chwerthin.

'Neu am ein bod ni'n gwrthod symud i wneud lle iddyn nhw fynd heibio,' meddai Polydewces.

'Gadewch i ni fod yn ffrindiau, beth bynnag,' meddai Lyncews.

Yna dechreuodd y pedwar cefnder drin a thrafod o ddifri, gan fod Castor wedi dyfeisio cynllun mentrus i alluogi'r pedwar i gynyddu nifer eu gwartheg. Y cynllun oedd ysbeilio'r gwartheg a borai tua'r gogledd o Sparta ar wastadeddau Arcadia. Wedi cydsynio, cychwynnodd y pedwar mewn dau gwch i fyny Afon Ewrotas gan fynd â'u ceffylau efo nhw. Trwy wneud hynny, roeddent yn arbed milltiroedd o farchogaeth ac yn cyrraedd Arcadia heb flino'r ceffylau.

Bron ar unwaith, gwelsant yrr o wartheg, oddeutu dau gant, a dim ond dau ddyn yn gofalu amdanynt. Dihangodd y ddau nerth eu sodlau wrth i'r pedwar dieithryn arfog nesu atynt. Ni chafodd yr efeilliaid fawr o drafferth wrth hel y gwartheg at ei gilydd a'u gyrru i ddyffryn diarffordd yn y bryniau rai milltiroedd oddi yno. Eu bwriad oedd cadw'r gwartheg o'r golwg yn y fan honno, nes cael sicrwydd nad oedd neb ar eu trywydd. Gwyddent y byddai gofalwyr y gwartheg yn siŵr o roi gwybod i rywun am yr ysbeilio ac y dôi mintai o ddynion arfog i chwilio am y lladron.

'Mae yna un peth heb ei benderfynu,' meddai Idas, tra oedd y pedwar yn eistedd yn eu pabell rai nosweithiau'n ddiweddarach. 'Sut y dylem ni rannu'r gwartheg rhyngom ni?'

'Am ein bod ni wedi rhannu'r perygl yn gyfartal, mi ddylem ni rannu'r gwartheg yr un modd. Mewn geiriau eraill, fe fydd Idas a finnau yn cymryd eu hanner nhw.'

'Ond fi oedd biau'r syniad,' meddai Castor. 'Felly, fe ddylai Polydewces a finnau gael mwy na chi'ch dau,' ychwanegodd.

Nid oedd Idas a Lyncews, wrth gwrs, yn fodlon ar hyn. Bu'r pedwar yn dadlau am dipyn heb ddod i gytundeb. O'r diwedd, awgrymodd Idas gynllun i dorri'r ddadl mewn dull a fyddai'n deg i bob un ohonynt. Lladdodd un o'r buchod a'i chwarteru â'i gyllell hela.

'Rhaid i bob un ohonom fwyta'i gyfran o'r cig,' eglurodd. 'Y cyntaf i orffen bwyta'i gyfran fydd yn cael hanner y gwartheg, a'r ail i orffen yn cael y gweddill.'

Prin fod Idas wedi gorffen siarad nad oedd yn llowcio'r cig a chyn pen dim roedd wedi bwyta'i gyfran i gyd. Roedd ei efaill, Lyncews, bron mor sydyn yn bwyta'i gyfran yntau o'r cig, a gadawyd y ddau efaill arall ymhell ar ôl. Nid oedd amheuaeth pwy oedd wedi ennill y gwartheg. Gan wneud eu gorau glas i guddio'u dicter, gwyliodd Castor a Polydewces eu cefndyr yn gyrru'r gwartheg o'r dyffryn ac yn anelu tua'r de-ddwyrain am Messene.

Aeth Castor a Polydewces yn ôl at y cychod yn gynddeiriog ulw. Erbyn cyrraedd yr afon roeddent wedi dod i benderfyniad. Buont yn gyfeillgar a chawsant eu sarhau. Unwaith yn rhagor, dyma'r hen gynnen wedi codi'i phen eto, a'r tro hwn fe fyddai'n chwerwach nag erioed. Addunedodd Castor a Polydewces y caent y gwartheg i gyd yn ôl, ac nid yn unig y rheini yr oedd ganddynt hawl arnynt. Hyd yn oed petai'n golygu ymladd hyd farw yn erbyn yr efeilliaid eraill, fe fyddai'n werth gwneud hynny i dalu'r pwyth yn ôl.

Troesant eu ceffylau oddi wrth yr afon ac anelu tua'r cyfeiriad lle'r aethai'r ddau arall ynghynt. Cyraeddasant Messene erbyn nos, a chael Idas a Lyncews eisoes yn cysgu, wedi blino'n lân ar ôl y siwrnai flin efo'r gwartheg. Ni fu Castor a Polydewces fawr o dro cyn gyrru'r gwartheg a'u cuddio eto. Gwyddent y byddai yna chwilio mwy trylwyr amdanynt y tro hwn a dyfalbarhau hefyd, nes dod o hyd iddynt. Ni fyddai gronyn o amheuaeth ym meddwl Idas a Lyncews ynghylch pwy fu'n gyfrifol, a dyna ailgorddi'r hen gasineb. Dod ar eu gwarthaf yn ddirybudd fyddai'r peth gorau i'w wneud, a phenderfynodd Castor a Polydewces y byddent yn disgwyl am y lleill pan ddeuent heibio.

Roedd yr haul newydd godi pan adawsant y gwartheg mewn cilfach ddiogel a chychwyn yn ôl ar hyd y ffordd i Messene, gan edrych am le i ymguddio. Tua milltir allan o'r dref, gwelsant fynwent ger y ffordd. Roedd nifer o gerrig beddau yn y glaswellt trwchus a hen dderwen braff heb fod ymhell o'r llwybr. Roedd ei boncyff yn ddigon llydan i fod yn guddfan i un ohonynt. Symudodd Castor ar ei union y tu ôl i'r goeden, tra oedd Polydewces yn ei gwrcwd gerllaw yng nghysgod un o'r cerrig beddau. Roedd popeth yn barod ar gyfer ymosodiad sydyn.

Yn ddiarwybod i Castor a Polydewces, roedd y lleill wedi sylwi yn ystod y nos fod y gwartheg wedi'u lladrata, ac roeddent wedi bod allan yn chwilio ers oriau, gan geisio dod o hyd i'w trywydd. Ar doriad dydd, buan y gwelsant olion carnau ar ffordd Sparta. Symudent yn ofalus o lech i lwyn gan ddisgwyl y gelyn unrhyw funud. Roeddent newydd ddod at y fynwent pan welsant Castor a Polydewces yn y pellter. 'Dyna guddfan ardderchog i ni,' oedd barn y rhain hefyd. Wedi brasgamu drwy'r glaswellt, i lawr â nhw i guddio y tu ôl i ddwy garreg fedd ar yr ochr bellaf oddi wrth y ffordd.

Prin y gallai Idas a Lyncews gredu'r fath lwc wrth wylio'r ddau ddau efaill arall yn dewis yr un guddfan yn union, lai na deg cam o'u blaenau ac yn mynd yn eu cwrcwd gan wynebu'r llwybr yn barod i ymosod.

Cyn gynted ag yr oedd Castor a Polydewces wedi gosod eu harfau ar lawr, cododd Idas ar ei draed. Synhwyrodd Castor ryw symudiad y tu ôl iddo a throdd yn sydyn, ond roedd gwaywffon Idas eisoes yn gwibio drwy'r awyr. Cyn i Castor allu symud gewyn, trywanwyd ef yn ei galon a hoeliwyd ef wrth yr hen dderwen a fuasai yn ei dyb ef, wedi bod yn guddfan mor dda.

Eiliadau ar ôl ei frawd, taflodd Lyncews ei waywffon ei hun at Polydewces. Nid oedd wedi anelu mor union a llithrodd y waywffon, heb beri niwed, oddi ar y garreg fedd yr ymguddiai Polydewces y tu ôl iddi. Ond cyn i hwnnw allu symud modfedd, ymaflodd Lyncews mewn carreg fedd ac, â nerth anhygoel, ei dadwreiddio er mwyn ei hyrddio hi drwy'r awyr.

Daliodd Polydewces ei darian orau y medrai i'w amddiffyn ei hun, ond drylliwyd honno. Trawyd yntau yn ei fraich chwith gan y garreg a maluriwyd yr esgyrn. Bron â drysu gan boen ac yn gynddeiriog am fod ei frawd wedi'i ladd, rhuthrodd Polydewces fel dyn lloerig ar Lyncews.

Anodd fyddai i neb ddal y fath ymosodiad ac wedi dau drywaniad gan gleddyf Polydewces, gorweddai Lyncews ar lawr ar fin marw.

O weld bod nerth Polydewces yn pallu wrth i'r gwaed lifeirio o'i fraich, rhuthrodd Idas i ymosod arno gan ddisgwyl ei orchfygu heb drafferth. Yn dra gwahanol i hynny y bu hi. Wrth iddo gamu ymlaen, goleuwyd yr holl fynwent gan fflach o oleuni llachar nes dallu'r ddau am funud. Pan agorodd Polydewces ei lygaid eto, fe welodd Idas ar ei hyd ar lawr â'i ddau lygad llonydd yn syllu tua'r awyr. Codai mwg oddi wrtho fel cwmwl uwchben y cerrig beddau. Zews oedd wedi bod yn gwylio popeth oddi uchod ac wedi anfon taranfollt i arbed bywyd ei fab ei hun.

O'r ddau bâr o efeilliaid cecrus, Polydewces oedd yr unig un a adawyd yn fyw. Llwyddodd i gario corff Castor i'r lle y cuddiwyd y ceffylau a'i roi i orffwys ar ei gyfrwy. Yna cychwynnodd yn araf tuag adref i Sparta. Anghofiwyd yn llwyr am y gwartheg a borai'n dawel ar fin y ffordd.

Claddodd Polydewces ei efaill, Castor, mewn seremoni deilwng o fab i frenin, a chododd gof-golofn hardd iddo. Ond nid oedd hynny'n ddigon. Nid oedd Castor a Polydewces wedi bod ar wahân erioed o'r blaen ac nid oedd gan Polydewces flas ar fyw heb ei frawd. Meddyliodd, i ddechrau, am ei ladd ei hun, ond ni allai wneud hynny, am ei fod yn fab i Zews ac felly'n fod anfeidrol, sef un na fyddai'n marw byth. Yr hyn a ddigwyddai fyddai iddo gael ei gymryd i fywyd newydd ar Olympos, lle na allai ei efaill meidrol ei ddilyn. Pe digwyddai hynny, fe fyddent ar wahân am byth.

Er na allai Zews ei hun newid deddfau bywyd a marwolaeth, fe lwyddwyd gyda'i gymorth ef i gyfaddawdu. Dyfarnodd y gallai'r efeilliaid dreulio bob yn ail ddiwrnod gyda'i gilydd ar Olympos ac yn y Byd Tanddaearol. Byddai'r naill felly'n rhannu byd y llall, ac ym mha le bynnag y byddent, fe gaent fod gyda'i gilydd.

Iason a'r cnu aur

Mae'r stori am Iason a'r Argoforwyr a sut yr aethant i Colchis ar lan y Môr Du i chwilio am y cnu aur a'i ddwyn adref i Roeg, yn dechrau, mewn gwirionedd, ymhell cyn geni Iason. Er mwyn cael gwybod sut y bu i'r cnu gael ei hongian oddi ar goeden yn Colchis ac anghenfil hanner draig a hanner sarff yn ei warchod, rhaid i ni fynd yn ôl i'r adeg pan oedd Bisaltes yn frenin ar ran o Thracia.

Roedd ganddo ef ferch brydferth iawn o'r enw Theophane. Gartref yn y palas, fe fyddai hi'n brysur bob dydd gyda'r gwahanol orchwylion, ond pan gâi seibiant, ni hoffai ddim yn well nag ymlacio yn yr haul a nofio yn y bae. Dychmygai'n aml ei bod hi'n un o'r nereidiaid a drigai yn yr ogofâu ar hyd y traeth, a'i bod yn chwarae efo'i chyfeillion o dan y tonnau.

Gwelodd Poseidon, duw'r môr, hi yn y dŵr ryw ddiwrnod a chafodd ei swyno'n lân gan ei thegwch. Hudodd hi i'w gerbyd a'i chipio ymaith i Ynys Crwmissa, lle y gobeithiai ennill ei serch. Ond roedd amryw byd o ddynion ifainc meidrol wedi bod yn llygadu Theophane. Yn benderfynol o'i chael hi'n ôl, fe hwyliodd rhai ohonynt tua'r ynys. Cythruddodd hyn gymaint ar Poseidon nes iddo droi Theophane yn ddafad ac wedi iddynt gyrraedd yno, nid oedd modd ei hadnabod. Yn naturiol, nid oeddent fawr o feddwl ei bod hi ymhlith y cannoedd o ddefaid a gedwid gan ffermwyr yr ynys. P'run bynnag, go brin y byddent wedi'i hadnabod hi.

Penderfynodd rhai o'r llanciau aros ar Crwmissa am eu bod yn hoffi'r math o fywyd a geid yno. Am hynny, ni allai Poseidon newid yr eneth yn hi ei hun yn ôl, a daliodd i fyw fel dafad ar yr ynys. Ymhen amser, fe roddodd enedigaeth i oen bach a'i gnu yn aur pur. Ar orchymyn Zews, aed â'r oen i dir mawr Groeg, a'i ollwng i bori gyda'r defaid eraill ar wastadedd Argos ger Mycenai.

Ychydig cyn hynny bu farw'r Brenin Pelops, a lywodraethai'r ardal honno, gan adael dau fab, Atrews a Thyestes. Buont yn cweryla'n enbyd ynghylch pa un ohonynt a ddylai fod ar yr orsedd. Ochrai llawer o bobl efo Atrews, y mab hynaf ac eto i gyd, roedd tua'r un nifer yn cefnogi Thyestes. I arbed i'r ffrae ddatblygu'n rhyfel cartref, penderfynodd y brodyr ymgynghori â'r oracl yn Delphi.

Teithiodd Atrews a Thyestes tua'r gogledd nes cyrraedd y pant mawr coediog a naddwyd o'r mynydd. Yno roedd yr oracl enwog. Buont yn disgwyl yn amyneddgar am genadwri ac, o'r diwedd, fe glywsant y llais.

'Y brenin cyfreithlon fydd yr un sydd ag oen a chanddo gnu aur yn

pori ymysg ei ddefaid.'

'Oen â chnu aur? Chlywais i erioed y fath beth,' meddai Atrews yn syn.

'Na finnau chwaith,' meddai Thyestes, 'ond waeth i ni edrych na pheidio.'

Heblaw am y bugeiliaid a wyliai'r defaid ar wastadeddau Argos, roedd yna un person arall a wyddai am yr oen â'r cnu aur—Aerope, gwraig Atrews. Roedd hi wedi bod mewn cariad ers tro â Thyestes, brawd ei gŵr. Pan ddaeth y ddau frawd adref yn ôl i Mycenai ar ôl clywed geiriau'r oracl, fe aeth Aerope yn ddirgel liw nos i symud yr oen oddi wrth ddefaid Atrews a'i roi gyda rhai Thyestes. Pan dorrodd y wawr drannoeth, yno yr oedd yr oen, a Thyestes a ddaeth yn frenin.

Nid oedd Zews yn fodlon o gwbl ar hyn. Anfonodd Hermes at Atrews.

'Rwyt ti wedi cael dy dwyllo,' meddai Hermes wrtho. 'Ti ydi'r brenin cyfreithlon, achos dan dy ofal di, ac nid dy frawd, y magwyd yr oen.'

Yn anffodus, fe anghofiodd Hermes grybwyll mai Aerope oedd ar fai.

Adroddodd Atrews wrth Thyestes yr hyn a ddywedodd Hermes wrtho, ond nid oedd ei frawd yn ei goelio. Credai ef mai hen gollwr sâl oedd Atrews.

'Beth ydi'r lol yma?' gofynnodd. 'Mi ddaru ni gytuno i dderbyn dyfarniad yr oracl, on'd do? Mae'n edrych yn debyg i mi dy fod ti'n anfodlon ar hynny ac am godi cwenc.'

'Mi fyddwn i'n derbyn y dyfarniad yn hapus iawn oni bai fy mod i'n amau rhyw gynllwyn,' meddai Atrews gan godi'i lais. Roedd wedi sylwi bod Aerope yn edrych yn o garuaidd ar Thyestes yn ddiweddar. 'Rydw i mor bendant fod yna rywun yn twyllo ag ydw i fod yr haul yn codi yn y dwyrain,' ychwanegodd.

Chwarddodd Thyestes yn wawdlyd. 'Boed i'r haul godi yn y gorllewin am un diwrnod os mai ti ydi'r gwir frenin!' meddai.

Parhaodd y ffrae drwy gydol y nos. Gwawriodd diwrnod newydd, ond gwawr go ryfedd oedd hi. Fel arfer, fe lifai golau cyntaf y dydd i mewn trwy'r ffenestr agosaf i'r lle yr eisteddent am fod honno'n wynebu'r dwyrain. Y bore hwn, fodd bynnag, roedd y lawnt isod mewn cysgod du. Yn llawn chwilfrydedd, brysiodd y ddau i lawr y grisiau ac allan i'r awyr agored lle y gallent edrych tua'r gorllewin ar draws y gwastadedd. Roedd y golau oddi yno'n ddigon i'w dallu wrth i Helios, yn ei gerbyd aur, godi fry i'r ffurfafen ymhell tu draw i Bileri Hercwl. Wrth ganfod arwydd mor ddigamsyniol â hyn, roedd rhaid i Thyestes ildio,

ac fe ddaeth Atrews yn frenin yn ei le. Gorfodwyd Thyestes i droi'n alltud am byth.

Tyfodd yr oen yn hwrdd â chyrn troellog, hardd.

Yn y cyfamser, draw tua'r gogledd yn Orchomenos ger Thebai, roedd ffrae arall yn cyniwair. Llywodraethid Orchomenos gan y Brenin Athamas. Roedd ganddo ef bedwar o blant, Phrixos a Hele o'i wraig gyntaf, a dau arall o Ino, ei ail wraig.

Bob blwyddyn, fe âi Ino yn fwy cenfigennus wrth ei llysblant. Yn ei thyb hi, roedd Athamas yn ffafrio Phrixos a Hele ar draul ei phlant hi. Pan gwynodd wrth y brenin ynghylch hyn, chwerthin a wnaeth ef am ei fod yn trin ei bedwar plentyn yr un fath â'i gilydd.

'Gormod o ddychymyg sydd gen ti,' meddai wrthi. 'Paid â bod mor wirion!'

Achosodd hyn i Ino deimlo'n ddig iawn er iddi lwyddo i guddio'r ffaith. Cynlluniodd sut i gael gwared o Phrixos a Hele. Trefnodd fod tân yn mud-losgi yn y selerydd o dan ysguboriau grawn y ddinas, fel bod y gwenith a'r haidd i gyd yn sychu'n grimp ac yn dda i ddim. Daeth yn amser hau eto, ond nid eginodd yr un gronyn a roed yn y pridd. Cyn bo hir, fe fyddai newyn drwy'r wlad. Dywedodd Ino wrth y Brenin Athamas fod yna negesydd wedi dod o'r oracl yn Delphi i ddweud y byddai popeth yn iawn, petai Phrixos a Hele yn cael eu haberthu i Zews. Byddai'r ŷd yn egino, y caeau yn glasu ac fe geid cynhaeaf toreithiog unwaith eto.

Galwodd Athamas gynghorwyr y ddinas ynghyd i ofyn eu barn, ond roedd ef eisoes wedi penderfynu. Rhaid i'w ddau blentyn annwyl farw er mwyn i bobl Orchomenos allu byw. Diolchodd gwŷr doeth y cyngor iddo, ac yna, â chalon drom, rhoddodd Athamas orchymyn i baratoi at yr aberthu.

Edrychai Zews yn gilwgus ar hyn o Olympos. Roedd yr aberth yn mynd i fod yn ei enw ef, heb i neb ofyn am ei ganiatâd. Wedi galw ar Hermes, dywedodd wrtho am hedfan i Mycenai i gyrchu'r hwrdd aur a oedd erbyn hyn wedi tyfu'n fawr a chryf dan ofal Atrews. Yr union bryd yr oedd y plant yn cael eu harwain at yr allor, fe ymddangosodd yr hwrdd, fel petai'n hofran yn yr awyr uwch eu pennau, a'i gnu aur mor ddisglair â'r haul. Ciliodd yr offeiriaid yn ôl mewn braw wrth glywed llais yn dod o'r cymylau.

'Dowch blant! Dowch ar gefn yr hwrdd!' gwaeddodd Hermes a oedd, er ei fod yn anweledig, wrth ochr yr hwrdd. 'Dowch i hedfan fel y gwynt dros dir a môr!'

Ni feiddiai neb atal Phrixos a Hele rhag dringo ar gefn yr hwrdd. Daliai'r bachgen yn dynn yn ei gyrn, a'r tu ôl iddo cydiai ei chwaer orau y medrai yn y cnu aur. Yna, i fyny â nhw tua'r awyr las i gyfeiriad y gogledd ddwyrain, cyn diflannu o'r golwg yn y pellter.

Bu'r hwrdd â'r plant ar ei gefn yn teithio dros y môr am filltiroedd lawer. Pan ddaethant i olwg tir eto, i lawr â'r hwrdd. Yn ei chyffro, llaciodd Hele ei gafael yn y cnu a cholli'i chydbwysedd. Yr eiliad nesaf, roedd hi'n syrthio i lawr yn is ac yn is tua'r culfor sy'n gwahanu Ewrop ac Asia ym mhen gorllewinol y Môr Propontis. Yno y bu hi farw, a hyd y dydd heddiw gelwir y culfor hwnnw yn Helespontos, er cof amdani hi. Ehedodd yr hwrdd, â Phrixos yn dal ar ei gefn, uwchben y Môr Du a glanio, o'r diwedd, yn Colchis.

Gan fod yr hwrdd bellach wedi cwblhau ei waith, gorchmynnodd Zews iddo gael ei aberthu. Wedyn, taenwyd ei gnu aur ar gangen coeden yn y goedwig fechan ger palas y Brenin Aietes. Yno roedd draig, na fyddai byth yn cysgu, yn ei warchod ddydd a nos.

Yr un adeg â'r helynt rhwng Atrews a Thyestes, roedd Iason, y cysylltir ei enw bob amser â'r cnu aur, yn tyfu'n ddyn ifanc. Roedd yn byw mewn ogof ar ochr Mynydd Pelion, gyda'r hen gentawr doeth, Cheiron, a ddysgai iddo sut i hela a rhyfela. Tad Iason oedd Aison, brenin cyfreithlon Iolchos yn Thessalia a oedd wedi'i yrru oddi ar yr orsedd gan ei hanner-brawd, Pelias. Roedd ei dad wedi rhoi Iason yng ngofal Cheiron er mwyn iddo fod yn ddiogel a hefyd iddo gael ei hyfforddi'n dda ar gyfer heddwch a rhyfel.

Roedd Cheiron yn meddu ar y ddawn i ragfynegi'r dyfodol. Un diwrnod, meddai wrth Iason: 'Rwyt ti'n ddyn erbyn hyn a rhaid i ti fentro allan i'r byd. Mi welaf arwyddion gwrhydri a gorchest ar dy gyfer di ond, cyn hynny, mae yna lawer o beryglon i'w gorchfygu. Ambell dro, mi fyddi di'n digalonni, ond cofia bob amser fy ngeiriau i, ac mi gei di nerth i ddal ati.'

Diolchodd Iason iddo a dweud: 'Ychydig a wn i am ddulliau'r byd heblaw am hela yn y coed a'r dyffrynnoedd efo ti a'm ffrindiau. Elli di ddweud wrtha' i pa ffordd y dylwn i fynd?'

'Syniad da fyddai i ti fynd i Iolchos,' awgrymodd Cheiron. 'Pwy a ŵyr na chei di gyfle i adfer teyrnas dy dad yn ôl iddo fo, neu i wisgo'r goron dy hunan, os na fydd dy dad yn fyw.'

Ac felly, â nod pendant o'i flaen, y cychwynnodd Iason ar ei deithiau.

Un diwrnod yn fuan wedyn, cyrhaeddodd lannau Afon Anawros. Ac yntau'n sefyll ar lan y dŵr lleidiog yn dyfalu sut i'w groesi, teimlodd drawiad ysgafn ar ei ysgwydd. Trodd ei ben ac yno roedd hen wraig wargam a dillad carpiog amdani. Rhaid ei bod hi wedi dod yn sydyn iawn o rywle, gan nad oedd enaid byw arall ar gyfyl y lle pan gyrhaeddodd ef yno. Eto i gyd, rhyw hercian cerdded yn araf a wnâi hi â'i phwys ar ei ffon, ac nid oedd tŷ na thwlc yn agos ychwaith.

'Mae gen ti wyneb caredig, fy machgen i,' meddai. 'Wnei di fy helpu i i groesi'r afon?'

'Meddwl sut y gallwn i groesi yr oeddwn innau hefyd,' meddai Iason. 'Mae'n bur debyg y bydd raid i mi gerdded drwy'r dŵr, ac os ydi o'n ddwfn iawn, nofio efallai. Os ydych chi'n fodlon mentro ar fy nghefn i, mae croeso i chi gael eich cario drosodd.'

Felly, cymerodd yr hen wraig ar ei ysgwyddau a gafaelodd mewn cangen coeden, a hongiai dros yr afon, er mwyn ei ostwng ei hun i'r dŵr. Er bod y llif yn gryf, nid oedd y dŵr yn ddwfn iawn. Serch hynny, golygai gryn ymdrech i gyrraedd yr ochr draw gan fod yr hen wraig yn pwyso'n drymach ar ei ysgwyddau bob eiliad, a'r dŵr yn troelli'n chwyrn o'i gwmpas ac yn ei dynnu i lawr. Fwy nag unwaith, bu bron iawn i'w ben fynd dan y dŵr a gorfu iddo ymladd yn galed am ei anadl wrth i'r dŵr lenwi ei ffroenau. O'r diwedd, dyna gyrraedd y lan gyferbyn a'i goesau'n awr yn rhoi odano. Wedi gosod yr hen wraig i lawr yn dyner, roedd hi'n braf cael ymollwng ar y glaswellt a gorffwyso.

Bryd hynny y sylweddolodd fod un o'i sandalau ar goll a theimlai'n ddigon blin. Plygodd i lawr i wneud yn siŵr fod strapen y llall yn iawn. Yna cododd ei ben ac, er ei syndod, yn sefyll o'i flaen fe welai, nid yr hen wraig dlodaidd, wargam, ond merch dal, hardd. Roedd gwisg borffor amdani a choron aur ar ei phen.

'Paid ag ofni, Iason,' meddai, wrth iddo gilio'n ôl. 'A phaid â phoeni ynghylch colli'r sandal yn yr afon. Bydd ei cholli yn ennill i ti yn y pen draw, ond rhaid i ti aros am dipyn cyn deall pam.'

'Pwy—pwy ydych chi?' gofynnodd Iason yn floesg.

'Hera ydw i, gwraig Zews a Brenhines y Nefoedd,' meddai hi. 'Mi fuost yn garedig wrth hen wraig mewn angen, heb ystyried am funud ei lluchio hi i'r dŵr, hyd yn oed pan oeddet ti mor agos at foddi. Am hynny, mi fydda' i'n cadw llygad arnat ti. Felly, dos heb ofni i Iolchos i weld y brenin.' Ar hynny, diflannodd Hera mor fuan ac mor ddirgel ag y daethai.

Gan deimlo'n bur syfrdan a dryslyd, aeth Iason yn ei flaen. Pan gyrhaeddodd strydoedd Iolchos, sylwodd fod pobl yn edrych arno ac yna'n troi draw gan sibrwd wrth ei gilydd. Roedd hyn yn

dipyn o benbleth iddo ac yn gwneud iddo deimlo'n annifyr iawn. Petai'n anghenfil â dau ben, ni fyddent yn rhythu mwy arno! Wedi cymryd ato braidd, gafaelodd ym mraich rhyw ddyn a gofyn iddo beth ar y ddaear oedd yn bod. Ar y dechrau, roedd y dyn yn gyndyn o'i ateb, ond pan gaeodd bysedd cryfion Iason yn dynnach am ei fraich, fe siaradodd.

'Maen nhw'n dweud pan ddaw dyn efo dim ond un sandal, y bydd hwnnw'n diorseddu'r brenin,' meddai. A chofiodd Iason eiriau Hera.

Gofynnodd am gael mynd i ŵydd y Brenin Pelias a chaniatawyd hynny iddo. Synhwyrodd fod llygaid y brenin hefyd yn crwydro at ei droed noeth. Roedd hi'n amlwg fod y brenin yn bur anesmwyth, er ei fod yn ddigon cyfeillgar.

'Mae'n debyg dy fod ti'n credu fy mod i wedi gwneud cam â'th dad,' meddai'r brenin. 'Boed a fo am hynny, ond rydw i'n fodlon ildio'r goron i ti neu i unrhyw un arall a all brofi ei fod yn fwy teilwng na fi i reoli. Dydi hi ddim yn hawdd meddwl am brawf i ganfod dyn o'r fath.'

'Fe fyddai'r sawl a ddôi â'r cnu aur yn ôl o Colchis yn deilwng, yn fy marn i,' meddai Iason. Synnodd ef ei hun lawn cymaint â'r brenin wrth glywed y geiriau'n dod o'i geg, gan nad oedd wedi meddwl o gwbl am y cnu hudol cyn siarad. Ychydig, yn wir, a wyddai amdano heblaw am yr hyn a glywsai yn y chwedlau am yr hwrdd aur, a adroddid fin nos o gwmpas y tân yn ogof Cheiron gynt.

Daeth edrychiad cyfrwys i lygaid y brenin. Dyma gyfle i gael gwared o'r dyn ifanc, am byth efallai. Byddai'r ymchwil am y cnu aur yn un faith a pheryglus. Fe allai olygu na ddôi Iason byth yn ôl.

'Os cei di afael ar y cnu aur a dod â fo'n ôl yma, fe gei di orsedd Iolchos hefyd,' meddai Pelias, a chytunwyd ar hynny.

Yn ddiddadl, roedd hi'n dasg enfawr ac yn her aruthrol. Byddai'r siwrnai yn un beryglus ac, felly, fe baratôdd Iason yn fanwl ar ei chyfer. Enw ei long oedd *Yr Argo* ar ôl Argos, y crefftwr medrus a'i hadeiladodd hi. Ar gais Hera, fe anfonodd Athena ben blaen addurnol o dderw Dodona i'r llong, i ddod â lwc ar y fordaith. Roedd Argos yn un o griw'r llong hefyd, a thua hanner cant o arwyr mwyaf Groeg oedd y gweddill.

Yn gyntaf, gofynnodd Iason i Pelews a Telamon, dau o'i hen gyfeillion gynt yn ogof Cheiron, ddod gydag ef ar y daith. Ymunodd Hercwl â nhw, ac fel yr âi'r si ar led am yr antur fawr a oedd ar fin cychwyn, fe ddôi eraill i ymuno â'r criw. Y Dioscwroi, sef Castor a Polydewces, oedd dau ohonynt. Yna, meibion asgellog Gwynt y Gogledd, Zetes a Calais ac Orphews, y cerddor a oedd cystal ag Apolo ar ei delyn, er mai meidrol ydoedd. Er nad oedd Orphews yn rhyfelwr o gwbl, fe fyddai ei ran ef yn yr ymchwil yn un hanfodol.

Yr unig ferch yn y criw oedd Atalanta, helwraig Arcadia, a'i medr wrth drin bwa a saeth cystal â'r gorau ohonynt. Ymhlith eraill a ddaeth roedd Ascalaphos, mab Ares, Echion, mab Hermes, Idmon, mab Apolo, Iphitos, brawd y Brenin Ewrysthews o Tiryns a Malempws, mab Poseidon. Daethpwyd i adnabod y criw fel Yr Argoforwyr.

Ymhen rhai wythnosau, roeddent yn barod, ac yn gynnar rhyw fore fe lithrodd *Yr Argo* yn dawel allan o harbwr Iolchos i'r môr llonydd. Roedd gan bob llong Roegaidd yr oes honno hwyliau a rhwyfau, ac ar y rhwyfau y dibynnai Iason i fynd â'r llong yn glir o'r creigiau a'r twyni tywod ger ceg yr harbwr. Ond cyn gynted ag y cyrhaeddwyd Môr Aegea, codwyd yr hwyliau gwynion ac ymaith â'r *Argo* o flaen yr awel gref. Galwyd am ychydig ar Ynys Lemnos ac aros yno tan nos, cyn llithro'n dawel trwy ddyfroedd cul yr Helespontos.

Erbyn y bore, roeddent wedi mynd trwodd yn ddiogel. Yn fuan wedyn y gadawodd Hercwl y llong. Roeddent wedi ymochel am ysbaid mewn harbwr bychan, ac roedd ef wedi mynd i'r lan i dorri rhwyf newydd iddo'i hun, am fod yr hen un wedi malu mewn ymryson rwyfo gydag Iason. Pan ddarganfu Hercwl fod y gwas a oedd gydag ef wedi mynd ar goll, fe aeth i chwilio amdano. Ni ddaeth Hercwl na'r gwas yn ôl, ac ymhen rhai dyddiau, bu rhaid i'r Argoforwyr hwylio hebddynt.

O'u hanfodd y gwnaethant hynny, gan fod Hercwl yn un o'r arwyr cryfaf oll a hwythau'n gwybod hefyd fod perygl enbyd o'u blaenau yn o fuan. Er mwyn cyrraedd y Môr Du, fe fyddai rhaid mynd trwy'r Bosporos, culfor main rhwng dwy graig anferthol a nofiai yn y dŵr, sef y Symplegades, a drawai yn erbyn ei gilydd er mwyn mathru unrhyw beth a geisiai fynd heibio iddynt. Pan oedd pen blaen y llong ar fin mynd heibio i'r ddwy graig fygythiol, gwelodd yr Argoforwyr aderyn llwydlas, crëyr, yn hedfan o'u blaenau uwch y dŵr. Yr eiliad wedyn, dyna'r creigiau yn closio'n nes ac yn nes a sŵn fel taran wrth iddynt daro'n erbyn ei gilydd. Ond roedd y crëyr yn aderyn hudol, wedi'i anfon gan Hera, ac fe allai hedfan yn gyflymach nag a dybiai neb o edrych ar guriad araf ei adenydd llydain. Yr unig niwed a gafodd oedd colli mymryn o blu oddi ar ei gynffon.

Yn araf bach, dechreuodd y ddwy graig ymwahanu, ac wedi cael arwydd gan Iason, i lawr â'r rhwyfau i gyd a phob rhwyfwr yn tynnu'n galed ac yn gyflym, er mwyn prysuro'r llong ar ei thaith. Symudai'r *Argo* ymlaen fel petai rhyw rym goruwchnaturiol yn ei gyrru. O bobtu iddi edrychai'r criw yn ofnus ar y creigiau yn nesu at ei

gilydd unwaith eto. Cael a chael fu hi i'r llong fynd trwodd yn ddiogel.

Anelai'r *Argo* yn awr tua'r gogledd gan ddilyn arfordir dwyreiniol Thracia nes cyrraedd dinas Salmydessos, lle y teyrnasai'r Brenin Phinews. Ar un adeg, roedd gan y brenin hwn y ddawn o weld i'r dyfodol, ond fe fu'n darogan pethau na fynnai'r duwiau i ddynion eu gwybod, ac o ganlyniad, fe gafodd ei ddallu. Yn gosb ychwanegol, anfonwyd yr Harpyaid i'w boeni.

Creaduriaid rheibus â chyrff ac adenydd adar a phennau merched hagr oedd yr Harpyaid. Pryd bynnag yr eisteddai Phinews i fwyta, byddent yn hedfan i lawr ac yn cipio'r bwyd oddi ar ei blât. Addawodd Iason helpu Phinews a pharatowyd gwledd ar gyfer yr Argoforwyr. Eisteddai'r Brenin Phinews wrth ben y bwrdd ac, yn ôl eu harfer, dyna'r Harpyaid yn disgyn er mwyn cipio'r cig oddi ar ei blât. Roedd yr Argoforwyr yn barod amdanynt. Wedi i bob un dynnu ei gleddyf o'r wain, buont yn eu chwifio i bob cyfeiriad gan niweidio'r creaduriaid afrosgo a'u gyrru oddi yno. Ond dod yn ôl a wnaent o hyd nes i Calais a Zetes, meibion asgellog Gwynt y Gogledd, hedfan i fyny i'r awyr ar eu holau a'u hymlid draw uwchben y môr, ac ni welwyd mohonynt byth wedyn.

I ddangos ei ddiolchgarwch iddynt, fe ddywedodd Phinews wrth yr Argoforwyr lawer o bethau y dylid eu gwybod er mwyn hwylio'n ddiogel i Colchis. Yna, ymlaen â nhw. Aethant heibio i arfordir gwlad yr Amasoniaid, lle y cymerasai Hercwl wregys Hippolyta. Ger Ynys Ares, fe dduodd yr awyr am fod Adar Stymphalos yn hofran uwchben. Buont yn bwrw eu plu efydd ar ben *Yr Argo,* ond fe ddilynodd Iason a'i griw gyngor y Brenin Phinews, gan eu hamddiffyn eu hunain â'u tarianau ac anfon cawod ar ôl cawod o

saethau i fyny atynt nes lladd llawer o'r adar a gyrru'r lleill ymaith. Bu Atalanta yn gyfrifol am saethu pedwar ar ddeg ohonynt.

Ymhen hir a hwyr, cyrhaeddodd yr Argoforwyr aber Afon Phasis, a rhwyfo wedyn yr ychydig filltiroedd a oedd yn weddill ar hyd yr afon, tuag at wlad wyllt ac anwar Colchis.

Llywodraethwr llym ar ei bobl oedd y Brenin Aietes. Roedd yn ddewin enwog a'r hyn na lwyddai i'w gael trwy drais, fe'i cymerai trwy ddewiniaeth. Am hynny, roedd ei bobl bob amser yn ofni colli eu heiddo. Nid estynnodd groeso o gwbl i'r Argoforwyr ac roedd yn benderfynol na chaent afael ar y cnu aur. Ond penderfynodd ymddwyn yn gyfeillgar. Nid doeth fyddai diystyru criw o ddynion mor alluog a nerthol â'r rhain. Fe rôi gynnig ar ddewiniaeth i ddechrau.

'Mi gei di'r cnu,' meddai wrth Iason, 'ond fe ddywedodd Zews, a fo a fu'n gyfrifol am ddod â'r cnu yma, y byddai raid i'r sawl a gymerai'r cnu gyflawni tasgau arbennig.' Celwydd noeth oedd hyn. Aietes, ac nid Zews, a feddyliodd am yr amodau, er na wyddai Iason mo hynny.

Aeth y brenin yn ei flaen: 'Yn gyntaf, rhaid i ti ddal fy nheirw i, y teirw tanllyd â charnau pres, ac yna eu bachu nhw wrth aradr er mwyn aredig cae Ares. Wedi gorffen hynny, rhaid hau yno'r dannedd draig sydd gen i yn yr helmed hon.'

Cytunodd Iason â'r amodau hyn, ond roedd Medeia, merch y brenin, wedi clywed y sgwrs. Roedd hi eisoes wedi ffoli ar Iason, ac yntau'n ddyn ifanc pryd tywyll, golygus. Penderfynodd ei helpu am ei bod yn gwybod na fedrai unrhyw ddyn cyffredin byth ddofi'r teirw. Byddai'r tân a ddôi o'u ffroenau yn deifio rhan helaeth o'r ddaear o'u blaenau.

Fel ei thad, roedd Medeia hefyd yn meddu gallu

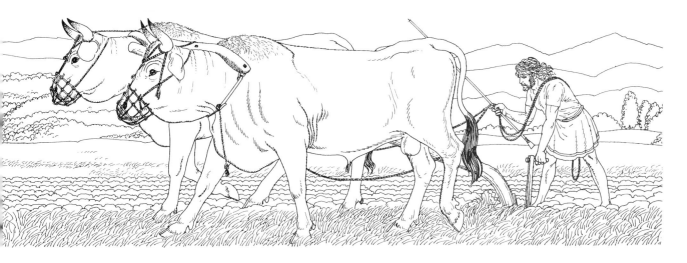

dewinol. Paratôdd eli o saffrwm gwyllt y mynydd a dywedodd wrth Iason am iro'i gorff ag ef. Pwrpas yr eli oedd atal y fflamau a ddôi o ffroenau'r teirw rhag amharu arno. Llwyddodd yntau'n rhyfeddol i'w drin, i fachu'r aradr wrthynt ac i aredig y cae. Gan frasgamu dros y pridd coch, fe heuodd ddannedd y ddraig.

Prin ei fod wedi gorffen nad oedd yna gatrawd o filwyr mewn arfwisg yn llamu o'r ddaear lle yr heuwyd y dannedd. Rhuthrodd y milwyr at yr Argoforwyr dan weiddi arnynt yn fygythiol. Ond roedd Medeia wedi rhoi cyngor buddiol i Iason. Fe gydiodd yntau yn yr helmed efydd, sef yr un a ddaliai'r dannedd ynghynt, a'i lluchio hi i ganol y milwyr. Yr eiliad nesaf, dyna nhw'n troi ac yn dechrau ymladd yn erbyn ei gilydd. Toc, roedd pob un yn gelain gorff.

'Mi gefaist ti hwyl go dda a thi fydd biau'r cnu rŵan,' meddai Aietes wrth Iason dan guddio'i ddicter.

Y prynhawn hwnnw, rhybuddiodd Medeia Iason fod ei thad yn bwriadu anfon ei filwyr i'r *Argo* awr cyn toriad dydd drannoeth, er mwyn lladd y criw i gyd yn eu cwsg.

'Cyn hynny, mae'n hanfodol dy fod ti wedi cael gafael yn y cnu a hwylio oddi yma,' meddai

wrtho. 'Wedi iddi nosi heno, mi af â thi at y cnu ac mi fyddai'n well i ni gael efo ni rywun a fedr ganu alaw swynol ar y pibau neu'r delyn.'

'Mae Orphews ar y llong,' meddai Iason braidd yn syn, 'a does yna neb gwell na fo am ganu'r delyn. Ond dydw i ddim yn deall.'

'Mi ddaw popeth yn eglur i ti yn y man,' meddai Medeia. 'Gofala ddod ag Orphews efo ti.'

Wedi iddi nosi, fe gyfrwyodd Medeia dri cheffyl a'u tywys at y cei lle roedd *Yr Argo* wedi angori. Aeth Iason, Medeia ac Orphews ar gefn y ceffylau a marchogaeth trwy strydoedd cefn y dref ac allan i'r wlad. Roedd hi'n noson dywyll, a heb Medeia i'w harwain, ni fyddai wedi bod yn hawdd cadw at y llwybr troellog ar draws y rhostir. Clywent dylluan yn hwtian yn y pellter.

Ymlaen â nhw a dim smic o sŵn yn unman heblaw am dincial harneisiau'r ceffylau. Toc, gwelsant ryw lewyrch o bell fel fflam dân, a sylweddoli wrth agosáu ato ei fod yn dod o ganol coedwig fechan.

'Dacw'r lle cysegredig,' meddai Medeia dan sibrwd. 'Y cnu aur sy'n disgleirio yn fan'cw.'

Nesaodd y tri ohonynt yn bwyllog at y coed a deall mai gwir oedd ei geiriau hi. Yn uchel oddi ar un o gangau'r goeden dalaf un, roedd y cnu yn hongian ac yn pelydru golau gwyn o'i amgylch i ddüwch y nos, gan beri i'r cangau cnotiog daflu cysogodion rhyfedd ar y ddaear. Yn dorchau am fôn y goeden, gorweddai ceidwad y cnu aur, y sarff-ddraig erchyll y clywsai Iason gymaint

amdani. Rhythai ei dau lygad mileinig arnynt ac wrth nesu ati, fe estynnodd Iason ei waywffon yn barod i ymladd. Ond rhoddodd Medeia ei llaw ar ei fraich. 'Gad i Orphews ganu'r delyn,' meddai.

Mewn tipyn o benbleth o hyd, fe ddisgynnodd y tri oddi ar eu ceffylau. Yna, gafaelodd Orphews yn ei delyn fach ac eistedd ar foncyn yn ymyl. Tynnodd ei fysedd yn y tannau, a llanwyd awyr y nos â nodau persain yn codi at frig y goeden. Yn araf, araf, er syndod mawr i Iason, caeodd llygaid y ddraig ac ymhen dim roedd hi'n cysgu'n drwm.

'Dos rŵan,' meddai Medeia ac aeth Iason yn nes, ond ni symudodd y ddraig. Camodd yn ofalus drosti ac yna dringodd yn ddeheuig o gangen i gangen, nes cyrraedd y cnu disglair. Cydiodd ynddo, ei ddodi o dan ei gesail ac i lawr ag ef. Yn fuan iawn, roedd y tri ar gefn eu ceffylau eto ac yn carlamu ymaith. Ni chynhyrfodd y ddraig o gwbl o'i thrwmgwsg.

Rai oriau cyn toriad gwawr, fe gyraeddasant Colchis, ond gwyddent nad oedd fiw gwastraffu amser. Byddai Aietes yn fwy dig fyth pan ddeallai fod y cnu wedi mynd. Felly, aethant ar eu hunion i'r llong. Yno, fe ymunodd hanner-brawd Medeia â'r criw am ei bod hi ei hun wedi penderfynu hwylio efo Iason a'r Argoforwyr. Symudodd y llong yn dawel trwy'r dyfroedd tywyll ac ni fuont fawr o dro cyn cyrraedd y môr agored.

Y diwrnod cyntaf, aeth popeth yn hwylus iddynt, ond yn gynnar bore drannoeth, fe welodd y gwyliwr ar frig yr hwyl fod yna long arall ar y gorwel y tu ôl iddynt. Wrth i'r llong ddieithr agosáu atynt, fe adnabu Medeia faner ei thad, Aietes. Fe ddôi'n nes ac yn nes bob munud gan wibio dros y tonnau yn gynt nag unrhyw long gyffredin. Roedd hi'n amlwg fod rhyw ddewiniaeth ar waith gan Aietes.

Ond nid oedd Medeia wedi bod yn segur. Petai'r Argoforwyr wedi gweld yr hyn a wnâi hi, fe fyddent yn sicr o fod wedi'i rhwystro. Yn wir ferch i'w thad creulon, roedd hi wedi denu ei hanner-brawd â rhyw esgus i fynd ati hi i ben ôl y llong. Fe'i lladdodd ef yno â dagr. Yna, torrodd ei

gorff yn ddarnau mân a'u gollwng fesul un i'r môr. Erbyn hyn, roedd Aietes yn ddigon agos i weld beth oedd yn digwydd. Rhoddodd orchymyn i'w griw, ac fe arafodd ei long ef er mwyn iddo allu codi'r darnau o gorff ei fab wrth i'r tonnau eu cario ato. Yn raddol, roedd yr ail long yn colli'r ôl a llwyddodd Yr Argo i gadw ymhell ar y blaen wedyn, ond bu'r aberth yn un go ddrud.

Cyn cyrraedd Groeg, roedd rhaid i'r Argoforwyr fynd heibio i'r ynysoedd lle y byddai'r Sireniaid yn denu morwyr atynt â'u canu hudolus. Ond roedd alawon Orphews yn fwy swynol fyth ac fe hwyliodd Yr Argo heibio'n ddiogel. Dim ond Bwtes, yr ieuengaf o'r criw, a fethodd â gwrthsefyll y demtasiwn ac fe blymiodd i'r dŵr a nofio at y Sireniaid.

O'r diwedd, heb ragor o anturiaethau, cyrhaeddodd Yr Argo yn ôl i Iolchos. Cyflwynwyd y cnu aur i Zews a'i hongian yn ei deml. Fel y dyfalai Iason yn awr, Zews a Hera a drefnodd yr ymchwil o'r cychwyn cyntaf, er mwyn cael y cnu yn ôl yng Ngroeg. Cofiodd y geiriau rhyfedd hynny a lefarodd gynt pan awgrymodd y siwrnai wrth y Brenin Pelias, a sylweddolodd mai Zews a fu'n llefaru drwyddo ef.

Cadwodd Pelias at ei air ac fe ddaeth Iason yn frenin yn ei le. Ond ni ddaeth Medeia yn frenhines fel yr oedd hi wedi gobeithio. Er ei bod hi wedi'i gynorthwyo, fe deimlodd Iason y fath arswyd wrth weld sut y bu iddi drin ei hanner-brawd druan nes iddo gefnu arni. Yna, ffodd hi i Athen, ac ymhen tipyn fe briododd Iason dywysoges o Corinth.

Roedd anturiaethau Iason drosodd ers blynyddoedd, ond ni chafodd fwynhau hamdden yn ei henaint. Âi i lawr at lan y môr yn aml i weld Yr Argo yn graddol bydru ar y traeth. Un diwrnod, tra oedd yn sefyll yno ar ei ben ei hun, yn hiraethu am y dyddiau gynt, fe syrthiodd addurn pen blaen y llong, sef y rhodd gan Athena, ar ei ben. Yno, wrth ymyl y llong a'i gwnaeth ef yn enwog a hefyd yn frenin, y bu Iason farw heb neb ar ei gyfyl.

Tylwyth Thebai

Thebai oedd prifddinas Boiotia, talaith i'r gogledd o Athen. Fe sefydlwyd Thebai yn amser Cadmos, mab Agenor, brenin Tyrus.

Roedd gan Agenor ferch brydferth o'r enw Ewropa. Un diwrnod, pan oedd hi'n chwarae ar lan y môr, fe ddaeth tarw mawr, gwyn tuag ati. Rhedeg am ei bywyd a wnaeth hi i ddechrau am ei bod yn disgwyl iddo ruthro arni a'i chornio, ond roedd y tarw mor addfwyn ac yn edrych arni â llygaid mawr, tawel nes i'w hofn gilio ac iddi dynnu'i llaw dros ei wddf claerwyn. Buan y magodd hi ddigon o hyfdra i wneud cadwyni o flodau a'u troelli am ei gyrn. Y diwedd fu iddi gael cymaint o ffydd ynddo nes dringo ar ei gefn llydan.

Ar hynny, dyna'r tarw'n newid gan ddechrau chwyrnu a charlamodd ar ei union at y môr ac i ganol y tonnau. Daliai Ewropa ei gafael yn dynn yn ei wddf tra nofiai'r tarw tuag Ynys Creta. Wedi dod i dir yn ddiogel yno, fe ddiflannodd y tarw gwyn, ac yn ei le safai Zews ei hun, ac eglurodd wrthi mai cariad a barodd iddo ymddwyn yn y fath fodd. Cafodd Ewropa gysur o wybod hynny a chyn bo hir, fe anghofiodd hi bopeth am ei chartref a'i theulu.

Ni allai Agenor, fodd bynnag, anghofio'i ferch ac anfonodd ei fab, Cadmos, i chwilio amdani. Methodd yntau â dod o hyd iddi ac felly teithiodd i Delphi i ymofyn cyngor gan oracl Apolo. Fe dderbyniodd gyngor, ond nid yr hyn a ddisgwyliai. Dywedwyd wrtho am roi'r gorau i chwilio am ei chwaer ac, yn lle hynny, i ddilyn buwch neilltuol a welai mewn gyr o wartheg gerllaw. Yn y fan lle y gorweddai'r fuwch am y tro cyntaf ar y siwrnai, yr oedd ef i sefydlu dinas.

Digwyddodd popeth yn ôl darogan yr oracl ac fe ddilynodd Cadmos a'i ddynion y fuwch am ddyddiau lawer nes cyrraedd gwlad o'r enw Boiotia. Yno, o'r diwedd, y gorweddodd y fuwch. Yn y cyfamser, roedd cyfeillion Cadmos wedi mynd i godi dŵr o ffynnon yn ymyl ac wedi gweld fod yno sarff fileinig, â fflamau'n dod o'i ffroenau, yn gwarchod y lle. Lladdodd y sarff bob un ohonynt ag un anadliad tanllyd, ond fe arbedwyd Cadmos ei hun gan ei fod wedi aros ar ôl i ddiolch i'r duwiau. Ymhen tipyn, aeth i chwilio am ei gyfeillion.

Wedi ymladdfa ffyrnig, lladdodd Cadmos y sarff ac ar orchymyn y dduwies Athena, a ymddangosodd wrth ei ymyl, fe heuodd ddannedd y sarff yn y tir. Gyda hynny, fe gododd byddin o filwyr o'r pridd lle'r heuwyd yr had rhyfedd. Paratôdd Cadmos i'w amddiffyn ei hun, ond dywedodd Athena wrtho am luchio carreg i'w mysg er mwyn iddynt ymladd yn erbyn ei gilydd. Bu'n frwydr mor waedlyd fel mai pump yn unig o'r milwyr hynny a ddaeth drwyddi'n fyw. Bu'r pump wedyn yn cynorthwyo Cadmos i adeiladu'r Cadmeia, sef y gaer amddiffynnol y tyfodd dinas Thebai o'i chwmpas. Ychydig wedyn, fe briododd y dynion hyn a bu eu teuluoedd â rhan bwysig yn hanes y ddinas. Priododd Cadmos un o ferched Ares, Harmonia, ac fe ddaeth ef â threfn a gwareiddiad i'r wlad a fuasai gynt mor wyllt.

Ni fu bywyd Cadmos yn un hawdd iawn. Roedd y sarff a laddodd, er mwyn sefydlu'r ddinas, yn anifail cysegredig yng ngolwg Ares, ac ni faddeuodd ef byth i Cadmos am ei difa. Pan oedd yn hen ŵr fe'i diorseddwyd gan ei ŵyr ifanc ac fe'i gyrrwyd ef a'i wraig, Harmonia, yn alltudion o Thebai i fyw orau y gallent yn y coed a'r caeau. Un noson, wedi blino'n lân ar ôl crwydro ers dyddiau heb gael dim i'w fwyta heblaw aeron a gwreiddiau, fe dorrodd Cadmos ei galon.

'Gan fod seirff mor werthfawr yng ngolwg y duwiau,' meddai, 'hen dro na fuaswn innau wedi fy ngeni'n sarff.'

Ar y gair, gwelodd Harmonia gorff ei gŵr yn crebachu ac yn crino o flaen ei llygaid a chen yn tyfu ar hyd ei freichiau a'i goesau. Gwyliodd mewn syndod a braw wrth iddo syrthio ar lawr a'i gorff hir, cennog yn gorwedd yn dorchau o gylch ei thraed hi.

'Os gwyddoch chi beth ydi tosturi, dduwiau Olympos, gadewch i mi ymuno â'r gŵr a gerais am gyhyd o amser,' meddai mewn gweddi. Yr eiliad wedyn, teimlai ei breichiau'n mynd yn un a'i chorff ac fe syrthiodd hithau i'r llawr wrth ei ochr ef. Wedi codi eu pennau bychain, llyfn i syllu ar y byd o'u cwmpas, fe lithrodd y ddwy neidr o'r golwg yn dawel o dan garreg. Dywedir bod pob plentyn yn llinach Cadmos o hynny allan yn dwyn nod sarff ar ei gorff.

Y teulu pwysicaf yn Thebai wedi cyfnod Cadmos oedd y Labdacidiaid, disgynyddion merch un o'r milwyr a gododd o'r pridd pan heuwyd dannedd y sarff. Fodd bynnag, fe geid o dro i dro rywun o'r tu allan yn llywodraethu'r ddinas ar ôl ei goresgyn. Un felly oedd y Brenin Laios, a gafodd ei rybuddio gan oracl y byddai ei fab ef ei hun yn ei ladd. Pan anwyd mab i'w wraig, fe ddyrnwyd hoelen drwy ei ddau droed a'u clymu ynghyd â chortyn. Yna aed â'r bychan i Fynydd Cithairon a'i adael yno i farw.

Mae Mynydd Cithairon yn y rhan o Boiotia sydd agosaf at Corinth. Daeth rhai o fugeiliaid y Brenin Polybos o'r ddinas honno o hyd i'r baban. Gwyddent fod y brenin yn dyheu am gael mab ac aethant ag ef i'r llys ac adrodd y stori wrth Polybos. Cafodd y bachgen ei fagu'n ofalus fel petai'n blentyn i Polybos a'i wraig. Galwyd ef yn Oidipws, sy'n golygu 'troed chwyddedig,' am fod yr hoelen a'r cortyn wedi gadael eu hôl arno.

Er bod Oidipws wedi'i fagu fel mab y brenin, fe gâi ei herian yn greulon gan ei gyfoedion am na wyddai pwy oedd ei dad iawn. Ar y dechrau, ni faliai am hynny'n ormodol, ond erbyn iddo dyfu'n ddyn, roedd yn ysu am gael gwybod y gwir. Y diwedd fu iddo fynd i Delphi i ymgynghori â'r oracl. Cafodd ddigon o achos difaru'n chwerw iddo erioed fynd ar gyfyl y lle. Deallodd mai ei dynged ef fyddai lladd ei dad a phriodi ei fam ei hun. Nid oedd yr oracl yn fodlon dweud wrtho pwy oeddent nac ymhle y byddent yn debygol o fod.

Teimlodd Oidipws y fath arswyd a ffieidd-dra o glywed geiriau'r oracl nes addunedu na ddychwelai byth i Corinth. Roedd arno gymaint o ofn peri niwed i'r unig rieni a adwaenai ac a garai, sef y Brenin Polybos a'i wraig Periboia, fel y penderfynodd mai gwell fyddai iddo adael cartref a mentro'i siawns tua Thebai.

Roedd wedi teithio cryn belleter, ac oddeutu taith diwrnod oedd ganddo ar ôl, pan gerddai ar hyd dyffryn cul tuag at groesffordd. Sylwodd ar gerbyd yn agosáu ac fel y dôi'n nes, gwelai oddi wrth ddillad drudfawr y cerbydwr a holl gêr ei geffylau ei fod yn ŵr o dras uchel. Gydag ef yn y cerbyd, roedd dau ddyn arfog.

Daethant bron gyferbyn ag Oidipws, ond ni chamodd ef o'r neilltu i wneud lle i'r cerbyd fynd heibio. Cododd y cerbydwr ei chwip a gweiddi arno i symud.

'Fydda' i byth yn symud o'r neilltu i neb mor anghwrtais,' meddai Oidipws wrtho.

'Y cnaf digywilydd!' gwaeddodd y dieithryn â'i wyneb yn gwrido gan gynddaredd ac amneidiodd ar y ddau filwr. 'Rhowch y gwalch yma yn ei le!' gorchmynnodd yn gas.

Llamodd y ddau ddyn ymlaen at Oidipws â'u cleddyfau yn barod i'w daro, ond roedd ef wedi dysgu sut i drin cleddyf yn ysgol frenhinol Corinth, ac nid oedd ganddynt obaith yn ei erbyn ef. Ymhen ychydig o funudau, gorweddai'r ddau yn gelain ar lawr.

'Rŵan, syr,' meddai Oidipws gan droi at y gŵr dieithr a oedd wedi bod yn gwylio'r ymladd o'i gerbyd, 'nid oedd dau yn erbyn un yn deg iawn. Mi fyddai un yn erbyn un yn decach. Gadewch i mi weld a ydi'ch cleddyf mor finiog â'ch tafod.' Bwriodd ymlaen â'i gleddyf ei hun wrth siarad.

Fe lwyddodd y cerbydwr i'w amddiffyn ei hun â'i gleddyf, ond bu twrw'r croesi cleddyfau yn

ddigon i ddychryn y ceffylau. Cododd y ddau geffyl ar eu traed ôl gan daflu'r gŵr dieithr wysg ei ochr yn union ar flaen cleddyf Oidipws, ac â gwaedd, fe gwympodd y gŵr yn farw i'r llawr.

Gorffwysodd Oidipws am ychydig cyn mynd yn ei flaen, gan deimlo'n falch ei fod wedi'i hyfforddi mor drylwyr i drin cleddyf. Ond roedd yna un ffaith na wyddai ddim amdani. Y cerbydwr oedd neb llai na'i dad ef ei hun, y Brenin Laios o Thebai. Gwireddwyd rhan gyntaf darogan yr oracl yn Delphi.

Heb fod ymhell o Thebai, roedd Mynydd Phicion ac ar ei lethrau yr oedd y Sphinx yn byw. Roedd ganddi gorff llew ac adenydd eryr, ond pen dynes. Fe'i hanfonwyd hi yno i aflonyddu ar bwy bynnag a deithiai i'r ddinas ac allan ohoni, a hyn er mwyn cosbi'r Brenin Laios am ryw gamwedd. Rhoddai'r Sphinx bos i'r sawl a âi heibio ac nid oedd neb, hyd hynny, wedi cael yr ateb cywir. Ar

ôl iddynt fethu ag ateb yn iawn, fe ymosodai hi arnynt dan chwerthin yn gras a'u tagu â'i chrafangau.

Ni fentrai neb bron ar hyd y ffordd honno bellach am na ddôi neb byth yn ôl. Trwy ddilyn llwybr nad oedd mor amlwg ac yn osgoi Mynydd Phicion, y llwyddodd y Brenin Laios a'r ddau filwr i beidio â mynd heibio i'r Sphinx.

Wrth i Oidipws yn awr gerdded yn ei flaen, gwelai'r greadures erchyll yn llercian ar fin y ffordd. Roedd y Sphinx wedi'i lygadu yntau a brasgamodd ar draws ei lwybr gan ledu'i hadenydd i'w atal ef rhag mynd yn ei flaen. Disgleiriai ei llygaid yn awchus.

'Aros!' gwaeddodd. 'Rhaid i ti ateb y pos cyn mynd ymlaen i'r ddinas. Os methi di, marw fydd dy hanes di!'

'Mi rof gynnig arno,' meddai Oidipws.

'Pa greadur sydd ar un adeg yn ei fywyd ar

bedair coes, ar adeg arall ar ddwy ac yna ar dair?'

Ni phetrusodd Oidipws am eiliad. 'Dyn, wrth gwrs,' atebodd. 'Yn faban, mae o'n cropian ar bedair coes, wedi tyfu, yn cerdded ar ddwy goes, ac yn ei henaint, mae ffon yn drydedd goes iddo.'

Fflachiodd llygaid y Sphinx gan ddicter. Dechreuodd ddawnsio a sgrechian yn lloerig. Am fod hwn wedi llwyddo, fe fyddai pawb bellach yn gwybod yr ateb a hynny'n difetha'r hwyl i gyd iddi hi. Yna, trodd a dan guro'i hadenydd, i ffwrdd â hi gan ryw hanner-rhedeg a hanner-hedfan i fyny i'r mynydd. Yno, fe'i taflodd ei hun oddi ar glogwyn uchel. Aeth Oidipws yn ei flaen i Thebai, lle y cafodd groeso eithriadol o gynnes am iddo gael gwared o'r Sphinx.

Cyn bo hir, daeth y newydd fod corff y Brenin Laios wedi'i ddarganfod. Credid ei fod wedi'i ladd gan ladron a dechreuwyd chwilio amdanynt. Ni chysylltodd Oidipws farwolaeth y brenin â'i gyfarfyddiad ef ei hun â'r cerbydwr, a phan gynigiodd dinasyddion Thebai yr orsedd iddo ef fel arwydd o'u diolchgarwch, fe dderbyniodd yr anrhydedd. Yn fuan wedyn, priodwyd Oidipws a Iocasta, gweddw'r Brenin Laios. Heb yn wybod, roedd Oidipws wedi priodi ei fam ef ei hun, ac felly y gwireddwyd yr ail ran o ddarogan yr oracl.

Lledodd rhyw haint dychrynllyd drwy'r wlad. Roedd pobl yn marw wrth eu miloedd o dwymyn ryfedd a bu galaru dwys yn y ddinas a'r cyffiniau. Unwaith eto, fe aed at yr oracl yn Delphi am gyngor, a'r tro hwn meddai:

'Ni fydd yr haint yn cilio o'r tir hyd nes alltudio llofrudd y Brenin Laios o'ch plith.'

Wedi synnu'n arw fod rhywun o Thebai ei hun wedi llofruddio'r brenin, penderfynodd Oidipws ddwysáu'r chwilio am y lladron a ymosododd ar Laios a'i ladd. Ond ofer fu'r chwilio. Yna, un diwrnod, fe ddaeth hen ŵr dall a oedd yn broffwyd adnabyddus, Teiresias, i'r llys a gofyn am gael siarad â'r brenin newydd. O barch at ŵr mor ddoeth, fe ganiatawyd iddo fynd at Oidipws ar unwaith. Dywedodd mai ef yn unig a feddai'r ateb i broblemau'r ddinas a chael gwared o'r haint.

'Os gelli di achub Thebai, dywed wrtha' i sut y mae gwneud hynny.'

Tybiai Oidipws ar y cychwyn mai malu awyr yr oedd Teiresias, ond yn raddol fe ddôi'r stori yn debycach i hanes ei fywyd ef ei hun. Digalonnai fwyfwy bob munud wrth wrando, ond fe ddôi popeth a fu'n ddirgelwch iddo ynghylch ei eni a'i helyntion diweddarach yn eglur iddo. Os oedd geiriau'r hen broffwyd dall yn wir, Oidipws ei hun oedd wedi llofruddio Laios, ei dad, ac wedi priodi ei fam ei hun, Iocasta.

Cafwyd cadarnhad i stori Teiresias, o Corinth a chan Iocasta. Roedd ganddi hi gymaint o gywilydd oherwydd y llosgach, fel y cyflawnodd hunanladdiad. Sylweddolodd Oidipws, hyd yn oed ar ôl i'r haint gilio, na allai ef bellach barhau yn frenin ar Thebai. Trodd yn alltud o'i wirfodd. Yn unig, heb gyfaill yn y byd, fe dynnodd ei lygaid ei hun o'i ben, fel penyd am y dioddef a achosodd i eraill heb yn wybod iddo'i hun.

Ar ôl i Oidipws fynd oddi yno, penodwyd dau efaill, meibion Oidipws a Iocasta, i reoli Thebai bob yn ail: Polyneices am flwyddyn ac Eteocles am y flwyddyn ganlynol. Go brin ei fod yn drefniant y gellid disgwyl iddo weithio'n foddhaol. Nid oedd natur cymeriad un efaill, Eteocles, yn gydnaws â hyn ychwaith. Ar derfyn blwyddyn gyntaf ei deyrnasiad ef, fe wrthododd ildio'r goron ac fe yrrodd ei frawd o'r ddinas.

Ffodd Polyneices i lys Adrastos, brenin Argos, am fod hynny wedi'i wylltio'n arw. Yno, fe gynullodd chwech o ryfelwyr profiadol a'u byddinoedd i'w gynorthwyo. Yn gyntaf, roedd Adrastos ei hun a'i fab yng-nghyfraith, Tydews o Calydon, a oedd yn dal dig yn erbyn Eteocles ar ôl ryw ffrae. Daeth brawd-yng-nghyfraith Adrastos hefyd, Amphiaraos, a oedd yn anfodlon ymuno â'r lleill am ei fod yn credu mai methu a wnaent. Gallai ef ragfynegi'r dyfodol, ac fe ymrithiodd darlun yn ei feddwl o'r saith ohonynt yn gorwedd yn farw yn y llwch ger pyrth dinas Thebai. Sut bynnag, fe gynigiwyd cadwyn aur yn rhodd i'w wraig, ac fe ddarbwyllodd hi ef i newid ei feddwl.

Roedd Parthenopaios, mab yr helwraig Atalanta, yn hen gyfaill i Adrastos ac ef, ynghyd â Capanews a Hippomedon, oedd gweddill y saith. Wedi i bawb ymgynnull, fe eglurwyd natur yr ymgyrch.

'Diolch i chi am ddod i'm cefnogi i,' meddai Polyneices. 'Mae'n achos teilwng. Fe ddangosodd fy mrawd na ellir ymddiried ynddo i fod yn rheolwr cyfiawn nac yn frenin a haedda barch ei bobl.' Roedd y lleill yn barod iawn i'w borthi, ac aeth yntau ymlaen. 'Nid ar hap a damwain y dewisais i chwech ohonoch chi i ymuno â mi. Mae gan ddinas Thebai saith o byrth, ac mae gennym saith arweinydd. Mae Adrastos wedi rhannu ei fyddin yn ddwy er mwyn i mi gael un hanner ac yntau'r llall, ac felly, mae gennym saith byddin, un ar gyfer pob porth.'

Gorymdeithiodd y saith byddin fel un tua Thebai gyda Polyneices ac Adrastos ar y blaen. Ar y ffordd, fe arhoswyd am ysbaid yn Nemea am

iddynt glywed fod ffynnon o ddŵr glân yno. Cynigiodd geneth o forwyn fynd i ddangos y ffynnon iddynt, gan adael bachgen bach, a oedd dan ei gofal, ar ei ben ei hun. Fe fu hi'n ymdroi am ychydig tra bu'r dynion yn yfed ac yn llenwi eu piseri. Wedi dychwelyd i'r ffordd, cawsant fraw ac arswyd o weld y bachgen yn gorwedd yn farw â sarff yn dorchau am ei goesau. Lladdodd y dynion y sarff ac roeddent ar gychwyn eto pan gododd Amphiaraos ei law a siarad.

'Dyma argoel ddrwg i fenter na fu ffawd o'i thu o gwbl,' meddai. 'Rhaid i ni ddangos parch i'r bachgen neu mi gollwn bob gobaith am fuddugoliaeth.'

Ni ellid anwybyddu ei eiriau, ac felly, fe wersyllodd y fyddin yno am rai dyddiau. Buont yn cynnal seremonïau er parch i'r bachgen ac yn dathlu'r holl ddefodau i sicrhau bod ei enaid yn cyrraedd y Byd Tanddaearol. Yna, wedi dadflino, ymlaen â'r milwyr tua Thebai.

Ar y gwastadeddau dan gysgod Mynydd Phicion, lle y bu Oidipws yn rhy gyfrwys i'r Sphinx, fe safodd y fyddin. Anfonwyd Tydews i mewn i'r ddinas i ofyn iddynt ildio. Gwrthododd Eteocles y syniad heb ei ystyried, hyd yn oed. Felly, fe heriodd Tydews rai o ryfelwyr gorau Thebai i ymladd yn ei erbyn fesul un. Fe orchfygodd gynifer ohonynt fel na feiddiai neb arall fentro yn ei erbyn. Yna, dychwelodd at Polyneices gydag ateb Eteocles. Trefnwyd y saith byddin o flaen y saith porth.

Yn y cyfamser, gofynnodd proffwyd dall Thebai, Teiresias, am gael siarad ag Eteocles.

'Mae'n argyfwng arnom ni,' meddai, 'a'r unig obaith sydd gennym am fuddugoliaeth yw i fab un o'n teuluoedd pendefigaidd ei aberthu ei hun i Ares, y duw rhyfel.' Daeth llawer o wirfoddolwyr ymlaen i'w cynnig ei hunain. Gŵr ifanc, o'r enw Menoicews, a'i taflodd ei hun i'w dranc oddi ar furiau uchaf y gaer. Cafodd gwŷr Thebai ryw adnewyddiad nerth a chalondid o'r weithred. Llwyddasant i wrthsefyll yr ymosodiad cyntaf a lladdwyd Capanews: a dyna'r cyntaf o'r saith wedi mynd. Mewn gwrth-ymosodiad, fe syrthiodd Hippomedon a Parthenopaios hefyd, ac fe anafwyd Tydews mor ddifrifol fel na allai ymladd mwyach.

O'r saith pennaeth, dim ond Polyneices, Adrastos ac Amphiaraos a oedd ar ôl. Wedi'r ysgarmes olaf, fe ymneilltuodd Eteocles a'i filwyr i'r ddinas, ond ar faes y gad roedd cannoedd lawer o ddynion o'r ddwy ochr yn gorwedd yn gelain. Wrth edrych ar yr olygfa, fe dorrodd Polyneices ei galon a phenderfynodd mai ef yn unig a allai arbed rhagor o golli gwaed. Cerddodd oddi wrth ei filwyr a sefyll ar ei ben ei hun o flaen muriau'r ddinas.

'Eteocles, fy mrawd!' gwaeddodd yn uchel. 'Mae gormod o ddynion wedi marw oherwydd y ffrae rhyngom ni'n dau. Ddoi di allan yma heb dy filwyr i ymladd yn f'erbyn i? Mi allem ni wedyn dorri'r ddadl unwaith ac am byth.'

Nid llwfrgi mo Eteocles ac atebodd o ben uchaf y gaer, lle y bu'n gwrando ar ei efaill islaw.

'Gwnaf! Mi ddof allan!' A chododd bonllef o rengoedd y ddwy ochr. Yna, tawelodd y sŵn a gwyliodd y milwyr mewn distawrwydd llethol byrth Thebai yn agor ac Eteocles, â'i helmed yn sgleinio yn yr haul a'i gleddyf yn barod yn ei law, yn cerdded yn dalog allan o'r ddinas.

Safodd y ddau efaill wyneb yn wyneb am ennyd. Ni siaradodd yr un o'r ddau. Polyneices a symudodd gyntaf gan ruthro ymlaen, ond roedd tarian Eteocles yn barod amdano. Felly y bu hi am dipyn—y naill yn ddigon medrus i wrthsefyll y llall. Daliai'r milwyr i'w gwylio'n dawel gan ganolbwyntio ar yr olygfa o'u blaenau ac yn barod i gymeradwyo'r buddugol, os eu pennaeth nhw fyddai hwnnw.

Yna'n annisgwyl hollol, fe ddaeth y diwedd. Bwriodd y ddau ymlaen yr un pryd, bob un â'i gleddyf yn ei law, gan ddibynnu ar symud sydyn yn hytrach nag amddiffyn. Cawsai'r ddau yr un syniad, a'r canlyniad fu iddynt glwyfo'i gilydd mor enbyd nes marw'r un pryd.

Am ychydig, safodd y milwyr yn eu hunfan, yn rhy syfrdan i symud cam. Yna, atseiniodd gwaedd o'r porth agored. Roedd Creon, un o wŷr blaenllaw'r ddinas, wedi gweld ei arweinydd yn marw ac wedi cymryd yr awenau i'w ddwylo ei hun. Llifodd gwŷr Thebai yn dyrfaoedd swnllyd allan o'r saith porth, a bron yn ddi-oed fe ffodd byddin Polyneices ar chwâl o'u blaenau. O'r saith pennaeth, Adrastos, brenin Argos, yn unig a lwyddodd i ddianc.

Dyn didrugaredd oedd Creon, arweinydd newydd Thebai, ac ni chaniatâi i neb gladdu cyrff y rhai a orchfygwyd.

'Gadewch nhw i bydru lle bynnag y maen nhw a boed i'r adar ysglyfaethus fwyta'u cnawd nhw!' meddai'n ddirmygus. 'Pam y dylem ni ddangos unrhyw barch atyn nhw trwy eu claddu nhw?'

Ond roedd Antigone, chwaer Polyneices ac Eteocles, yn benderfynol na fyddai corff Polyneices, beth bynnag, yn cael ei adael yn yr haul. Galwodd ati y gweision hynny y gallai ymddiried ynddynt, y rhai a fu'n ffyddlon i'r teulu cyn alltudiaeth Polyneices. Gwyddai y byddent yn deyrngar i'w goffadwriaeth ac aeth â nhw i'r gwastadeddau tu allan i furiau'r ddinas liw nos i ddwyn y corff oddi yno. Wedi agor bedd yng ngolau ffaglau ar lethrau isaf Mynydd Phicion, fe ostyngwyd corff Polyneices i mewn iddo.

Yn gynnar drannoeth edrychodd Creon o'r gaer a gweld fod y corff wedi mynd. Anfonodd ddynion i chwilio amdano a daethant ar draws Antigone yn sefyll ar ei phen ei hun wrth y bedd. Hiraethai am yr adeg pan chwaraeai hi, ei chwaer a'i brodyr, yn blant ar y mynydd hwnnw.

Pan glywodd Creon am yr hyn a wnaethai Antigone, gorchmynnodd ei fab, Haimon, i fynd â thwr o filwyr a'i chau hi'n fyw mewn ogof yn y graig. Buan y dysgai hi wedyn fod rhaid ufuddhau i orchymyn y brenin, ac fe fyddai hi'n rhybudd i eraill, rhag i'r rheini gael y syniad o gladdu eu perthnasau yn ddirgel. Cymerodd Haimon arno gytuno â dymuniad ei dad, ond roedd Antigone ac yntau wedi'u dyweddïo. Yn ôl un chwedl, yn lle mynd â hi i'r ogof, fe aeth â hi ymaith ar gefn ei geffyl i le diogel a phriodi yno. Yn ôl traddodiad arall, fe gyflawnodd Antigone hunanladdiad ac fe wnaeth ei chariad, Haimon, yr un fath ar ôl darganfod ei chorff hi.

Yn y cyfamser, roedd Adrastos wedi dychwelyd i Argos, a chlywodd y newydd ynghylch rheol greulon Creon. Yr adeg honno, gweithred farbaraidd oedd peidio â chladdu corff gelyn a fu'n ymladd yn ddewr mewn brwydr cyn cael ei drechu. Ond nid oedd byddin Adrastos yn ddigon nerthol i ymladd mor fuan eto. Felly, fe gychwynnodd tuag Athen, lle y câi gydymdeimlad, gan fod Athen a Thebai yn hen elynion.

Roedd Thesews, brenin Athen, yn fwy na pharod i achub y cyfle i'w fyddinoedd ymosod ar ei gymydog atgas. Ni chawsant fawr o drafferth cyn goresgyn dinas Thebai. Carcharwyd Creon, ond gorfodwyd ef, i ddechrau, i wylio coelcerth angladdol enfawr ar wastadedd Thebai, pryd y llosgwyd gweddillion milwyr byddinoedd Polyneices. Cynhaliwyd y sermonïau a'r defodau angenrheidiol i sicrhau bod eneidiau'r meirw yn cael bywyd dedwydd yn y Byd Tanddaearol.

Thesews, brenin Athen

Ganwyd Thesews, un o arwyr mwyaf Groeg, yn Troizen, dinas ar wastadedd ger y môr. Ei fam oedd Aithra, merch i frenin Troizen, a'i dad oedd Aigaios, brenin y ddinas-wladwriaeth fawr, Athen.

Ychydig cyn geni Thesews, fe adawodd Aigaios ddinas Troizen a'i wraig ifanc, a dychwelyd ar ei ben ei hun i Athen. Golygai hynny fod ar daith am lawer o wythnosau ac nid oedd sicrwydd pa bryd y dôi yn ei ôl. Cyn ymadael, aeth â'i wraig a chwech o ddynion cryfion y tu allan i byrth y ddinas i fan arbennig lle y safai maen mawr ar ganol y tir gwastad, ger coedwig fechan o binwydd.

'Mab fydd ein cyntaf-anedig ni a'i enw fydd Thesews,' meddai Aigaios wrthynt. 'Wedi tyfu'n ddyn, fe gaiff deithio i'm gweld i ac mi adawaf yma ryw arwydd. Bydd rhaid iddo ddod â hwnnw efo fo er mwyn i mi allu ei adnabod o.' Tynnodd ei sandalau oddi am ei draed a gosododd ei gleddyf wrth eu hymyl ar lawr.

'Mi rof y rhain o dan y maen mawr yma,' meddai. 'Pan fydd Thesews wedi tyfu'n ddyn fe fydd o mor gryf â llew ac yn medru symud y maen o'r neilltu. Mi fyddaf yn disgwyl iddo wisgo'r sandalau hyn a chario'r cleddyf hwn pan ddaw i Athen, ac wrth weld y rhain y byddaf i'n gwybod i sicrwydd mai fy mab i fydd o.'

Gosododd y chwe dyn cryf drawst pren o dan un ochr i'r maen, ac â'u holl nerth fe lwyddodd y chwech i godi'r maen ddigon i osod y sandalau a'r cleddyf oddi tano. Yna gostyngwyd y maen yn ôl i'w le eto. Cychwynnodd Aigaios ar ei daith, ac ar yr amser priodol, fe anwyd y mab.

Aeth blynyddoedd heibio a thyfodd Thesews yn ddyn ifanc golygus, cryf, yn athletwr medrus ac wedi'i hyfforddi'n drylwyr i drin cleddyf. Ni ddaethai Aigaios yn ôl o Athen, ac meddai Thesews wrth ei fam ryw ddiwrnod: 'Rhaid i mi fynd ar daith i weld fy nhad a hawlio fy lle cyfreithlon fel mab brenin Athen.'

Gofidiai Aithra o glywed hyn, ond fe wyddai yn ei chalon fod yn rhaid iddo fynd. Felly, aeth y fam â'i mab at y maen mawr y bu'n sôn amdano wrth y llanc lawer gwaith, ac fe wyddai yntau'n iawn beth ddylai ei wneud.

Plygodd Thesews wrth ochr y maen a'i freichiau a'i ysgwyddau cyhyrog yn barod am waith. Nid oedd arno angen na thrawst na throsol am ei fod mor hynod o gryf. Fe dreiglodd y maen o'r neilltu yn ddidrafferth. Wedi gweinio'r cleddyf a gwisgo'r sandalau, ffarweliodd Thesews â'i fam, ac ymaith ag ef i gyfeiriad y de gan anelu am y bryniau yn y pellter.

Dros y tir ac nid y môr y dewisodd Thesews deithio tuag Athen ac fe wyddai y byddai llu o beryglon ar y ffordd gan fod lladron ac angenfilod yn crwydro'r wlad. Ymladdodd ag amryw o'r rheini a'u gorchfygu, nes iddo ryw ddiwrnod gyrraedd dyffryn lle roedd y bobl yn byw mewn ofn parhaus, oherwydd rhyw gawr melltigedig o'r enw Sinis. Ni feiddiai'r bugeiliaid yn awr fynd â'u defaid a'u geifr i bori ar y bryniau lle y trigai Sinis mewn ogof. Nid oedd neb yn ddiogel rhagddo ac fe laddai bwy bynnag a ddaliai. Ei hoff ddull o wneud hynny fyddai plygu dwy goeden bîn ifanc i'r ddaear a chlymu'r sawl a ddaliywd ganddo yn sownd wrth frig y ddwy goeden. Yna, dan chwerthin yn uchel, fe ollyngai ei afael yn y coed ac fe fyddai'r truan yn cael ei rwygo'n ddarnau wrth i'r coed godi yn eu holau.

'Helpa ni,' erfyniai'r bobl ar Thesews. 'Mi glywsom ni dy fod ti'n ymladdwr eofn.' Felly, bu Thesews yn ymgodymu â'r cawr ac wedi iddo'i drechu, fe'i clymodd wrth y coed er mwyn i'w gorff yntau gael ei rwygo. Ymlaen â Thesews wedyn nes cyrraedd y fan lle roedd y ffordd o Megara i Athen yn dilyn yr arfordir. Ymhen tipyn, fe droellai'r ffordd tuag i fyny ar hyd wyneb clogwyn uchel, lle cul a pheryglus, â dibyn serth i lawr at y creigiau a'r môr islaw. Lle roedd y llwybr ar ei uchaf ac yntau'n clywed y gwynt yn chwibanu o'i gwmpas a'r gwylanod yn sgrechian uwch ei ben, fe gamodd rhyw ffigwr anferthol ei faint allan o hollt yn y graig a sefyll o'i flaen.

'Ymgryma o flaen Sciron!' gorchmynnodd y dyn, a'i lais yn atseinio fel taran yn y creigiau. 'Does neb yn cael mynd y ffordd yma heb i mi roi caniatâd iddo ar ôl iddo dalu i mi. Rhaid i bob teithiwr gydnabod mai fi ydi'r meistr. Os na fydd o'n penlinio i olchi fy nhraed i, fydd o ddim yn mynd yr un cam ymhellach.'

Safodd Thesews yn stond. 'Fydda' i byth yn cydnabod dim i neb os nad ydi o'n medru fy nghuro i mewn ymladdfa,' meddai'n dawel gan frysio ymlaen.

Camodd Sciron ar draws ei lwybr ac, ar hynny, fe dynnodd Thesews ei gleddyf o'r wain. Am rai eiliadau, bu'r ddau yn llygadu ei gilydd yn ochelgar ar y silff gul o graig. Nid oedd gan Sciron arfau o gwbl, ond roedd hi'n amlwg ei fod yn gryf eithriadol ac fe dyrrai uwchben Thesews.

Ceisiodd y llanc ei drywanu, ond camodd Sciron yn ddeheuig wysg ei ochr i osgoi'r cleddyf. Nesaodd Thesews ato, yn beryglus o agos at ymyl y clogwyn, ac fe sylwodd ar yr edrychiad cyfrwys yn llygaid Sciron. Go brin y byddai neb wedi rhag-

weld y symudiad nesaf.

Yn sydyn, disgynnodd Sciron ar wastad ei gefn ar lawr, ac wrth wneud hynny fe giciodd goesau Thesews yn ffyrnig, gan fwriadu ei simsanu a'i daflu dros y dibyn. Ond nid felly y bu hi. Llamodd Thesews i'r ochr, ymestyn ei fraich dde a chydio'n dynn yn ffêr Sciron. Tynnodd â'i holl egni nes troi corff y cawr drosodd a'i hyrddio'n bendramwnwgl dros ymyl y dibyn.

Wedi gorffwyso am dipyn, aeth Thesews yn ei flaen i'r pentref nesaf. Yno, roedd y bobl yn gorfoleddu ac yn dawnsio yn y strydoedd am iddynt glywed y waedd ofnadwy a ddaeth o enau Sciron wrth syrthio i'w dranc. Ers blynyddoedd lawer, roedd y cawr wedi bod yn gorfodi teithwyr i benlinio a golchi ei draed. Ac nid hynny'n unig. Tra oedd y teithiwr yn dal ar ei ben-gliniau, fe giciai Sciron ef dros ymyl y clogwyn. Nid oedd neb wedi mentro tramwyo'r ffordd honno ers tro byd.

Cyn i Thesews fynd fawr pellach, camodd Cercyon o Arcadia allan i'r ffordd yn union o'i flaen. Roedd hwn eto'n gawr o ddyn ac yn ymaflwr codwm penigamp. Arferai herio pwy bynnag a ddôi heibio i'w gartref i ymladd ag ef, ac roedd mor gryf nes medru gwasgu i farwolaeth y sawl a feiddiai ei wrthwynebu mewn unrhyw fodd. Tan hynny, roedd ei gryfder corfforol wedi bod yn ddigon iddo guro pawb, ond ni wyddai'n awr ei fod wyneb yn wyneb â dyn hyddysg a

phrofiadol wrth ymaflyd codwm. Thesews oedd y cyntaf i sylweddoli bod meddwl chwim ac ysgafnder troed yn drech na grym corfforol bob tro.

Derbyniodd Thesews yr her a threfnwyd gornest. Roedd Demeter, chwaer Zews, ymhlith y gwylwyr. Wedi i'r ddau ddyn fod yn gogr-droi o gwmpas ei gilydd am ysbaid, fe geisiodd y llabwst afrosgo, Cercyon, afael yn Thesews, ond roedd hwnnw'n rhy sionc iddo. Mewn syndod, trodd y cawr yn sydyn a'r un pryd teimlodd ei goesau'n cael eu dal gan rywbeth. Yr eiliad nesaf, â'i freichiau'n chwifio'n wyllt, fe'i codwyd ef i fyny ac yna taflodd Thesews ef i'r llawr â'r fath rym nes i'r cawr farw yn y fan a'r lle. Trechwyd cryfder gan fedr.

Roedd un frwydr arall i'w hymladd cyn dod i ben y daith, a honno yn erbyn Procrwstes, lleidr cyfeillgar ar yr wyneb a estynnai groeso i bererinion ar eu ffordd i addoli wrth allor Demeter yn Elewsis. Arferai Procrwstes groesawu'r pererinion blinedig i'w ogof a rhoi gwledd o fwyd a gwin iddynt, ac yna fe âi â nhw at wely a baratowyd ar eu cyfer. Yn ddiolchgar am y fath groeso, fe orweddent ar y gwely, a dyna pryd y newidiai Procrwstes yn llwyr. Os byddai'r teithiwr yn rhy dal i'r gwely, fe dorrai ei goesau i ffwrdd ag un trawiad cleddyf. Os byddai'n rhy fyr i'r gwely, fe orchmynnai Procrwstes i'w weision ymestyn y truan ar glwyd arteithio nes ei fod yn ffitio'r gwely yn union.

Roedd Procrwstes mewn hwyliau da ac yn groesawgar pan gyrhaeddodd Thesews yno, ond pan ddaeth hi'n bryd mynd i orffwyso, dyna'r lleidr yn estyn ei gleddyf am fod Thesews yn llawer rhy dal i'r gwely. Roedd y cawr yn araf a thrwsgl ei symudiadau ac fe gofiodd Thesews un neu ddau o bethau go fuddiol o'i gyfarfyddiad â Sciron. Ciciodd yn wyllt y llaw a ddaliai'r cleddyf. Sgrechiodd Procrwstes mewn poen a llamodd y cleddyf o'i law ar draws yr ogof tra oedd Thesews yn rhuthro arno fel teigr. Yna, llindagodd y cawr â'i ddwylo. Cafodd y lladron eraill a berthynai i fintai Procrwstes gymaint o fraw o weld y fath gryfder anhygoel, fel yr aethant i swatio'n ofnus yng nghysgod y creigiau a gadael llonydd i Thesews.

Erbyn hyn, roedd y llanc yn nesáu at Athen. Hyd yn oed yno, nid oedd ei helyntion drosodd. Roedd Medeia, ar ôl cael ei gwrthod gan Iason yn Corinth, wedi cael noddfa iddi'i hun a'i mab bychan, Medos, yn Athen. Am ei bod hi wedi cymryd yn ei phen mai Thesews a gâi'r sylw i gyd yn llys y brenin ac nid ei mab hi, fe drefnodd i fod y person cyntaf i'w gyfarfod. Aeth â Thesews i ystafell fechan ger cyntedd y palas cyn i neb arall ddeall ei fod wedi cyrraedd yno. Dywedodd wrth ei gweision am gynnig llymaid o win iddo. Heb yn wybod i neb, roedd hi wedi rhoi gwenwyn marwol yn y ddiod.

Pan oedd Thesews wedi gafael yn y cwpan gwin ac ar fin yfed ohono, clywodd sŵn traed y tu mewn i'r palas ac fe agorwyd led y pen y drysau mawr ym mhen draw'r ystafell. Yno, safai dyn urddasol yr olwg, Aigaios. Yr eiliad honno fe drawodd Medeia y cwpan o law Thesews am fod arni ofn cael ei dal. Ar y cip cyntaf, fe adnabu Aigaios y cleddyf a'r sandalau a adawsai o dan y maen mawr yn Troizen. Cofleidiodd y tad y mab a bu dathlu yn ninas Athen am rai dyddiau.

Eto i gyd, roedd Aigaios wedi gweld yr edrychiad cyfrwys yn llygaid Medeia ac wedi dyfalu'r hyn oedd yn ei meddwl o wybod am ei natur genfigennus hi. Gyrrwyd Medeia a'i mab o'r ddinas a'u gorfodi i ffoi'n ôl i deyrnas ei thad yn Colchis.

Yr un adeg ag y daeth Thesews i Athen, roedd cefnder iddo o'r enw Daidalos yn byw yno. Hela a rhyfela oedd diddordebau meibion tywysogion Athen fel arfer, ond nid hynny a roddai foddhad i Daidalos. Mewn celfyddyd a chrefft o bob math yr ymddiddorai ef ac roedd yn bencampwr ym myd cerflunio a phensaernïaeth. Fe gynlluniai adeiladau gwych a cherfio delwau cain, ond byddai hefyd yn dyfeisio llawer o'r offer angenrheidiol i lunio'r rheini. Yn wir, roedd yn ddyn dyfeisgar tu hwnt. Ef oedd y cyntaf i wneud hwylbrennau a hwyliau ar gyfer llongau, a oedd o'r blaen yn dibynnu'n llwyr ar rwyfau a nerth braich y rhwyfwyr.

Roedd gan Daidalos weithdai yn Athen lle y gweithiai prentisiaid dan ei gyfarwyddyd ef. Un ohonynt oedd ei nai, Talos, bachgen ifanc bron mor fedrus â'i ewythr. Nid oedd hynny wrth fodd Daidalos. Ar y dechrau roedd yn genfigennus wrtho ac yn tueddu i weld bai arno o hyd, yn lle rhoi cyngor ac anogaeth iddo. Pan lwyddodd Talos i ddyfeisio rhyw arfau arbennig i hwyluso'r gwaith, fe aeth cenfigen Daidalos yn drech nag ef ac fe ddigiodd yn arw. Yn ôl traddodiad, Talos a ddyfeisiodd y dröell gyntaf ar gyfer y crochenydd.

Yr adeg honno, roedd Talos a'i ewythr yn gweithio ar yr Acropolis y tu allan i'r ddinas ar fryn ac iddo ochrau serth. Nid oes sicrwydd beth yn union a ddigwyddodd, ond un min nos fe ddiflannodd Talos am byth. Gwyddai pawb fod Daidalos yn eiddigeddus o'i nai ac fe'i cyhuddwyd o wthio'r llanc dros ymyl y clogwyni.

'Fe gwympodd o, ond damwain oedd hi,' eglurodd Daidalos, 'ac wrth iddo syrthio, fe drugarhaodd y dduwies Athena wrtho a'i droi o'n betrisen. Yna fe hedfanodd draw i'r coed acw.' Enw arall ar Talos oedd Perdix, sydd yn golygu petrisen yn yr iaith Roeg.

Ni chanfuwyd corff Talos erioed ac fe allai hynny gadarnhau rhyw gymaint ar stori Daidalos, ond nid oedd pawb yn ei choelio hi. Cafodd wŷs i ymddangos gerbron Llys Areopagos, a arferai gyfarfod ar gopa bryn a wynebai'r Acropolis ar draws y dyffryn. Nid oedd Daidalos mor fedrus â'i dafod ag yr oedd â'i ddwylo. Methodd ag argyhoeddi'r llys ac alltudiwyd ef o Athen am byth.

Hwyliodd yn fuan wedyn gyda'i fab Icaros, gan anelu at ddinas Cnossos ar Ynys Creta. Yno fe'u croesawyd gan y Brenin Minos, oherwydd roedd sôn am ddoniau Daidalos fel crefftwr ac adeiladydd wedi cyrraedd ymhell tu hwnt i ffiniau tir mawr Groeg. Cyn bo hir, roedd yn berchen ar weithdai newydd ac yn cynllunio adeiladau mawreddog i frenin Creta.

Er mor wych yr adeiladau hynny, ei gampwaith ar yr ynys oedd Labrinth Cnossos, sef drysfa anferthol ei maint a muriau uchel iddi. Roedd ei chynllun mor gymhleth fel na allai neb ond Daidalos ei hun

ganfod y ffordd ar hyd y llwybrau dyrys. Lluniwyd y labrinth yn gartref i'r Minotawros. Mam hwnnw oedd Pasiphaë a'i dad yn darw gwyn. Creadur rhyfedd—hanner dyn a hanner tarw—oedd y Minotawros. Amgylchynid ef yng nghanol y labrinth gan wrychoedd drain a'i unig gynhaliaeth oedd cnawd dynol. Yn ôl y sôn, nid oedd gobaith i neb fyw ar ôl derbyn corniad gan un o'i gyrn miniog.

Bob blwyddyn fe aberthid iddo saith llanc a saith llances o'r dinasoedd a reolid gan frenin Creta, a hynny er mwyn diwallu ei chwant bwyd. Roedd Athen yn un o'r dinasoedd a orfodid i dalu'r dreth ddychrynllyd hon. Daeth yn bryd i hynny ddigwydd yn fuan wedi i Thesews gyrraedd y ddinas a llys ei dad. Cynigiodd yntau fod yn un o'r saith llanc. Roedd yn barod i aberthu ei fywyd petai raid, ond nid heb ymdrech deg.

Ar y llong, a gludai'r trueiniaid i Ynys Creta ar gyfer yr aberthu, fe godid hwyliau duon bob amser, yn arwydd o alar. A duon hefyd fyddai'r hwyliau ar y siwrnai dristach fyth yn ôl heb y bobl ifainc.

'Os bydda' i'n llwyddiannus,' meddai Thesews wrth Aigaios, 'hwyliau gwynion fydd ar fy llong i wrth ddod yn ôl. Fe welwch chi nhw o bell ac fe ellwch fentro wedyn y bydd gen i newydd da. Braf iawn fyddai cael gwledd i'n croesawu ni i gyd adref.'

'Ac os mai newydd drwg fydd o?'

'Rydw i'n ffyddiog,' meddai Thesews.

Felly wedi codi angor, ymaith â Thesews a'i gymdeithion. Wedi glanio ar Ynys Creta, fe syrthiodd Ariadne, merch y Brenin Minos, mewn cariad â Thesews, ac fe benderfynodd hi na châi ef farw. Gwyddai fod Thesews yn gefnder i Daidalos ac aeth ar ei hunion ato ef am gymorth. Ond roedd Daidalos yn betrusgar.

'Rydw i wedi f'alltudio o'm gwlad,' meddai. 'Pam y dylwn i ryfygu'n awr ac ennyn dicter y brenin ac yntau wedi bod mor garedig wrtha' i?'

Dal i ymbil arno a wnaeth Ariadne. 'Fydd dim rhaid i 'nhad wybod fy mod i wedi dod yma,' meddai. O'r diwedd fe gytunodd Daidalos ac meddai: 'Mi helpa i di, ond rhaid i ti addo peidio byth ag yngan gair am hyn wrth yr un enaid byw. Ei di ar dy lw?'

Nodiodd Ariadne ei phen. 'Yn enw'r duwiau oll, mi af ar fy llw,' meddai'n ddwys.

Felly, dyma Daidalos yn dweud wrthi y gellid trechu'r Minotawros er mor ffyrnig ydoedd, gan ddyn digon dewr i ymladd yn ei erbyn. Roedd ei olwg erchyll a'r straeon amdano'n ddigon i godi

arswyd ar y mwyafrif o bobl, heb sôn am feiddio ymosod arno. Yr unig fodd y gellid ei ladd oedd trwy drywanu ei ymennydd ag un o'i gyrn ef ei hun, ond ni wyddai Daidalos sut y gellid cyflawni hynny. Tasg bron mor anodd â lladd yr anghenfil oedd darganfod y llwybr allan o'r labrinth, ond fe wyddai Daidalos yr ateb i hynny. Rhoddodd bellen o edau sidan i Ariadne. Petai Thesews yn clymu un pen i'r edau yng nghapan drws y labrinth, fe fyddai'r bellen wedyn yn ei dad-ddirwyn ei hun gan ymdroelli ar hyd y llwybrau dyrys i'r canol union lle yr arhosai'r Minotawros am ei ysglyfaeth. Dim ond dilyn yr edau sidan fyddai angen ei wneud er mwyn cyrraedd gwâl yr anghenfil. Os byddai'n dal yn fyw wedi'r ymladdfa, fe fyddai'r edau sidan yn ei arwain yn ddiogel o Labrinth Cnossos.

Yn gynnar iawn ar fore'r aberthu i'r Minotawros, fe aeth Ariadne efo Thesews a'i gymdeithion at ddrws y labrinth. Cyn gynted ag yr oeddent i mewn, fe glymodd Ariadne un pen i'r edau yn dynn yng nghapan y drws. Dododd y bellen ar lawr ac fe roliodd honno ymlaen yn union fel yr eglurodd Daidalos.

'Arhoswch amdanaf fi yn y fan yma,' meddai Thesews yn ddistaw fel na allai'r milwyr y tu allan ei glywed. 'Rhaid i mi gyflawni'r dasg yma ar fy mhen fy hun. Os na ddof fi'n ôl ymhen yr awr, mi fyddwch yn gwybod fy mod i wedi methu. Wedyn, pawb drosto'i hun fydd hi. Boed i'r duwiau ein hamddiffyn ni.'

Cerddodd Thesews oddi wrth y lleill, gan ddilyn yr edau sidan, ac ni ddôi sŵn o gwbl oddi wrth ei sandalau ar y ddaear feddal. Toc, roedd muriau crwm y labrinth yn ei guddio o olwg y lleill a arhosai amdano'n dawel a phryderus ar ochr fewnol y drws.

Llwybreiddiodd y bellen sidan yn ei blaen ar hyd y llawr, gan droi yma ac acw mewn patrwm cymhleth. Teimlai Thesews fod y muriau uchel fel petaent yn cau amdano a'r awyr las uwchben ymhell iawn. Wedi cerdded am dipyn go lew, synhwyrai ei fod yn nesu at ganol y labrinth, gan fod yna sŵn carnau'n curo nes peri i'r ddaear grynu. Camodd yn ei flaen yn fwy pwyllog yn awr gan dynnu ei gleddyf o'r wain. Er ei fod yn sylweddoli na allai'r cleddyf ladd y Minotawros, tybiai y gallai ei anafu ac y byddai hynny'n gwanychu rhyw gymaint arno.

O'r diwedd, o'i flaen gwelai furiau'r llwybr yn ymagor yn gylch llydan ac oddi mewn i hwnnw roedd yna wrych drain yn ffurfio cylch arall. Roedd hi mor dawel â'r bedd yno. Safai Thesews

yn ei unfan, yn ofnus ac yn gyndyn o symud nes gwybod o ba gyfeiriad y dôi'r ymosodiad. Teimlai fod dau lygad dieflig yn ei wylio o'r tu draw i'r drain.

Yna'n sydyn, clywodd y rhuo mwyaf dychrynllyd wrth i'r Minotawros ruthro drwy'r gwrych. Gan ddal ei ben yn isel, fe anelodd y creadur erchyll yn syth amdano, ond safodd Thesews yn stond. Fflachiai ei gyrn yng ngolau haul y bore, yn fwy llym a miniog nag unrhyw waywffon, ac â holl nerth y Minotawros y tu ôl iddynt.

Pan oedd hi'n edrych yn ddu iawn arno, camodd Thesews tua'r ochr, taflu ei gleddyf ar lawr a chydio â'i holl egni yn un o gyrn y Minotawros. A'i ddwy law yn dynn am y corn, rhoddodd dro ynddo a chlywodd sŵn cracio fel petai cangen yn cael ei rhwygo oddi ar foncyff derwen mewn storm. Yr eiliad nesaf, roedd y corn yn ei law ac yntau'n awr yn crynu wrth i'r anghenfil ruthro eto dan ruo'n gynddeiriog. Bwriodd Thesews ymlaen tuag ato â'r corn fel gwaywffon yn ei law. Â sgrech annaearol, cwympodd y Minotawros i'r llawr wedi'i glwyfo'n angheuol gan yr union arf a laddodd gynifer o bobl.

Yn awr roedd hi'n hanfodol i Thesews ffoi o Ynys Creta cyn i'r Brenin Minos sylweddoli ei fod wedi cael ei dwyllo. Prysurodd Thesews i ddirwyn

yr edau yn bellen gron eto wrth fynd at y drws lle'r arhosai'r bobl ifainc eraill amdano. Gan dybio bod eu gwaith wedi'i gwblhau ar ôl iddynt gau'r drws ar y llanciau a'r llancesi yn y labrinth, roedd y milwyr a warchodai'r drws yn hepian ac roedd hi'n llawer rhy gynnar i weddill y ddinas fod wedi deffro. Sleifiodd yr Atheniaid ac Ariadne efo nhw i'r harbwr lle roedd eu llong, ac wedi codi angor, hwyliasant ymaith.

Cyn pen fawr o dro, fe ddeallodd y Brenin Minos beth oedd wedi digwydd. Roedd marw'r anghenfil yn ollyngdod iddo, mae'n wir, ond roedd colli ei garcharorion a'i ferch annwyl yn sarhad o'r mwyaf. Fel yr oedd Daidalos wedi ofni, fe sylweddolodd ar unwaith mai un person yn unig a allai fod wedi helpu Thesews—y sawl a gynlluniodd y labrinth. Er ei fod yn ddig, roedd Minos yn dal yn awyddus i gael Daidalos i weithio iddo, ond roedd yn benderfynol o'i gosbi hefyd. Carcharodd Daidalos a'i fab Icaros yng nghanol y labrinth. Aed â holl offer ei weithdy yno, ond roedd milwyr yn gwylio'r fynedfa ddydd a nos fel nad oedd gobaith i neb ddianc oddi yno. Sefyllfa bur anobeithiol i unrhyw ddyn cyffredin.

Ond dyn anghyffredin iawn oedd Daidalos a meddyliodd am gynllun. Gwnaeth fwa cryf o onnen a charrai ledr a'i ddefnyddio i saethu dau eryr a ehedai uwchben y labrinth. Pluodd y ddau aderyn er mwyn gwneud adenydd iddo ef ei hun a'i fab. Gosododd y plu i gyd yn ofalus ar ffrâm bren ysgafn iawn. Cŵyr a ddaliai'r plu yn sownd yn eu lle. Gellid strapio ffrâm pob adain am y breichiau.

'Rŵan mi fedrwn ninnau hedfan fel eryrod,' meddai Daidalos, 'ond rhaid i ni aros tan y bore, pryd y bydd milwyr y wyliadwriaeth nos wedi blino a heb fod yn effro iawn.'

Felly, toc wedi i'r haul godi y tu draw i'r môr yn y dwyrain bore trannoeth, gosododd Daidalos ac Icaros yr adenydd am eu breichiau ac yna hedfan yn uchel i'r awyr uwchben y labrinth. Am eu bod mor gysglyd, ni welodd milwyr y Brenin Minos mo'r ddau nes ei bod yn rhy hwyr. Mewn braw a dicter, ceisiwyd anelu saethau i fyny i'r awyr atynt, ond erbyn hynny, roedd Daidalos ac Icaros yn rhy uchel.

Hedfanodd y ddau tua'r gogledd am dipyn, tuag ynysoedd Môr Aegea rhag ofn y byddai arnynt awydd glanio ar un ohonynt er mwyn gorffwyso ychydig.

'Mae'r haul yn dringo'n uchel yn y ffurfafen,' meddai Daidalos wrth ei fab. 'Cyn bo hir, fe fydd yn ei anterth, felly paid â hedfan yn rhy uchel rhag

ofn iddo doddi'r cŵyr sy'n dal y plu yn d'adenydd di.'

Am ryw awr fe ufuddhaodd Icaros i'w dad, ond wrth deimlo'r adenydd yn ysgubo'r awyr, fe gâi wefr na fu ei bath wrth hedfan. Teimlai ei fod yn eryr bellach, yn frenin yr awyr. Beth bynnag y medrai'r adar ei wneud, medrai yntau hefyd. Felly, dechreuodd ddringo'n uwch eto heb falio dim am ei dad a waeddai arno oddi isod. Yn uwch fyth y codai i lygad yr haul. Roedd y golau'n llachar a'r aer yn boeth o'i gwmpas a Daidalos yn ddim ond smotyn bach ymhell oddi tano.

Yn y man, dyna un bluen oddi ar adenydd Icaros yn dod yn rhydd, ond ni sylwodd ef arni. Sylweddolodd yn rhy hwyr fod rhybudd ei dad yn dod yn wir. Roedd y cŵyr yn prysur doddi ac, erbyn hyn roedd mwy nag un tusw o blu yn cael eu gwasgaru. Ceisiodd Daidalos ei orau i'w helpu ond yn ofer gan fod Icaros yn syrthio'n is, is ac yn gynt, gynt a Daidalos yn hedfan mewn cylch heb obaith achub ei fab. Ag un waedd ingol, cwympodd Icaros i'r môr a enwyd ar ôl hynny yn Fôr Icaria.

Er mor ddigalon a blinedig y teimlai, llwyddodd Daidalos i hedfan ymlaen a chafodd orffwys ar un o'r ynysoedd. Cyrhaeddodd Roeg, ond nid oedd croeso iddo yno, ac fe wyddai y gallai'r Brenin Minos fod yn ddigon dialgar i ddod yno i chwilio amdano. Y diwedd fu iddo hwylio tua Sicilia ac yn ystod y blynyddoedd ar ôl hynny, fe grwydrodd fwyfwy tua gorllewin y Môr Canoldir. Nid oes neb yn gwybod ymhle y bu farw na'r amgylchiadau ychwaith.

Hwyliodd Thesews ac Ariadne o Ynys Creta yn llawen eu byd. Roedd Thesews wedi cael gwared o'r Minotawros ac wedi syrthio mewn cariad ag Ariadne. Treuliodd y ddau ohonynt ddyddiau dedwydd yn cynllunio'u bywyd at y dyfodol ac yn breuddwydio am gyfeillgarwch a chytgord rhwng y ddwy deyrnas. Serch hynny, un noson pan oedd Thesews yn cysgu ar fwrdd y llong, fe gafodd freuddwyd a drodd ei lawenydd yn dristwch. Breuddwydiodd mai tynged Ariadne fyddai priodi'r duw Dionysos ac nid ef ei hun. Yn y dyddiau hynny, fe roid coel ar freuddwydion fel

hyn. Cyn iddo ddeffro hyd yn oed, fe wyddai Thesews na allai byth weithredu'n groes i ffawd, ni waeth faint y gofid.

Yn fuan wedyn, glaniodd y llong ar Ynys Naxos ac aeth pawb i'r lan. Yn gynnar bore trannoeth, hwyliodd Thesews ymaith yn ddirgel iawn gan adael Ariadne yn cysgu'n dawel ar y traeth heb amau dim. Fel y rhagfynegwyd gan y freuddwyd, fe ddaeth Dionysos yno'n ddiweddarach i'w hawlio hi'n wraig iddo'i hun.

Erbyn hyn, nesâi'r llong at arfordir Groeg lle'r arhosai'r Brenin Aigaios am ei fab gan edrych allan bob dydd ar draws y môr o ben uchaf yr Acropolis. Craffai'n fanwl am long â hwyliau gwynion, sef yr arwydd fod ei fab yn dal yn fyw. Ond roedd Thesews wedi ymgolli yn ei hiraeth am Ariadne ac wedi anghofio popeth am yr addewid i'w dad. Hwyliau duon oedd ar y llong o hyd wrth iddi hwylio dros y môr glas tuag Athen. Aigaios oedd y cyntaf i sylwi ar y llong ar y gorwel ac fe'i llethwyd gymaint gan dorcalon nes iddo ei foddi ei hun cyn i'r negeswyr gyrraedd â'r newyddion da. Felly y daeth Thesews yn frenin Athen.

Teyrnasodd yno am flynyddoedd lawer a bu'n frenin cymeradwy a doeth. Trechodd ei fyddinoedd yr Amasoniaid a geisiodd oresgyn y wlad, a daeth eu brenhines, Hippolyta, yn wraig i Thesews. Roedd Thesews yn gyfaill i Hercwl a gafodd loches a chroeso ganddo ar ôl iddo, oherwydd ystryw Hera, ladd ei wraig a'i feibion ei hun. Dywedir i Thesews lwyddo i fynd i Hades i helpu i ddod â Persephone adref ac fe'i carcharwyd ef yno nes i Hercwl ei achub.

Ar derfyn ei oes, fe yrrwyd Thesews allan o Athen pan gododd gwrthryfel yno, ac fe ffodd i Ynys Scyros lle y credir iddo gael ei lofruddio. Eto i gyd, mae yna ddiweddglo boddhaol i'r stori. Ar ôl y rhyfeloedd yn erbyn Persia, fe gafwyd neges gan ryw oracl yn crybwyll esgyrn cawr o ddyn a gladdwyd ar Ynys Scyros. Roedd ei gleddyf a'i sandalau yn profi mai Thesews oedd hwnnw ac fe gludwyd ei weddillion adref i'w gladdu yn Athen, y ddinas a garai.

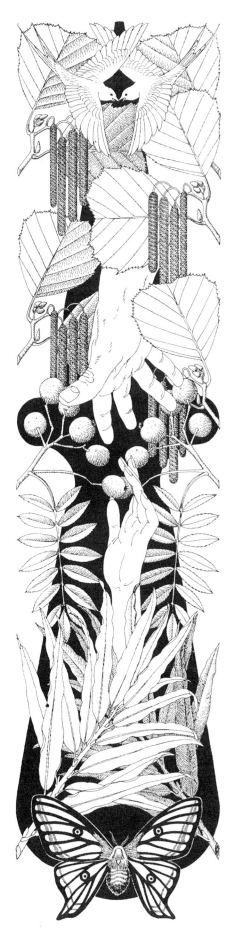

Orphews ac Ewrydice

Apolo oedd y cerddor gorau o'r holl dduwiau ac Orphews oedd yr un gorau ymhlith dynion. Nodau telyn Orphews a suodd i gysgu y ddraig a warchodai'r cnu aur, ac ef hefyd a arbedodd yr Argoforwyr rhag temtasiwn pan oedd y Sireniaid yn eu denu. O ganlyniad i hynny, fe aeth sôn amdano ledled gwlad Thracia, lle roedd ei dad yn frenin.

Roedd Orphews yn ganwr ac yn fardd yn ogystal. Yn y llys, fe wrandawai'r bobl arno'n astud, wedi'u swyno'n lân ganddo wrth iddo ganu am hen hanesion y genedl. Arferai ganu wrth grwydro allan yn y wlad. Yn ôl y sôn, byddai'r adar a'r anifeiliaid gwyllt yn nesu ato i wrando arno a'i ddilyn, a byddai'r coed yn siglo i fydr ei ganu. Tra oedd yn cerdded ar ei ben ei hun trwy goedwig y cyfarfu â'r ddryad brydferth, Ewrydice, a ddaeth yn wraig iddo.

Nymffiaid y coed oedd y dryadiaid. Weithiau pan fyddai wedi diflasu ar fywyd y llys, fe fwynhâi Ewrydice ymweld â'i hen gyfeillion. Byddent wedyn yn eistedd ar lan afon a hithau'n disgrifio wrthynt fywyd rhyfedd y ddinas lle roedd strydoedd caled yn lle glaswellt meddal, a thai a themlau o gerrig yn lle llwyni a choedwigoedd. Os byddai Orphews wedi dod gyda hi, fe arferai'r nymffiaid ddawnsio a chanu i gyfeiliant ei delyn.

Dro arall, fe gerddai Ewrydice drwy'r coed ar ei phen ei hun gan fwynhau gweld yr haul yn tywynnu trwy'r dail ac yn creu patrymau ar lawr y goedwig. Byddai wrth ei bodd yn hel blodau ac yn gwylio glöynnod byw. Yn ystod y gaeaf, hoffai sŵn y dail crin dan draed ac fe anwesai â'i llaw y rhisgl garw ar foncyffion y coed di-ddail.

Ar brydiau, fe fyddai'n bwrw eira yn y rhan honno o Roeg. Pan ddigwyddai hynny, fe allai Ewrydice weld yn glir olion y cwningod, yr ysgyfarnogod a'r ceirw wrth iddynt chwilio am fwyd. Edrychai'r coed yn ddieithr bryd hynny ac yn harddach nag erioed rywsut yn y tawelwch gwyn. Os dôi chwa o wynt i chwythu'r eira oddi ar y brigau noeth, byddai'n ddigon i godi ofn arni gan mor ddistaw y wlad.

Un diwrnod hyfryd o haf, gwyliai Ewrydice garw yn pori mewn llannerch yn y coed. Cododd yr anifail ei ben a moeli'i glustiau. Am eiliad arhosodd yn llonydd ac yna fe ddiflannodd o'r golwg fel cysgod. Camodd dyn dieithr, tal o ganol y coed. Er ei fod yn olygus, roedd ganddo lygaid oeraidd, creulon. Ar ei gefn roedd bwa a saethau ac fe safodd yn stond pan welodd yr eneth.

'Mi glywais i sôn am nymffiaid y coed sy'n byw yn Thracia, ond ti ydi'r gyntaf i mi ei gweld erioed,' meddai. 'Mae'n wir bob gair, yr hyn a ddywedir am eu prydferthwch nhw, os wyt ti'n un ohonyn nhw.'

Nid oedd Ewrydice yn eneth falch ac ni hoffai glywed gweniaith fel hyn o enau dieithryn.

'Diolch, syr,' meddai, 'ond gwell i chi fynd yn eich blaen er mwyn i mi gael llonydd.'

'Efallai dy fod ti'n brydferth, ond ar fy ngwir, mae gen ti dafod finiog,' atebodd y dyn. 'Os mynni di gael gwared ohonof fi, dywed wrtha' i gyntaf i ba gyfeiriad yr aeth y carw yna yr oeddwn i ar ei drywydd gynnau. Mi welaist ti o?'

Ysgydwodd Ewrydice ei phen. 'Naddo, syr,' meddai. 'Ddywedwn i ddim wrthych chi, beth bynnag. Roedd y carw'n rhy hardd i farw.'

Cilwgodd y dyn. 'Nymff neu beidio, ni chaiff nymff decaf y byd herio un o'r duwiau chwaith! Ateb fi, eneth!'

Ysgwyd ei phen a wnaeth hi eto. 'Efallai'ch bod chi'n dduw,' meddai, 'er fy mod i'n amau hynny, achos go brin y byddai duw yn ymddwyn mor anghwrtais. Gofalwch sut ydych chi'n siarad efo fi, achos mae fy ngŵr i'n fab i frenin ac fe fydd yn siŵr o ddigio wrth unrhyw un sy'n amharchu ei wraig.'

Dechreuodd y dieithryn chwerthin yn uchel. 'Mi wn i mai Orphews ydi hwnnw, y canwr a'r bardd! Mi glywais i fod yn well ganddo fo ganu a barddoni na rhyfela. Elli di mo fy mygwth i efo rhyw lipryn fel'na. Wyddost ti ddim pwy ydw i?'

'Na wn i, syr,' atebodd Ewrydice yn dawel, 'a does arna' i ddim eisiau gwybod chwaith.'

'Boed a fo am hynny. Mi ddyweda' i wrthyt ti a hwyrach y bydd gen ti dipyn bach o gywilydd wedyn. Fi ydi Aristaios, duw'r amaethwyr.'

'Os felly, fe ddylech chi fod yn fwy addfwyn eich natur,' meddai hithau, 'achos y nymff Cyrene oedd eich mam, yntê? Mi glywais yr hanes amdani'n cael ei chipio i ffwrdd gan Apolo ac iddi eni mab iddo fo.'

'Addfwyn? Oedd, roedd fy mam yn addfwyn. Ond mi ddysgais i gan fy nhad sut i fachu beth bynnag rydw i'n ei fynnu.' Ar hynny, fe amneidiodd ar Ewrydice. 'Tyrd yma! Mi fynna' i'n awr gusanu gwraig Orphews. Yna mi gawn ni weld beth fydd ganddo fo i'w ddweud!' Nesaodd ati a throdd Ewrydice ar ei sawdl a ffoi oddi wrtho mewn braw.

Rhedodd am ei hoedl drwy'r coed er bod y brigau'n cripio'i hwyneb a'r drain yn rhwygo'i thiwnig. Ond roedd ei ddull ef o fyw fel heliwr wedi gwneud Aristaios yn heini a chryf ac fe redai cyn gyflymed â hithau gan neidio dros wrychoedd yn rhwydd. Gallai Ewrydice ei glywed y tu ôl iddi ac roedd arni ofn baglu. Atseiniai ei llais drwy'r goedwig wrth iddi weiddi am gymorth, ond nid

oedd neb arall ar gyfyl y lle. Yr unig ateb oedd chwerthiniad creulon o'r tu ôl.

Daliai Aristaios i'w hymlid drwy lennyrch a thros nentydd. Er bod calon Ewrydice yn ei gwddf, teimlai ei bod yn ennill tir. Roedd ei gam ef yn arafu fel y nesaent at dir uwch.

Yn y man, dringodd Ewrydice ar ei phedwar dros graig ac allan o'r goedwig i'r heulwen ar lechwedd caregog. O'r diwedd, ni chlywai sŵn traed o gwbl. Er hynny, ni allai hi fod yn berffaith siŵr ei bod yn ddiogel o'i gyrraedd ac fe ddaliodd i fynd am dipyn bach. Wedi cyrraedd copa'r bryn fe ddisgynnodd ar lawr wedi llwyr ymlâdd. Roedd hi'n awr yn ddigon uchel i weld pwy bynnag a ddôi allan o'r coed islaw iddi.

Ymhen ychydig, dechreuodd bendwmpian yn llygad yr haul. Roedd yr holl fyd mor dawel a swrth o'i chwmpas. Yn sydyn, fe ymddangosodd rhyw greadur arall hoff o'r haul—gwiber wenwynig. Ymlusgai'r neidr yn araf dros y ddaear gynnes â'i thafod fforchiog yn gwibio i mewn ac allan o'i cheg yn ddi-baid. Wrth iddi fynd heibio yn ymyl, fe ystwyriodd Ewrydice a throi yn ei chwsg. Yn awr roedd un goes iddi ar draws llwybr y wiber. Chwythodd y neidr, dolennodd ei chorff yn dorchau a chododd ei phen yn barod i daro. Suddodd ei dannedd gwenwynig i gnawd Ewrydice, ond ni ddeffrôdd hi. Roedd y gwenwyn marwol wedi gwneud ei waith.

Daeth yn nos ac Ewrydice byth wedi dychwelyd i'r palas. Ar y dechrau, nid oedd Orphews yn or-bryderus gan na chawsai ei wraig erioed niwed wrth grwydro yn y caeau a'r coed. Ond tua hanner nos, a hithau'n dal heb gyrraedd yn ôl, cychwynnodd cyfeillion a gweision i chwilio amdani. Roedd atsain eu lleisiau i'w glywed lond y wlad wrth iddynt alw ei henw a'u ffaglau yn goleuo'r goedwig yma a thraw. O'r diwedd, fe ddaeth y bore a chawsant hyd iddi. Digalon iawn oedd pob un wrth gludo'i chorff adref i'r palas.

Roedd Orphews bron â drysu gan dorcalon. Ceisiodd ei dad ei gysuro, ond yn ofer. Eisteddai yn ei unfan yn canu alawon prudd ar ei delyn gan hiraethu am ei wraig.

Ond roedd Aristaios wedi camfarnu Orphews. Dyn gwrol oedd ef, yn fwy gwrol na'r cyffredin a'i ddyhead am gael Ewrydice yn ôl yn awr yn rhoi rhyw ddewrder anhygoel iddo. Penderfynodd fynd i Hades i'w chyrchu hi adref i fyd y byw. Ceisiodd pawb ei ddarbwyllo i beidio â mynd.

'Ffolineb o'r mwyaf fyddai gwneud y fath beth,' meddai ei dad wrtho. 'Mae'r marw a'r byw mewn dau fyd hollol ar wahân. Cofia nad ydi'r sawl sy'n mentro i Hades byth yn dod yn ôl.'

Serch hynny, mentro a wnaeth Orphews a'i delyn fechan ar ei gefn. Teithiodd ar draws y wlad i Thesprotis ar fin Môr Ionia. Clywsai fod yna fath o lwybr cul, tanddaearol yn arwain oddi yno at Afon Styx. Dim ond croesi'r afon fyddai eisiau wedyn. Daeth o hyd i'r twnnel a mentrodd ar ei hyd gan adael golau dydd. Disgynnai diferion dŵr oddi ar y to llaith ac fe sgrialai llygod mawr i'r cilfachau tywyll wrth iddo gerdded yn ei flaen. Ymhen hir a hwyr, cyrhaeddodd lan Afon Styx ac yno roedd Charon, cychwr afon angau, yn aros am ei lwyth nesaf o feirwon.

Gwyddai Orphews nad tasg hawdd fyddai darbwyllo Charon i gario person byw ond, gan ymddiried yn ei gerddoriaeth hudolus, fe drawodd nodyn ar ei delyn. Daeth cysgod gwên i wyneb y cychwr. Pwysodd yn ôl ar gefn ei sedd a chau ei lygaid wrth i'r alaw lapio amdano ac atseinio'n soniarus yn y muriau. Go brin y gallai neb wrthsefyll swyn y gân a chyfareddwyd Charon yn llwyr ganddi.

'Alla' i wrthod dim i neb sy'n medru canu'r delyn mor swynol â hynna,' meddai wrth Orphews. 'Mi af â thi dros yr afon, er y bydd rhaid i mi dalu'n hallt am fy nghamwedd pan glyw fy meistr am hyn.' Gyda hynny, symudodd Charon i wneud lle i Orphews gamu i mewn i'r cwch.

Ar y lan yr ochr draw safai Cerberos, y ci gwarchod, ond fe'i swynwyd yntau gan y delyn a gadawodd i Orphews fynd heibio iddo.

Ymhen tipyn wedyn, aed ag Orphews i ŵydd Persephone, brenhines y Byd Tanddaearol. Cyn yngan gair, canodd alaw ar ei delyn a chlosiodd

eneidiau'r meirwon yn nes ato i glywed y gân. Wedi mwynhau'r gerddoriaeth a gwrando ar ei stori, caniataodd Persephone i Ewrydice ddychwelyd i'r ddaear.

'Ond mae yna amod,' meddai hi wrth Orphews. 'Rhaid iddi ddilyn ar dy ôl di wrth i ti fynd. Os byddi di'n troi dy ben i edrych arni, fe fydd hi'n gorfod dod yn ôl yma am byth.'

Daethpwyd ag Ewrydice i'r ystafell atynt. Cofleidiodd y pâr ifanc tra oedd Persephone yn edrych arnynt gan ryw led-wenu fel petai hi'n amau a oedd ei phenderfyniad yn un doeth. Ond ni newidiodd ei meddwl. Croesodd y ddau Afon Styx yn ddiogel a chychwyn ar hyd y twnnel hir i'r ddaear. Nid anghofiodd Orphews yr amod a llwyddodd i beidio ag edrych yn ôl, er cryfed y demtasiwn i gael sicrwydd mai sŵn traed ei wraig a glywai. Aent yn uwch ac yn uwch bob munud nes gweld llygedyn o olau dydd o'u blaenau.

Ymhen tipyn wedyn, roedd Orphews yng ngheg yr ogof a'r haul yn gynnes braf ar ei wyneb. Teimlodd ryw orfoledd mawr. Roedd dyhead bron yn ffaith. Trodd er mwyn rhoi ei freichiau am Ewrydice, ond nid oedd hi mor gryf a sionc â'i gŵr a llusgai fymryn y tu ôl. Megis trwy niwl, gwelai hi'n agosáu ond heb ddod allan o'r twnnel eto. Wrth iddo edrych arni, dyna hi'n graddol ddiflannu o flaen ei lygaid. Rhuthrodd Orphews tuag ati, ond roedd hi'n rhy hwyr gan ei bod hi eisoes ar ei ffordd yn ôl i fyd y cysgodion ac yntau wedi'i cholli hi am byth.

Mae'r stori am Arion, cerddor enwog arall, yn diweddu'n hapusach. Un o feibion Poseidon oedd Arion, ond roedd yn byw yn llys y Brenin

Periandros yng Nghorinth. Fel Orphews, roedd yntau'n delynor medrus ac fe deithiai ar hyd a lled y wlad i ganu mewn gŵyl a gwledd.

Yn y trefi mwyaf megis Tiryns, Mycenai, Athen a Thebai ar y tir mawr y cynhelid y rhan fwyaf o'r gwyliau hyn. Taith o rai dyddiau a olygai hynny i Arion fel arfer. Ryw dro, fodd bynnag, fe dderbyniodd wahoddiad i gystadlu mewn gŵyl yn Sicilia. Roedd yn achlysur pwysig iawn a llu o gerddorion gwych o lawer gwlad yn cyrchu tua'r ynys. Er bod y siwrnai'n golygu mordaith go faith i gyrraedd yno, ni fynnai Arion golli'r cyfle.

Ar derfyn yr ŵyl, ef a ddyfarnwyd yn fuddugol. Canmolwyd ef i'r cymylau am ei ddawn ar y delyn a chafodd bob math o anrhegion—gemau, gwisgoedd, addurniadau aur, medalau arian a llestri cain.

Wedi gwisgo amdano ei ddillad newydd gwych, rhoddodd Arion yr holl wobrau drudfawr mewn cistiau enfawr ac aeth ar y llong ar gyfer y siwrnai adref. Roedd y llong wedi bod yn hwylio tua'r dwyrain am ddau ddiwrnod. Ar y trydydd bore, digwyddai Arion fod yn cerdded ar ei bwrdd pan afaelwyd ynddo'n sydyn gan rai o'r llongwyr a'i lusgo at y capten. Gwenodd hwnnw'n wawdlyd arno wrth rwygo'r fedal arian oddi am ei wddf.

'Mi alla' i feddwl am well defnydd i'r holl drysorau yma na'u cario nhw'n ôl i Roeg i ti,' meddai dan dynnu'i ddagr o'i wregys. Chwarddodd wrtho'i hun a rhedeg ei fawd ar hyd min y llafn.

Sylweddolodd Arion nad oedd ganddo obaith gwrthsefyll unrhyw ymosodiad, ond fe safodd yn gefnsyth er mwyn rhoi'r argraff nad oedd arno ofn marw.

'Os oes raid i mi farw,' meddai, 'gadewch i mi ddewis ym mha fodd.'

Ni faliai'r capten sut y byddai'r dieithryn cyfoethog hwn yn marw, felly fe ganiataodd i Arion ddringo pen blaen y llong, lle y chwaraeodd ychydig o nodau ar ei delyn cyn plymio i'r tonnau.

Am eu bod yn ysu am gael eu dwylo ar y trysorau yn y cistiau, ni feddyliodd y criw ddwywaith am Arion. Petaent wedi trafferthu i edrych, byddent wedi gweld haid o ddolffinod yn llamu drwy'r tonnau at ymyl y llong. Cymerodd un ohonynt Arion ar ei gefn cyn gwibio ymaith o don i don. Toc, roeddent wedi ennill y blaen ar y llong ac yn cyfeirio tua Groeg.

Ymhen rhai dyddiau, hwyliodd y llong i borthladd Corinth. Adroddodd y capten stori ddramatig am ryw deithiwr druan o Sicilia a ysgubwyd i'r môr mewn storm, ynghyd â'i holl eiddo. Roedd y capten newydd orffen dweud ei stori pan edrychodd ar draws y cei ac, yn sydyn, aeth yn welw ei wedd. Yno, yn cerdded yn hamddenol tuag ato, roedd y dyn a ddylai fod wedi boddi.

Ni ddywedodd Arion yr un gair wrtho, dim ond camu'n dalog heibio iddo ac i fyny ar fwrdd y llong. Daliwyd y capten a'r criw a'u rhwymo mewn cadwynau ac yna fe gludwyd y trysorau yn ddiogel i'r palas. Dywedir i Arion ddangos pa mor ddiolchgar yr oedd trwy drefnu i gerflun pres o ddyn ar gefn dolffin gael ei osod ar lan y môr, yn yr union fan lle y gadawyd ef ei hun gan y dolffin go iawn.

Eros a Psyche (Seice)

Eros, mab Aphrodite, oedd duw serch y Groegiaid. Mewn llawer o chwedlau fe'i darlunir fel plentyn bach annwyl, ond fe ddigwyddodd y stori hon wedi iddo dyfu'n ddyn ifanc golygus. Â'i fwa ar ei gefn a'i gawell saethau yn llawn, fe allai ddod â serch i fywydau duwiau a dynion. Petai rhywun yn derbyn y cripiad lleiaf, hyd yn oed, gan un o'i saethau, fe syrthiai hwnnw neu honno mewn cariad ar unwaith â'r person nesaf a welai.

'Dywed wrtha' i, Eros,' meddai Aphrodite un diwrnod, 'ydw i'n heneiddio? Ydi fy nghroen i'n rhychau? Ydi fy ngwallt i'n britho? Ydi fy nghefn i'n gam?'

Dychrynodd Eros braidd. Nid dyna'r math o gwestiwn a ddisgwyliai gan rywun a gydnabyddid fel y wraig harddaf yn y byd ac a wyddai hynny hefyd. Ni allai ddirnad meddwl ei fam, ond fe lefarodd y gwir wrth ei hateb hi.

'Does neb yn brydferthach na thi a fydd neb byth chwaith. Ail i ti oedd Hera ac Athena ym marn Paris. Pam wyt ti'n gofyn?'

Gwenodd Aphrodite arno'n fodlon a nodiodd ei phen.

'Mi wyddwn yn fy nghalon mai dyna a ddywedet ti,' meddai, 'ond mae'n debyg fod y ferch feidrol honno, Psyche, yn anghytuno. Mi glywais i, o le da, ei bod hi'n credu ei bod hi ei hun yn brydferthach. Mae hi'n ymffrostio mai hi ydi'r lleuad lawn a finnau'n seren ddinod a'i golau gwan yn pylu wrth ymyl ei phelydrau disglair hi.'

'Mae ganddi ddychymyg bardd, o leiaf,' meddai Eros. Ond nid oedd gan ei fam amynedd efo rhyw gellwair fel hyn.

'Rhaid dysgu gwers iddi hi,' meddai. 'Dos ati ac anela saeth yn union i'w chalon hi. Gofala fod yna rywun hyll ofnadwy yn sefyll yn ymyl pan fydd hi'n agor ei llygaid. Mae arna' i eisiau iddi ddioddef o serch at y creadur mwyaf atgas yn y byd.'

Nid oedd Eros yn awyddus iawn i gyflawni'r dasg. Ceisiodd ddadlau â hi, ond roedd Aphrodite yn hollol benderfynol ac, o'r diwedd, fe ildiodd Eros i'w chais. Sut bynnag, wrth iddo agosáu at Psyche a gysgai mewn llecyn heulog yng nghanol blodau, fe ryfeddodd gymaint at ei thegwch nes iddo faglu dros garreg a chwympo yn ei hymyl. Treiddiodd blaen un o'r saethau yn ddwfn i'w goes ef ei hun, a chyn iddo ddeall beth oedd yn digwydd, roedd dros ei ben a'i glustiau mewn cariad â hi.

Gwyddai Eros y byddai rhaid bod yn ofalus. Ni ddylai Aphrodite gael gwybod am y cariad hwn ac am fod merched yn tueddu i glebran, doethach fyddai peidio â dweud dim wrth Psyche, hyd yn oed. Felly cariodd hi, a hithau'n dal i gysgu, i'w gartref ef ei hun. Yno, gosododd hi i orwedd ar wely yn un o'r ystafelloedd cysgu mawr a gadawodd lonydd iddi. Y noson honno wedi iddi dywyllu, aeth i ymweld â hi, ond ni oleuodd lamp. Yn y tywyllwch, siaradodd â hi: 'Bydd ein serch ni at ein gilydd yn fwy angerddol na'r un erioed. Tyrd ataf fi ac mi brofwn ni ddedwyddwch y tu hwnt i ddychymyg.'

'Ond pwy sy'n siarad efo fi?' gofynnodd Psyche. Cwestiwn teg iawn, ond roedd mwy o dinc chwilfrydedd na braw yn ei llais.

'Rhaid i ti beidio â gofyn hynny,' meddai Eros wrthi. 'Bob nos pan fydd y tylluanod yn hedfan ar draws yr awyr ddu, mi fydda' i efo ti, ond rhaid i ti beidio byth ag edrych ar fy wyneb i na cheisio darganfod f'enw i. Dim ond ymddiried ynof fi sydd eisiau.'

Ac felly y bu pethau gydag Eros a Psyche yn caru â'i gilydd bob nos, a chyn i'r wawr dorri fe fyddai Eros wedi mynd.

Ymhen amser, fe ddaeth chwiorydd Psyche i ymweld â hi. Roeddent wedi cymryd atynt yn arw o ddeall amgylchiadau ei bywyd newydd hi.

'Mae'n siŵr dy fod ti wedi sbecian i weld pwy ydi o? Un sbec bach?' gofynnodd un chwaer. Ysgwyd ei phen a wnaeth Psyche.

'Petawn i yn dy le di, allwn i ddim byw yn fy nghroen heb gael gwybod,' meddai un arall.

'Hwyrach ei fod o'n anghenfil efo saith pen!' meddai'r gyntaf.

'A chyrn fel bwch gafr!'

'A nadredd yn wallt!'

'Ac efo pump o wragedd eisoes!'

'A hanner cant o blant, deg o bob un!'

Dôi'r geiriau yn un llifeiriant wrth i'r chwiorydd ychwanegu at yr arswyd. Ond gwenu'n dirion a wnâi Psyche.

Er hynny, pan ddaeth y nos, ni allai gael gwared o eiriau ei chwiorydd o'i meddwl. Teimlai'n reddfol na allent fod yn wir. Roedd hi wedi dyheu droeon am edrych pwy oedd y carwr. Pa wahaniaeth a wnâi cymryd un cip bach arno? Hyd hynny, nid oedd hi wedi meiddio, dim ond ymddiried ynddo.

Cyn y wawr drannoeth, fe ddeffrôdd Psyche ac roedd Eros wrth ei hochr. Sleifiodd o'r gwely a mynd ar flaenau'i thraed allan o'r ystafell. I lawr y grisiau goleuodd lamp ac aeth â hi i fyny wedyn yn dawel. Daliodd y lamp uwchben y gwely er mwyn i'r golau ddangos pwy oedd y llanc.

Gwirionodd yn lân ar yr hyn a welodd yno, gan fod y dyn ifanc yn fwy golygus na neb a welsai hi

erioed. Ei thro hi fyddai herian ei chwiorydd yn awr.

Dechreuodd Eros ystwyrian a daliodd ei fraich dros ei wyneb. Roedd Psyche yn ofni iddo ddeffro. Nid oedd arni eisiau iddo wybod ei bod hi wedi anufuddhau, ac yn ei brys i ddiffodd y lamp fe gollodd ddiferyn o olew poeth ar ei fraich. Agorodd yntau ei lygaid ar unwaith a'i gweld hi'n sefyll yno.

Edrychai'n ddig, ond ni ddywedodd yr un gair. Ciliodd Psyche yn ôl gan ofni cael cerydd. Ond cododd Eros a cherdded o'r ystafell heb siarad nac edrych arni. Clywodd Psyche sŵn ei draed ar y grisiau ac yna roedd pobman yn dawel. Torrodd ei chalon.

Yn ddiweddarach y bore hwnnw, sylwodd ei chwiorydd ar lygaid cochion Psyche a buont yn ei holi, ond ni ddywedai hi ddim byd. Yn y diwedd, fe glodd ei hun yn ei hystafell er mwyn cael llonydd. Dechreuodd nosi ac yno y bu hi ar ei phen ei hun yn gwrando ar synau'r nos. Curai ei chalon fel gordd bob tro y clywai unrhyw smic, gan obeithio mai ei chariad oedd wedi dod yn ôl. Ond ni ddychwelodd Eros.

Yn ystod y misoedd hir a blin wedyn, crwydrodd Psyche drwy'r gwledydd yn chwilio am ei chariad coll. O'r diwedd, mewn anobaith llwyr, erfyniodd ar Aphrodite.

'Dduwies serch,' gweddïodd, 'rwyt ti'n deall yr hyn rydw i'n ddioddef. Rydw i wedi colli'r peth anwylaf a fu erioed gen i am fy mod i mor chwilfrydig. Cynorthwya fi. Rydw i'n difaru am i mi fod mor ffôl.'

Ni fyddai'r duwiau byth yn maddau'n rhwydd i neb a fyddai wedi tramgwyddo yn eu herbyn, ac nid oedd Aphrodite yn eithriad.

'Y llanc rwyt ti'n ei garu ydi fy mab i, Eros,' atebodd yn flin. 'Pam y dylai un o'r duwiau garu geneth ffôl? Ond hwyrach y daw o'n ôl atat ti os gwnei di'n union fel rydw i'n dweud.'

Cytunodd Psyche yn llawen, ond ni wyddai hi fod y dduwies wedi dewis tasgau a fyddai wedi bod y tu hwnt i allu unrhyw eneth.

Yn gyntaf, aeth Aphrodite â Psyche i ysgubor. Ar lawr roedd yna bentwr anferthol o rawn yn gymysgedd o geirch, rhyg a haidd.

'Edrych ar hwn,' meddai Aphrodite. 'Dydi'r grawn yma'n dda i ddim fel hyn. Didola'r gwahanol fathau o rawn yn dri phentwr. Wedi i ti orffen, tyrd yn ôl ataf fi.' Yna gadawodd hi ac eisteddodd Psyche ar lawr yn barod i gychwyn ar ei thasg.

Dechreuodd yn ddigon gobeithiol, ond buan

iawn y teimlodd, pe câi hi fyw am fil o flynyddoedd, na allai hi byth orffen. Eto i gyd, fe ddaliodd ati gan godi pob gronyn fesul un. Nid oedd y tri phentwr i'w gweld yn cynyddu fawr ddim, ac ar ôl bod wrthi am ddiwrnod cyfan, nid oedd yr un o'r tri phentwr yn cynnwys rhagor na llond dwrn o rawn. Roedd hi ar fin ildio'n gyfan gwbl pan sylwodd ar rywbeth.

Yr ochr draw i'r llawr, yng ngolau pelydrau haul a ddôi drwy'r ffenestr gwelodd haid o forgrug yn symud. Gwyliai nhw'n nesu at y grawn. Cyn cyrraedd ato, ymrannodd yr haid yn dair colofn. Cymerodd pob morgrugyn yn y golofn gyntaf ronyn o geirch yn ei enau bach, pob un yn yr ail golofn ronyn o ryg a phob un yn y drydedd golofn ronyn o haidd. Symudai'r tair colofn o forgrug yn fân ac yn fuan ôl a blaen o'r pentwr mawr at y tri phentwr bach. Erbyn nos, roedd y morgrug wedi cwblhau'r gwaith. Mor dawel ag y daethent, ymunodd y tair colofn yn un haid eto ac ymaith â nhw.

Roedd Aphrodite o'i chof pan ddeallodd fod tasg mor anodd wedi'i chyflawni mor fuan. Wrth gwrs, ni wyddai hi ddim am y morgrug prysur ac ni soniodd yr eneth yr un gair amdanynt. Yn wir, fe ddechreuodd Psyche amau mai Eros oedd y tu ôl i hyn am ei fod yn tosturio wrthi. Ond ni chafodd unrhyw arwydd i brofi hyn. Sut bynnag, rhoddodd ei meddwl ar yr ail dasg.

Roedd honno lawn mor anodd â'r dasg gyntaf. Gorchmynnodd Aphrodite iddi fynd i lawr i'r Byd Tanddaearol i nôl blwch serch a'i lond o brydferthwch. Nid oedd gan Psyche syniad sut i gyrraedd yno heb sôn am ddod oddi yno. Oni bai

iddi ddigwydd taro ar Orphews yn fuan wedi iddo ddychwelyd o'i siwrnai drychinebus, go brin y byddai hi wedi gallu cychwyn i'r Byd Tanddaearol. Dywedodd Orphews wrthi ymhle roedd ceg y llwybr yr aethai ef ar hyd-ddo.

Am fod ganddi neges gan y dduwies Aphrodite, fe ganiataodd Charon, y cychwr, a Cerberos, y ci gwarchod, i Psyche fynd yn ei blaen heb ei holi. Galwyd hi gerbron Brenhines Hades.

'O'r gorau,' meddai Persephone, wedi i Psyche egluro pam y daethai yno. 'Fe gaiff Aphrodite y blwch, ond does neb ond hi i fod i weld ei gynnwys. Does gan neb arall hawl i'w agor o.' A rhoddodd y blwch serch yn nwylo'r eneth.

Ar ei siwrnai yn ôl ar hyd y llwybr tywyll, ni allai Psyche beidio â meddwl am eiriau Persephone. Cynyddai'r demtasiwn i gael cip bach ar gynnwys y blwch. Anghofiodd yn llwyr sut y bu i'w chwilfrydedd ddifetha'i bywyd gydag Eros. Dechreuodd ddychmygu pa mor braf fyddai ennill serch Eros yn ôl. Roedd y gallu i wneud yr union beth hwnnw i mewn yn y blwch. Cyn gynted ag y daeth allan i olau dydd, cododd gaead y blwch serch, ond rhywbeth tra gwahanol i'r hyn a ddisgwyliai hi oedd ynddo. Cwsg tragwyddol oedd yn y blwch. Teimlodd Psyche ei hamrannau'n drwm. Gorweddodd i lawr ar y glaswellt, cau ei llygaid a syrthio i gysgu.

Dywedai rhai fod Zews ymhen amser wedi trugarhau wrthi a mynd â hi i'r nefoedd at Eros. Efallai fod hynny'n wir, neu efallai ei bod hi'n dal i gysgu yn yr haul ymhlith y blodau, ac yn edrych yn union fel yr oedd hi'r diwrnod hwnnw pan welodd Eros hi gyntaf. Pwy a ŵyr?

Delw Pygmalion

Addolai holl bobl Cyprus dduwies serch a phrydferthwch, Aphrodite, am fod yr ynys dan ei nawdd arbennig hi. Brenin ifanc Cyprus, sef Pygmalion, a lywiai'r seremonïau yn ei theml. Yn ogystal â bod yn frenin ac offeiriad, roedd ef yn gerflunydd crefftus. Yn nhyb rhai, roedd ei waith yn uwch ei safon na'r hyn a wnaethai Daidalos, hyd yn oed. Roedd y delwau a luniai ef mor wych nes y byddai'n hawdd credu mai bodau byw oeddent.

Ers tro byd, roedd Pygmalion wedi bod yn chwilio am wraig y byddai ei phrydferthwch a'i chymeriad yn cyd-fynd â'i syniad ef o'r fenyw berffaith. Gorchwyl digon digalon oedd y chwilio gan fod Pygmalion yn gweld o'i gwmpas briodasau anhapus. Roedd llawer o ddynion ei deyrnas wedi priodi merched Propoitos a'r rheini wedyn yn gadael eu gwŷr os dôi rhyw ddieithryn deniadol heibio. Yr enw ar y gwŷr oedd y Cerastai. Roedd eu gwragedd nid yn unig yn anffyddlon iddynt, ond hefyd yn eu harwain ar gyfeiliorn. Yn lle aberthu anifail, megis ych, fel yn y gorffennol, fe wahoddai'r Cerastai bobl i'w cartrefi, yna eu lladd a'u hoffrymu i'r dduwies.

Wedi cyfarfod â phobl fel y rhain, nid rhyfedd fod Pygmalion yn petruso cyn dewis gwraig. Yn wir, fe aeth ymhellach a phenderfynu peidio byth â phriodi ond, yn hytrach, ymroi'n gyfan gwbl i gerfio'r delwau harddaf a fedrai. Cyflwynai'r rheini wedyn i Aphrodite i wneud iawn am ddrygioni ei bobl yn y gorffennol.

Teimlai mor angerddol ynghylch ei waith nes iddo dderbyn ysbrydoliaeth anghyffredin a hynny'n ei arwain i greu delw farmor ryfeddol. Delw o ferch ydoedd, ac mor berffaith nes i Pygmalion syrthio dros ei ben a'i glustiau mewn cariad â hi. Ddydd ar ôl dydd fe'i carai fwyfwy ac fe addurnodd y ddelw â gemau cain. Ond talp o farmor oer oedd y ddelw wedi'r cyfan.

Roedd dydd gŵyl Aphrodite yn agosáu, diwrnod o ddathlu ledled Ynys Cyprus a phobl yn tyrru o bob cwr i offrymu yn y deml. Gyda nhw, fe benliniodd Pygmalion gerbron y dduwies y bu'n ei gwasanaethu mor ffyddlon. Gweddïodd arni i ganiatáu iddo'r dymuniad agosaf at ei galon: anadlu bywyd i'r ddelw farmor.

Er na chafodd arwydd o fath yn y byd, fe ddychwelodd Pygmalion i'r palas yn galonnog, a'r un pryd yn bryderus ynghylch yr hyn a fyddai'n ei ddisgwyl yno. Ond yn ei weithdy, roedd y ddelw hardd mor ddifywyd ag o'r blaen. Safai yno'n

llonydd ac oer gan rythu drwyddo â'i llygaid di-weld. Yn ei siom, cofleidiodd Pygmalion hi a chusanodd y gwefusau oer yn nwydus. Roedd wedi blino ac wedi'i ddadrithio hefyd. Gorweddodd ar lawr wrth draed y ddelw a chysgu yno.

Pan oedd hi'n tynnu at y bore, cafodd Pygmalion freuddwyd. Dychwelyd adref yr oedd ar ôl y seremoni yn y deml ac yna'n sefyll o flaen y ddelw ac yn cusanu ei gwefusau oer. Ond y tro hwn roedd popeth yn wahanol. Wrth iddo gyffwrdd y ddelw, teimlai ryw fywyd cynnes yn llifo trwy'r corff gwyn fel ifori. Nesâi hi ato'n araf ac yntau'n edrych i lygaid glas disglair. Roedd breichiau tyner yn gafael amdano ac, ar hynny, fe agorodd Pygmalion ei lygaid cysglyd.

O'i gwmpas ym mhobman, roedd llanast arferol y gweithdy, yn feini a darnau marmor, cerfluniau ar eu hanner, offer ac ati. Ond roedd rhywbeth yn wahanol. Yn lle'r ferch o farmor oer, roedd yna ferch fyw, brydferth yn plygu ato'n annwyl, yn union fel yn y freuddwyd. Cyn iddo allu rhwbio'i lygaid, fe ymddangosodd Aphrodite o rywle.

'Rwyt ti o bawb yn haeddu hapusrwydd,' meddai wrth y brenin syn. Dyma i ti'r frenhines y buost yn dyheu amdani am gyhyd o amser. Cofia ei charu hi a'i chadw rhag niwed.'

Eco a Narcissos

Eisteddai'r nymff, Eco, ar ei phen ei hun ar lechwedd heb fod ymhell o Athen. Caeodd ei llygaid a daliodd ei phen yn ôl i fwynhau awel dyner a heulwen gynnes y gwanwyn ar ei hwyneb. Roedd ei gwallt hir, golau yn hongian yn rhydd ar ei chefn ac yn sgleinio yn yr haul.

Ymhen tipyn, plygodd ymlaen a lapio'i breichiau am ei phengliniau. Yna, edrychodd i gyfeiriad coedwig fechan islaw. Ar y llethr garegog a arweiniai at y coed, fe welai haid o adar amryliw eu plu yn tyrchu yn y pridd sych â'u pigau byr, cam gan chwilio am forgrug. Yn sydyn, cododd yr adar i gyd i'r awyr a hedfan gyda'i gilydd i ochr arall y bryn.

Bu Eco yn gwylio'r adar am sbel, yna crwydrodd yn hamddenol i lawr i gysgod y coed. Toc, clywai sŵn lleisiau yn weddol agos ati. Roedd dyn a merch yn siarad a phenderfynodd y nymff fynd i sbecian pwy oeddent. Roedd hi'n amau mai rhyw gyfarfyddiad rhamantus oedd hwn—dau gariad yn cadw oed. Fe dreuliai Eco lawer o amser yn synfyfyrio ynghylch serch. Ni allai faddau i'r demtasiwn yn awr o weld ai un o'i chyfeillion oedd yr eneth.

Symudodd yn ddistaw bach drwy'r coed. Yn fuan iawn, roedd hi'n syllu o'r tu ôl i lwyni i lawr i bant bychan. Yno, fe welai'n eistedd ar foncyn nymff a adwaenai. Ond pan welodd Eco braich pwy oedd amdani hi, ochneidiodd mewn braw, gan mai'r duw Zews ei hun oedd yno. Ffodd am ei bywyd rhag ofn i Zews ei chosbi am sbecian arno. Teimlodd ryw ollyngdod mawr wedi mynd yn ddigon pell oddi yno.

Anaml y byddai neb heblaw'r nymffiaid yn crwydro yn y goedwig. Syndod iddi felly oedd gweld gwraig dal, urddasol mewn mantell borffor yn nesu ati a chyflymodd ei chalon gan ofn unwaith eto. Roedd hi wedi adnabod y wraig. Hera oedd hi, Brenhines y Nefoedd, gwraig Zews, ac roedd golwg gas iawn ar ei hwyneb.

'Dywed wrtha' i, nymff,' meddai. 'Welaist ti fy ngŵr i'n mynd heibio'r ffordd yma? A rhywun efo fo, efallai? Rydw i'n credu ei fod o yn y cyffiniau yma yn rhywle. Rhaid i mi ddod o hyd iddo fo'n fuan.'

'Sut y bydda' i'n gwybod mai fo fydd o, os gwela' i o?' gofynnodd Eco. Fe wyddai hi'r ateb yn iawn, ond roedd arni ofn drwy'i chalon bod mewn ffrae rhwng Zews a Hera. Gwyddai pawb am eu cwerylon ffyrnig a chadwai pawb call draw ar adegau felly.

Craffodd Hera ar yr eneth gan amau nad oedd hi mor ddiniwed â'i golwg.

'Zews, wrth gwrs, ydi fy ngŵr i,' meddai'r dduwies. 'Twt! Dwyt ti erioed yn dweud nad wyt ti, a thithau'n nymff, yn ei adnabod o!'

'Rydw i'n credu y bydda' i'n ei adnabod o rŵan wedi deall pwy ydych chi. Ond rydw i wedi bod yn crwydro'r goedwig yma drwy'r bore a heb weld enaid byw.'

Gorfu i Hera ei choelio. Trodd ar ei sawdl ac ymaith â hi'n ôl i'r un cyfeiriad. Wedi cyrraedd Mynydd Olympos, fodd bynnag, fe edrychodd i lawr a gweld Zews a'r nymff arall honno yn cerdded fraich ym mraich allan o'r coed.

Roedd Hera mor gynddeiriog nes i'w hwyneb hardd droi'n hyll a sylweddolodd hefyd fod Eco wedi'i thwyllo hi. Rhaid oedd ei chosbi am hynny. Felly, dyna Hera yn bwrw melltith ofnadwy arni er mwyn ei rhwystro rhag siarad a chanu fel cynt. Y cyfan y gallai ei wneud o hynny ymlaen fyddai ailadrodd y geiriau olaf a lefarai pobl eraill wrthi.

Yr adeg honno, roedd yna lanc o'r enw Narcissos, mab i dduw afon a nymff, yn byw yn yr un rhan o'r wlad. Roedd yn fachgen golygus ac fe syrthiai bron bob geneth mewn cariad ag ef. Ond roedd ei fam wedi'i ddifetha trwy ddweud wrtho mor aml ei fod yn llawer rhy hardd i wastraffu ei amser gyda genethod yr ardal. Bu yntau'n ddigon gwirion i wrando arni. Yn wir, fe âi'n fwy balch o ddydd i ddydd nes credu nad oedd yna'r un ferch yn y byd i gyd yn deilwng ohono ef.

Buan y blinodd ei gyfeillion ar ei sŵn a'i ymffrost, a chefnu arno fesul un. Ond roedd Narcissos yn berffaith fodlon ar ei gwmni'i hun. Un diwrnod crwydrai yn y goedwig lle y cyfarfu Eco a Hera. Roedd Eco yn dal yno, yn edrych yn drist ac unig, am nad oedd yn medru siarad â'i chyfeillion. Gwelodd Narcissos yn sefyll ychydig oddi wrthi a phelydryn o'r haul yn tywynnu arno trwy'r dail. Penderfynodd mai ef fyddai ei chariad.

Nesaodd ato gan ysu am sgwrsio ag ef, ond fe amneidiodd y llanc arni i gadw draw. Ar y pryd, roedd Narcissos wedi bod yn dychmygu ei fod yn un o dduwiau Olympos ac nid oedd am i neb darfu ar ei fyfyrdodau.

'Gad lonydd i mi, eneth,' meddai'n swta. 'Weli di ddim dy fod yn aflonyddu arna' i?'

'. . . aflonyddu arna' i,' atebodd Eco.

'Y fi yn aflonyddu arnat *ti*? Am lol wirion!'

'. . . lol wirion,' atebodd Eco.

'Does dim eisiau bod yn haerllug,' meddai Narcissos wrthi. 'Petaet ti'n gwybod pwy ydw i, mi fyddet ti'n fwy cwrtais. Mae'n hen bryd i chi'r nymffiaid ddangos mwy o barch.'

'. . . mwy o barch,' atebodd Eco.

'Dyna welliant,' meddai Narcissos. 'Ond rydych chi'r genethod i gyd yr un fath. Pob un ohonoch chi eisiau bod yn gariad i mi.'

'. . . yn gariad i mi,' atebodd Eco.

'Yn union felly. Rwyt tithau fel y lleill i gyd. Ffarwél i ti,' meddai Narcissos cyn troi ar ei sawdl a'i gadael.

'Ffarwél i ti,' atebodd Eco druan.

Aeth Narcissos yn ei flaen drwy'r coed nes cyrraedd llannerch lle roedd yna ffynhonnau a phyllau dŵr. Yn un pwll roedd y dŵr mor llonydd, clir a llyfn ag unrhyw ddrych. Am ei fod yn teimlo'n sychedig, fe benliniodd y llanc er mwyn cael llymaid o ddŵr. Cwpanodd ei ddwylo a phlygu ymlaen ac yna arhosodd a syllu i'r dŵr mewn syndod. Yn edrych arno, roedd yr wyneb harddaf a welsai erioed. Ni wyddai mai adlewyrchiad o'i wyneb ef ei hun ydoedd. Curai ei galon yn gyflym a theimlai'n bendant mai da o beth oedd iddo fod wedi disgwyl am rywun teilwng, cyn syrthio mewn cariad.

Bu yno ar ei bengliniau am hydoedd yn syllu ar ei lun yn y dŵr llonydd ac yn gwirioni fwyfwy bob munud. Yna siaradodd, a methai'n lân â deall pam na châi ateb, er bod gwefusau'r person arall yn symud. Rhaid bod y llall yn teimlo'n union fel yr oedd ef. Siaradodd drachefn, ond ni ddaeth ateb. Plygodd yn is eto i gusanu'r gwefusau a symudai mor ddi-sŵn. A dyna'r wyneb hardd yn crychu a mynd yn chwilfriw.

Arhosodd Narcissos yn ei unfan. Ymhen tipyn, fe lonyddodd y dŵr a daeth yr wyneb i'r golwg eto. Gwyrodd yntau ymlaen i'w gusanu, ond digwyddodd yr un peth unwaith yn rhagor. Eto fyth, fe geisiodd gusanu'r wyneb a gwylltiodd yn gandryll pan ddiflannodd yr wyneb y drydedd waith.

'Rwyt ti wedi fy ngwrthod i!' meddai. 'Alla' i ddim byw hebot ti!' Ar hynny, estynnodd ei ddagr a'i blannu i'w fynwes ei hun. 'Ffarwél f'anwylyd!' galwodd wrth syrthio, ac o'r coed fe glywodd atsain: '. . . f'anwylyd!'

Gorweddai Narcissos yn gelain. Er ei fod yn gymeriad balch a hunanol, roedd yn ddyn golygus. Nid oedd y duwiau'n dymuno iddo ddiflannu'n llwyr am byth.

Yn yr union fan lle y diferodd ei waed i'r ddaear, fe ymddangosodd blodyn newydd, ei betalau yn wyn a'i ganol yn goch. Dawnsiai'r blodyn ar ei goesyn gwyrdd, hir yn yr awel a grychai ei lun yn nŵr y pwll. Hyd y dydd heddiw, enw Narcissos sydd ar y blodyn hwnnw.

Midas a'r aur

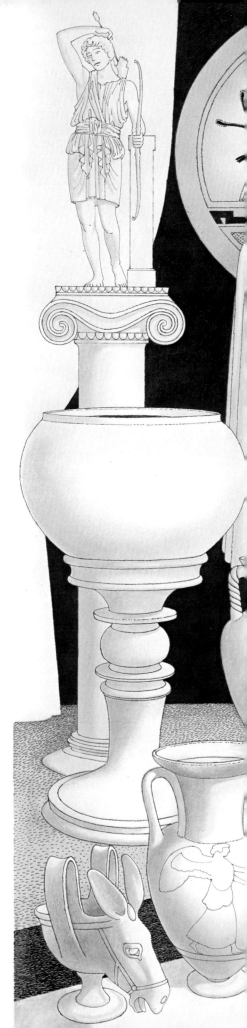

Dyn ffôl a barus oedd Midas, brenin Phrygia. Un diwrnod daeth Seilenos, arweinydd y satyriaid a ddilynai Dionysos, at ddrws y palas. Teimlai'n flinedig a newynog ar ôl colli'i ffordd a chrwydro'r bryniau ers rhai dyddiau. Croesawodd Midas ef a rhoi bwyd a llety iddo. Arhosodd Seilenos yno am wythnos ac ar ei noson olaf fe drefnodd y brenin wledd odidog. Bu yno fwyta ac yfed hyd berfeddion nos, a bore trannoeth paratôdd Seilenos i ymadael.

'Mi fuost ti'n hynod dy groeso i mi,' meddai wrth Midas, 'ac rydw i'n ddiolchgar iawn am hynny. Dywed wrtha' i a oes yna unrhyw beth a ddymuni di? Mi hoffwn roi rhywbeth i ti i ddangos fy ngwerthfawrogiad.'

Pefriodd llygaid awchus Midas. Cerbyd newydd sbon wedi'i addurno â gemau? Cant o feirch cryfion o wastadeddau Lydia? Pum cant o warheg o Arcadia? Gwibiai'r rhain a myrdd mwy drwy'i feddwl, ond roedd arno ofn eu henwi'n uchel. Tybed a oedd Seilenos yn bwriadu rhoi rhywbeth mwy? Ac o enwi rhywbeth llai, fe fyddai perygl i Midas golli'r anrheg fwy. Ar y llaw arall, beth petai Seilenos yn bwriadu rhoi dim byd mwy na ffiol bres iddo? Roedd Midas mewn cyfyng gyngor, ond gwyddai fod rhaid ateb yn fuan neu fe dramgwyddai yn erbyn y satyr. Wedyn ni châi ddim byd o gwbl ganddo.

'Wn i ddim, wir,' meddai toc. 'Mi adawaf y dewis i ti.'

Nodiodd Seilenos ei ben. 'O'r gorau,' meddai. 'Fe gei di un dymuniad a beth bynnag fo hwnnw, fe ddaw'n wir. Meddylia'n galed cyn gwneud dy ddymuniad, achos mae yna lawer iawn o ddewis yn y byd yma.'

Ar hynny, trodd Seilenos oddi wrtho, ond prin ei fod wedi gorffen siarad nad oedd Midas wedi penderfynu. Ei ddymuniad oedd i bopeth a gyffyrddai droi'n aur. Fe fyddai wedyn y tu hwnt o gyfoethog, yn frenin ymhlith brenhinoedd ac fe dyrrai pobl y byd i dalu teyrnged i'w fawredd. Gwnaeth ei ddymuniad ac fe wirionodd ei ben â'r hyn a ddigwyddodd wedyn. Cyffyrddodd gadair a throdd honno'n aur pur mewn eiliad. Yna, fe gyffyrddodd fwrdd a'r llestri arno, a'r wisg amdano y bu'n rhaid iddo'i thynnu gan fod ei phwysau yn ei lethu. Chwarddodd dros bob man a rhuthro allan. Yna rhedodd yn wyllt o ystafell i ystafell drwy'r palas i gyd gan gyffwrdd popeth a welai. Trodd y cyfan yn aur. Ymhen dim, roedd y palas yn sgleinio fel petai yna haul llachar yn nenfwd pob ystafell.

Wedi'r holl gyffro, roedd Midas wedi blino'n arw gan nad oedd wedi arfer â'r fath redeg a rasio. Daeth yn amser cinio ac eisteddodd ar gadair

aur wrth fwrdd aur yn yr ystafell lle y ffarweliodd â Seilenos. Daeth gwas â ffrwythau a'u gosod o'i flaen ac wrth i Midas gyffwrdd ymyl y plât, fe drodd yn aur. Chwarddodd y brenin yn hapus. Cydiodd mewn swp o rawnwin. Wrth wneud hynny, cafodd fraw gan nad grawnwin oeddent mwyach ond peli bach aur disglair, hardd iawn ond hollol anfwytadwy. Taflodd nhw ar lawr a gofyn am ddarn o gig, ond fe ddigwyddodd yr un peth eto. Yn ei ddicter, gwthiodd Midas y gwas ymaith oddi wrtho, ac yn y fan a'r lle, wele gerflun aur yn lle corff o gig a gwaed.

Rhuthrodd Midas o'r ystafell ac i lawr y grisiau, trwy geginau'r palas ac i'r stordy lle cedwid y bwydydd. Gafaelodd mewn sachaid o rawn, a dyna hwnnw'n troi'n aur. Aeth â'i law ar hyd y silffoedd lle roedd cawgiau a phadelli a bwyd ynddynt, a phob un dim yn troi'n aur. Yn ei ofid, taflodd y brenin ei hun ar lawr ac wylo'n chwerw wrth ddirnad, o'r diwedd, wir ystyr rhodd y satyr.

Aeth dyddiau heibio a'i ddigalondid a'i newyn yn gwaethygu. Ni allai gysgu na bwyta. Pan gofleidiodd ei blant, fe drodd pob un yn ddelw aur. Roedd y dagrau a ddisgynnai o'i lygaid yn ddafnau aur trwm, hyd yn oed. Y diwedd fu iddo orfod ymgynghori ag oracl ac fe dderbyniodd lygedyn o obaith.

'Dos ar unwaith at lannau Afon Pactolos,' meddai'r oracl, 'ac ymolcha yn y dŵr. Yno fe gei di wared o felltith yr aur. Gobeithio dy fod ti wedi dysgu dy wers.'

Gwnaeth Midas yn ôl cyfarwyddyd yr oracl. Cafodd wared o'r felltith, ac o hynny allan fe ddisgleiriai tywod gwely'r afon honno fel gronynnau aur. Dychwelodd y brenin adref i'r palas yn benderfynol bellach o ymddwyn yn dra gwahanol yn y dyfodol.

Er ei adduned, ni challiodd y Brenin Midas ryw lawer, ond fe giliodd ei hoffter o aur. Ni fyddai neb heblaw meidrolyn ffôl iawn yn cytuno i fod yn feirniad mewn gornest rhwng dau o'r duwiau. Gwyddai pawb mai bodau cenfigennus wrth ei gilydd oedd y duwiau. Cytuno i feirniadu a wnaeth Midas, fodd bynnag.

Roedd Apolo eisoes wedi cael ei ddyfarnu'n bencampwr yr holl gerddorion mewn cystadleuaeth yn erbyn Marsyas, y satyr. Nid oedd hynny'n dderbyniol gan Pan ac fe heriodd Apolo i ornest arall. Midas oedd i ddewis y buddugol y tro hwn.

Canodd Apolo ei delyn fechan a'r nodau persain i'w clywed drwy'r goedwig nes i'r adar, hyd yn

oed, dewi er mwyn cydnabod ei fawredd. Yna estynnodd Pan ei bibau pruddglwyfus a chanodd alaw â nodau mor drwm a chras nes gyrru'r gwiwerod i frigau uchaf y coed. Sylweddolodd Midas yn awr nad y buddugol a gâi ei gosbi gan y duw a gollai'r ornest, ond y beirniad, sef ef ei hun. I'w glustiau ef, beth bynnag, cerddoriaeth Pan oedd orau, a throdd ato i gyflwyno'r goron lawryf iddo.

Gwylltiodd Apolo yn gandryll.

'Y meidrolyn twp, tôn-fyddar,' bloeddiodd. 'Rhaid i ti gael clustiau i gyd-fynd â'th ddawn gerddorol, feirniadol! Cymer y rhain. Clustiau asyn sy'n gweddu i ti.'

Gan godi'i ddwylo at ei ben mewn arswyd, teimlodd Midas glustiau hirion blewog yn tyfu o bobtu ei gorun. Dododd ei fantell dros ei ben a sleifio adref i'r palas.

Ni fyddai clustiau asyn yn debygol o ychwanegu at urddas unrhyw frenin, ac fe wyddai Midas y byddai'n gyff gwawd i bawb. Ceisiodd wisgo'r het fwyaf a feddai a chlymu'r clustiau yn ei gilydd y tu mewn iddi. Beth a wnâi, tybed, ar achlysuron pwysig pan fyddai arno angen gwisgo'i goron? Ni allai'n hawdd iawn wisgo'r het yn ei wely ychwaith. Yn y bore, pan ddôi'r gweision i'w ddeffro, fe welent ei glustiau a chwerthin y tu ôl i'w gefn. Felly, gwaharddodd y gweision rhag dod ar gyfyl ei ystafell. Penderfynodd guddio'r clustiau orau y medrai hyd nes i'w wallt dyfu'n hir a thrwchus. Ond buan yr aeth i edrych fel rhyw hen ddyn gwyllt o'r mynyddoedd. Roedd yna gymaint o glymau yn ei wallt nes iddo orfod anfon am y barbwr brenhinol.

Cydiodd y barbwr yn ei siswrn a thorri'r gwallt a'i gribo, ac fe welodd y clustiau. Ni ddywedodd y barbwr na'r brenin yr un gair amdanynt. Pwysai'r dirgelwch ar feddwl y barbwr ac roedd yn ei chael yn anodd cadw hyn iddo'i hun.

O'r diwedd, fe aeth y barbwr at lan yr afon lle roedd Midas wedi golchi'r cyffyrddiad aur o'i gorff. Roedd y tir yn dywodlyd a phlygodd y barbwr ar ei bengliniau a chrafu twll ynddo. Gwyrodd ei ben yn isel ac â'i geg wrth y twll, fe sibrydodd ei gyfrinach: 'Clustiau asyn sydd gan y Brenin Midas.'

Yna, yn dawel ei feddwl, crafodd y tywod yn ôl i'r twll er mwyn claddu ei eiriau am byth. Ymhen amser, tyfodd twmpath o frwyn yn y fan honno, ac o hynny allan pa bryd bynnag y chwythai'r gwynt drwyddynt, fe ofynnai'r brwyn y cwestiwn: 'Gan bwy mae clustiau asyn?'

A dôi'r ateb wedyn: 'Y Brenin Midas.'

Y Chimaira

Bu Belerophon, tywysog ifanc o ddinas Corinth, yn byw am ychydig yn llys Proitos, brenin Argos ar y pryd. Yn ystod y cyfnod hwnnw, fe syrthiodd Anteia, gwraig y brenin, mewn cariad ag ef. Cyn gynted ag y deallodd Belerophon ei theimladau hi tuag ato, fe benderfynodd ei hosgoi hi bob cyfle posibl, ond ni adawodd y llys yn gyfan gwbl. Am sbel hir, bu Anteia yn gwneud ati i chwilio amdano, a'r diwedd fu i Belerophon lwyr ddiflasu arni. Digiodd hithau wrtho a bu'n meddwl sut i ddial arno. Gan gymryd arni fod yn ddiniwed iawn, fe ddywedodd Anteia wrth ei gŵr fod Belerophon wedi bod yn datgan ei serch tuag ati, sef anwiredd pur.

Credodd Proitos eiriau ei wraig ac roedd, wrth gwrs, wedi'i gythruddo'n arw. Er hynny, ni chaniatâi deddfau moesgarwch a chroeso iddo ladd ei westai. Yn lle hynny, cuddiodd ei deimladau a gofynnodd i Belerophon a fyddai mor garedig â danfon llythyr drosto at Iobates, tad Anteia. Roedd y llythyr dan sêl ac nid oedd gan Belerophon amcan o'i gynnwys. Y gwir amdani oedd fod y llythyr yn dweud bod Belerophon yn odinebwr peryglus, a'i bod yn hen bryd iddo gael ei ladd gan fod enw da Anteia yn y fantol.

Am ryw reswm, roedd Iobates yn gyndyn o gyflawni'r llofruddiaeth ei hun, ond buan y meddyliodd am gynllun a fyddai'n effeithiol. Croesodd at y ffenestr lle y safai Belerophon.

'Mae fy mab-yng-nghyfraith yn dweud dy fod ti'n ddyn dewr,' meddai. 'Efallai mai ti ydi'r union un y bûm i'n chwilio amdano fo.'

Edrychodd Belerophon arno mewn tipyn o benbleth.

'Mae yna anghenfil heb fod ymhell oddi yma,' meddai Iobates, 'sydd wedi bod yn aflonyddu arnom ni ers tro byd. Y Chimaira ydi o—hanner llew, hanner gafr a gwiber yn gynffon iddo. Maen nhw'n dweud mai Typhon oedd ei dad o. Rhaid lladd y Chimaira yma, ond does neb yn ddigon dewr i fentro'n agos ato fo. Rŵan, te, os wyt ti'r math o ddyn y mae'r llythyr yn ei awgrymu . . .'

Ni orffennodd Iobates y frawddeg, ond roedd yr ystyr yn amlwg i Belerophon. Pe na bai'n cynnig ymladd yn erbyn yr anghenfil, fe gâi ei ystyried yn llwfrgi. Heb betruso am eiliad, fe dderbyniodd Belerophon yr her. Nid oedd Iobates, fodd bynnag, wedi dweud yr holl wir. Roedd y Chimaira yn llawer mwy dychrynllyd na'i ddisgrifiad ef ohono. Am fod ei ben llew yn anadlu tân fel draig, ni allai neb nesu ato ac roedd mor heini â gafr fynydd wrth osgoi saethau a anelid ato. Trawai ei gynffon wiber unrhyw ymosodwr fel fflangell, gan boeri gwenwyn o'i ddannedd miniog.

Cyn cychwyn allan i chwilio am y Chimaira, fe aeth Belerophon at ddyn hysbys i ofyn cyngor. Dywedodd hwnnw wrtho na allai lwyddo oni bai ei fod ar gefn y ceffyl adeiniog, Pegasos. Tad Pegasos oedd Poseidon, duw'r môr, a'i fam oedd y gorgon, Medwsa. Er ei fod wedi tarddu o ben nadreddog y gorgon, roedd yn anifail digon o ryfeddod. Roedd ei gorff yn harddach a chryfach na'r un march cyffredin, a'r adenydd mawr a ymledai o'i ysgwyddau yn ei gario trwy'r awyr yn fwy gosgeiddig nag unrhyw aderyn.

Cyn i Belerophon allu ei farchogaeth, byddai rhaid dal Pegasos i ddechrau a'i ddofi i ddygymod â ffrwyn, gan ei fod wedi byw'n wyllt.

Y min nos hwnnw, pan oedd Belerophon yn teithio tua Corinth, fe ymddangosodd y dduwies Athena iddo. Yn ei llaw fe ddaliai ffrwyn euraidd.

'Cymer hon,' meddai hi wrth Belerophon. 'Hebddi, fyddai gen ti ddim gobaith dofi ceffyl mor nwyfus â Pegasos.'

Llwyddodd Belerophon i ddal gafael ym mwng Pegasos tra oedd yn yfed o ffynnon. Rhoddodd y ffrwyn euraidd ym mhen y ceffyl er gwaethaf ei strancio. Sut bynnag, gadawodd i Belerophon ddringo ar ei gefn ac i fyny â nhw i'r awyr.

Bu'r ddau yn hedfan am filltiroedd lawer nes gweld oddi tanynt, ar wastatir uchel, gorff erchyll y Chimaira. Trwy dynnu yn yr awenau, llywiodd Belerophon y ceffyl i lawr yn isel tuag at yr anghenfil a hwnnw'n rhuo ac yn ceisio'u crafangu. Anelodd Belerophon saeth ar ôl saeth o'i fwa nes gweld bod yr anghenfil yn gwanychu. Yna sbardunodd y ceffyl ar gyfer yr ymosodiad terfynol.

I'r diben hwnnw, roedd ganddo ddyfais anghyffredin. Am fod Athena wedi'i rybuddio bod y Chimaira yn anadlu tân o'i geg, roedd arf arbennig ganddo'n barod. Nesaodd Pegasos, a Belerophon ar ei gefn, at y Chimaira ac wrth i'r safn enfawr agor yn llydan, yn awchus i lyncu, gwthiodd Belerophon ei waywffon i mewn iddi rhwng y ddwy res o ddannedd pigog. Ar flaen y waywffon, roedd wedi gosod talp mawr o blwm. Ni allai'r fflamau a ruai o safn yr anghenfil gyrraedd Belerophon am ei fod yn ddigon uchel, ond buan iawn y toddwyd y plwm. Diferodd fel ffos i lawr corn gwddf yr anghenfil ac i'w stumog. Cafodd y Chimaira farwolaeth ddychrynllyd.

Pan ddychwelodd Belerophon yn fuddugoliaethus, dechreuodd Iobates amau am y tro cyntaf tybed a allai dyn mor wrol fod wedi ymddwyn mor warthus ag a ddisgrifiwyd yn y llythyr. Sut bynnag, gosododd amryw o dasgau peryglus eraill i Belerophon ac nid oedd yn fodlon cyfaddef iddo'i gamfarnu, hyd nes i'r holl dasgau gael eu cwblhau'n llwyddiannus. Yn y diwedd, soniodd wrth Belerophon am lythyr Anteia a'i gŵr ac wedi clywed yr eglurhad gwir, fe gynigiodd ei ail ferch yn wraig i'r dyn ifanc, dewr. Priodwyd y ddau a bu yno ddathlu mawr.

Roedd Belerophon erbyn hyn yn ddinesydd uchel ei barch ac yn destun edmygedd gan bawb oherwydd ei wroldeb. Byddai pobl yn gwenieithio iddo ac yn gorganmol ei orchestion. Ymhen amser, fe aeth yntau i gredu bod pob gair a ddywedent amdano yn wir. Dechreuodd fynd yn annioddefol o ymffrostgar a phan fyddai rhywun yn ei gymharu â'r duwiau, fe fyddai wrth ei fodd a byth yn gwadu honiadau o'r fath. Yn wir, daethai i gredu ei fod cystal â'r duwiau eu hunain. Ac, os felly, pam na allai ymweld â nhw ar Fynydd Olympos?

Pan glywodd Zews am hyn, roedd yn anodd ganddo gredu y byddai meidrolyn cyffredin yn meiddio ymweld ag Olympos heb wahoddiad. Penderfynodd ddysgu gwers i Belerophon.

Yn y cyfamser, wedi gwisgo amdano ei ddillad gorau, aeth Belerophon ar gefn Pegasos a marchogaeth i ben bryn gerllaw. Oddi yno, llamodd y ceffyl adeiniog yn rhwydd i'r awyr. Codent yn awr yn uwch ac yn uwch nes bod y wlad oddi tanynt fel map anferthol. Ymhen dim o dro, roeddent yn y cymylau ymhell uwchlaw'r mynyddoedd, ond dal i hedfan i fyny o hyd yr oeddent tua chopa Mynydd Olympos.

Cyn i Belerophon gyrraedd Olympos, gollyngodd Zews y pryf, robin y gyrrwr, i'r awyr. Yn union fel saeth, ehedodd y pryf at ei nod a brathu Pegasos yn ffyrnig o dan ei gynffon. Cynhyrfodd y ceffyl a simsanu ac â bloedd frawychus llithrodd Belerophon oddi ar ei gefn. Yn ei fraw, ceisiodd ei orau i ymestyn at ei fwng, ond methodd â dal gafael ynddo. Syrthiodd i lawr i'r ddaear ymhell is-law.

Chwarddodd Zews wrtho'i hun yn greulon wrth wylio Pegasos wedi ennill ei ryddid unwaith eto. 'Gwae'r sawl a dybio ei fod cystal â'r duwiau,' meddai'n uchel.

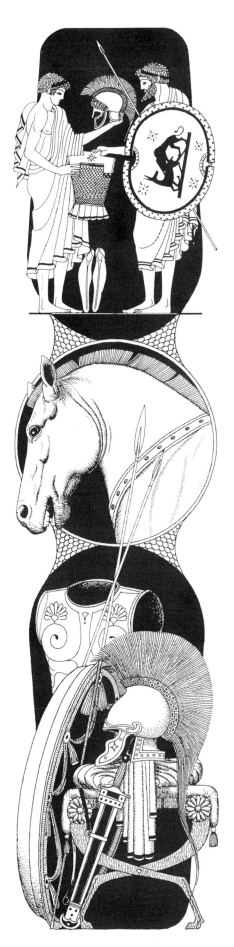

Cwymp Caerdroia

Yn y chwedl am warchae Caerdroia, cawn hefyd hanes dyddiau olaf arwyr mawr Groeg. Ychydig ohonynt a oroesodd y deng mlynedd hir hynny. Erbyn iddynt gyrraedd adref yn ôl i Roeg, roedd yna newidiadau mawr wedi digwydd yn y wlad a dynion llai galluog yn llywodraethu yn eu lle. Graddol ddiflannu o'r tir a wnaeth yr hen deuluoedd a fu mor flaenllaw a dylanwadol gynt.

Achoswyd rhyfel enwog Caerdroia pan gipiwyd Helen, gwraig Menelaos, brenin Sparta, gan Paris, mab Priaf, brenin Caerdroia. Helen oedd y ferch brydferthaf yn yr holl fyd ac un o ferched Zews oedd hi. Yn ôl rhai, o'i gwirfodd yr aeth hi gyda Paris, ac yn ôl eraill, cael ei gorfodi yn erbyn ei hewyllys a wnaeth hi. P'run bynnag oedd y gwir, gwrthododd Paris ei rhoi hi'n ôl i'w gŵr ac fe arhosodd hi yng Nghaerdroia.

Unodd llawer o frenhinoedd Groeg a'i holl ryfelwyr mwyaf yn un gynghrair a hwylio, ynghyd â'u byddinoedd, i ddarostwng Caerdroia ac i gyrchu Helen adref. Dyna gychwyn y rhyfel yn erbyn Caerdroia.

Mae stori'r ymgyrch enfawr hon yn un bur gymhleth. Roedd llawer o ddigwyddiadau a brwydrau gwahanol yn rhan o'r rhyfel. Milwyr heb neb yn cofio'u henwau wedyn oedd mwyafrif y rhyfelwyr. Chwaraeodd gwragedd a theuluoedd arweinyddion y ddwy ochr eu rhan yn y rhyfel hefyd, yn y cefndir gan amlaf. Dangosodd y duwiau eu hochr yn y rhyfel, rhai yn cefnogi'r Groegiaid ac eraill y Troiaid. Enwau'r arwyr pwysicaf sydd wedi'u cadw i ni yn chwedlau a llenyddiaeth y Groegiaid.

Agamemnon, brenin Mycenai a brawd Menelaos, gŵr Helen, oedd cadfridog byddinoedd Groeg. Y mwyaf o'r rhyfelwyr Groegaidd oedd Achil. Ymhlith y rheini a gynullodd eu byddinoedd eu hunain er mwyn Helen a Groeg yr oedd Diomedes o Argos ac Aias o Salamis. Mae Patroclos, cyfaill Achil, ac Odyssews, a ymunodd â'r rhyfel yn ddiweddarach, yn bwysig yn y stori hefyd.

Llywodraethid y Troiaid gan Priaf, brenin Caerdroia, ond am ei fod ef yn rhy hen i ymladd ei hunan, ei fab hynaf, Hector, oedd arweinydd y milwyr a amddiffynnai'r ddinas. Perthynas ifanc iddynt oedd Aeneas, yr unig feidrolyn yn chwedlau Groeg a chanddo fam yn dduwies: roedd yn fab i Aphrodite. Yn ystod cwrs y rhyfel, fe dderbyniodd Caerdroia gymorth gan wledydd eraill. Ymhlith y pwysicaf yr oedd Penthesileia, brenhines yr Amasoniaid, Sarpedon a Glawcos, penaethiaid y Lyciaid, a Rhesos o Thracia yn y gogledd pell.

133

Un arall o wŷr amlwg Caerdroia oedd Cycnos. Ei dad, Poseidon, ynghyd ag Apolo, a adeiladodd furiau Caerdroia ar gyfer brenin cynharach, sef Laomedon. Roedd y brenin hwnnw wedi gwrthod talu am y gwaith ar ôl iddo gael ei gwblhau a thrwy hynny wedi ennyn dicter y duwiau, ond roedd y gaer a'r muriau o wneuthuriad hynod o gadarn. Yng ngwlad Phrygia yn Asia Leiaf ar draws Môr Aegea yr oedd Caerdroia. Ymestynnai gwastadedd eang ger y ddinas ac yn y pellter gwelid culfor yr Helespontos.

Fel y crybwyllwyd o'r blaen, Achil oedd y mwyaf o ryfelwyr Groeg. Y nereid, Thetis, oedd ei fam. Ymhell cyn hynny, roedd Poseidon wedi syrthio mewn cariad â hi, ond am fod yna gred y byddai ei mab hi yn bwysicach na'i dad, fe briododd ef ei chwaer yn hytrach na hi. Cynlluniodd Zews briodas ar gyfer Thetis wedyn ac anfonodd Hermes i'r ddaear i drefnu hynny.

Y gŵr a ddewiswyd iddi oedd Pelews, mab i frenin. Cafodd ei alltudio o'i wlad ar gam ar ôl marwolaeth ddamweiniol ei frawd iau. Bryd hynny, roedd yn byw efo'i hen athro, Cheiron, y centawr.

Un min nos, gwelodd Hermes ef yn eistedd yng nghwmni Cheiron y tu allan i'r ogof. 'Cyfarchion i chi eich dau,' meddai wrthynt. 'Rydw i wedi dod oddi wrth Zews â newyddion i lonni'ch calonnau. Mae Pelews wedi'i ddewis gan frenin y duwiau i dderbyn anrhydedd arbennig.'

Gwnaethant le i Hermes eistedd wrth y tân yng ngheg yr ogof a soniodd yntau wrthynt am orchymyn Zews. Roedd Pelews wrth ei fodd gan ei fod wedi clywed am brydferthwch Thetis a bod llawer wedi ceisio ennill ei serch hi. 'Ond pa obaith sydd gen i o lwyddo a chynifer wedi methu?' gofynnodd. 'Pam y dylai hi fy ffafrio i?'

Chwarddodd Hermes. 'Mae modd gwneud yr hyn sy'n ymddangos yn amhosib, os gwyddoch chi'r gyfrinach,' meddai. 'Mae yna ateb bob amser.' Ac eglurodd wrth Pelews beth ddylai ei wneud.

Felly, dyna Pelews yn mynd at lan Môr Myrtoa lle y byddai'n debygol o weld Thetis. Ymguddiodd a phan ddaeth y nymff allan o'r dŵr a cherdded ar y tywod, rhuthrodd Pelews ati a gafael ynddi. Yr eiliad honno, trodd hithau ei hun yn aderyn, ond daliodd Pelews ef yn ei ddwrn. Trodd yr aderyn yn neidr, ond er iddi wingo a chwythu, ni allai ddod yn rhydd o'i afael. Yna, trodd y neidr yn ddolffin ac ymlafnio i gael dod yn rhydd. Ond ni waeth pa ffurf a gymerai'r nymff, er mwyn dianc, ni ollyngai Pelews ei afael ynddi.

O'r diwedd, fe ildiodd Thetis, newidiodd yn hi ei hun yn ôl a chytuno i briodi Pelews.

Cynhaliwyd y briodas yn ogof Cheiron a daeth llawer o'r duwiau i Fynydd Pelion i'r dathlu. Yn eu plith roedd Hera, Athena ac Aphrodite ac ar yr achlysur hwn y dewisodd Paris Aphrodite fel y decaf o'r duwiesau. O hynny allan, bu Aphrodite yn helpu Paris bob cyfle a gâi. Gan fod ei mab hi, Aeneas, yn un o'r Troiaid, fe roddai hi nawdd ac amddiffyn i'r ddinas.

Wedi'r amser priodol, ganwyd mab i Pelews a Thetis, a galwyd ef yn Achil. Roeddent yn falch eithriadol o'u plentyn a chafodd bopeth a ddymunai. Ond gan fod Thetis yn nereid, fe ddeisyfai hi bethau gwahanol i famau meidrol ar gyfer ei mab. Roedd hi am wneud ei mab yn fod 'anfeidrol' fel na fyddai byth yn marw, a gwneud ei gorff yn 'anghlwyfadwy' fel na ellid byth ei glwyfo gan arfau dynion meidrol. I ddechrau, aeth â'r plentyn ar siwrnai faith i'r Byd Tanddaearol a'i drochi yn nyfroedd araf Afon Styx. Ni feiddiai Thetis ollwng gafael yn llwyr ar ei mab bach, felly cydiai ynddo gerfydd un sawdl heb sylweddoli y byddai'r sawdl honno yn para'n sych. Er bod yr afon wedi gwneud gweddill ei gorff yn ddiogel rhag unrhyw arf, roedd ei sawdl yn fan gwan. Gallai saeth wedi'i hanelu'n union, â'i blaen yn wenwynig, dreiddio drwy groen ei sawdl ac achosi marwolaeth.

Er mwyn gwneud Achil yn fod anfeidrol, cyflawnodd Thetis yr hen ddefod o serio meidroldeb ei gorff ohono â thân. Nid oedd wedi sôn wrth Pelews am ei bwriad, ac fe ddigwyddai fod yn dal y baban yn y fflamau pan ddaeth ei gŵr heibio. Wrth gwrs, fe wylltiodd ef yn gandryll a'i chyhuddo o geisio lladd y plentyn. Gwrthodai wrando ar eglurhad ei wraig, ac, felly, pan oedd Pelews yn cysgu, cymerodd Thetis y baban a ffoi. Aeth ar ei hunion i Fynydd Pelion a rhoi ei mab yng ngofal Cheiron, y centawr, a fu'n hyfforddi llawer o arwyr y gorffennol.

Tyfodd Achil yn ddyn ifanc golygus a dymunol a gwyddai Cheiron mai mab Pelews a Thetis oedd y mwyaf addawol o'r holl ryfelwyr y bu'n eu hyfforddi drwy'r blynyddoedd. Arferai Thetis ymweld â'r ogof yn y mynydd o dro i dro gan ei bod yn dal i garu ei mab.

Pan glywodd Thetis fod Helen wedi cael ei chipio i Gaerdroia, dechreuodd ofidio'n arw iawn. Roedd y Brenin Agamemnon wedi cyhoeddi fod rhyfelwyr Groeg i ymuno ag ef ym mhorthladd Awlis ar arfordir Boiotia. Yno, roedd yn cynnull fflyd o longau i hwylio yn erbyn Caerdroia. Ofnai

Thetis y byddai Achil, fel disgyblion eraill Cheiron, yn ateb yr alwad yn ddiymdroi. Prysurodd tua Mynydd Pelion.

Roedd y newydd wedi cyrraedd yno eisoes ac Achil ar fin ymadael. 'Mae yna fwy na digon o ryfelwyr wedi addo mynd i orchfygu Caerdroia,' meddai ei fam wrth Achil. 'Does dim angen i tithau fynd hefyd.'

Ni allai ei mab gytuno. 'Dydi'r frwydr ddim wedi'i hymladd, heb sôn am ei hennill. Pwy a ŵyr beth a ddigwydd? Mae Agamemnon yn gadfridog doeth ac os ydi o'n dweud bod angen rhagor o ddynion, rhaid i mi fynd.'

Ochrai Cheiron gydag Achil a sylweddolodd Thetis na fyddai dadlau'n tycio o gwbl. Felly, rhoddodd ryw swyn ar Achil a'i gipio ymaith yn ddirgel. Wedi gwisgo amdano ddillad merch, hwyliodd gydag ef i Ynys Scyros. Yno, cyflwynodd ef i'r Brenin Lycomedes fel ei merch a'i adael ef yno yng ngofal y brenin.

Yn y cyfamser, roedd brenhinoedd a thywysogion Groeg yn ymgynnull yn Awlis. Y byddinoedd o'r gwladwriaethau cyfagos a ddaeth gyntaf. Bu'r lluoedd o Arcadia a Messenia yn y de, ac o Thessalia yn y gogledd, ar daith am wythnosau lawer cyn cyrraedd Awlis. Yr un pryd, o'r ynysoedd a threfi arfordir y tir mawr, fe hwyliai'r llongau a oedd i'w cludo i Gaerdroia. Roedd yno brysurdeb di-baid wrth baratoi'r llongau at ryfel a'u llwytho â bwydydd ac arfau.

Bu Odyssews yn gyndyn o ymuno â'r ymgyrch. Cawsai rybudd gan oracl y byddai llawer blwyddyn faith wedi mynd heibio cyn i'r un o'r rhyfelwyr ddychwelyd i Roeg. Felly, pan deithiodd Agamemnon i Ithaca i annog Odyssews i ymuno ag ef, cymerodd Odyssews arno ei fod wedi gwallgofi. Bachodd asyn ac ych wrth ei aradr, ac â'r wedd anghytbwys honno, fe fu'n aredig ei gaeau ac yna'n hau halen ynddynt yn lle had.

Dyfalai Agamemnon fod gan Odyssews reswm digon call dros ymddwyn mor hurt. Felly, trefnodd fod mab bach Odyssews, Telemachos, yn cael ei osod ar lawr yn union ar lwybr yr aradr. Roedd adwaith y tad i hyn yn hollol groes i'r hyn a ddisgwylid gan wallgofddyn. Heb feddwl ddwywaith, ruthrodd ar draws y cae i godi'r plentyn a'i anwesu. Roedd hi'n anodd iddo wedyn gogio bod wedi drysu. Ffarweliodd â'i deulu a mynd gydag Agamemnon i Awlis.

O'r diwedd, roedd popeth yn barod yno. Yn sŵn utgyrn, aeth y milwyr ar fyrddau'r llongau. Ymhen dim o dro, roedd yr hwyliau gwynion ar

daen. Symudodd y fflyd llongau allan o'r porthladd yn araf a chychwyn ar draws Môr Aegea tua Chaerdroia.

Ar y dechrau, nid oedd argoelion y byddai ffawd o'u tu. Cododd corwyntoedd dychrynllyd a chwipio yn erbyn y llongau. Gyrrwyd llawer ar drugaredd y tonnau anferthol i bob cyfeiriad a bu'n rhaid aros am ddyddiau wedi i'r stormydd ostegu cyn i'r llongau ddod at ei gilydd eto. Roedd rhai ohonynt mewn cyflwr enbyd, eu hwyliau yn garpiau a'u hwylbrennau yn falurion yng nghanol y rhaffau. Erbyn hynny, roedd y rhwyfwyr i gyd wedi llwyr ymlâdd a'r dŵr wedi difetha toreth o fwydydd. Yn ddiddadl, nid oedd gobaith mynd ymlaen dan yr amgylchiadau. Rhaid oedd dychwelyd i Roeg i atgyweirio'r llongau.

Roedd yna reswm arall hefyd dros droi'n ôl. Yn ystod y stormydd, cofiodd Agamemnon fod Calchas, y proffwyd, wedi dweud wrtho na ellid trechu Caerdroia heb gael Achil ymhlith rhyfelwyr Groeg. Pan fethwyd â dod o hyd i Achil, fe anwybyddodd Agamemnon y rhybudd, ond ni allai fforddio dal i wneud hynny.

Cyn gynted ag y cyrhaeddodd ei fyddinoedd yn ôl yn ddiogel i Awlis, cychwynnodd Agamemnon i chwilio am y rhyfelwr a oedd ar goll. Ymhen hir a hwyr, clywodd si fod Achil ar Ynys Scyros ac yn byw fel geneth yn llys Lycomedes. Awgrymodd Odyssews ddull i ganfod ai gwir y stori.

'Os ydi o yno, efallai ei fod o'n berffaith fodlon byw fel geneth neu efallai ei fod o'n garcharor yno. Hwyrach na ŵyr o ddim byd am yr ymgyrch. Tan y cawn ni sicrwydd, rhaid bod yn hynod o ofalus.'

Prynodd Odyssews anrhegion i Lycomedes a hwyliodd am Scyros gyda chapten arall o blith y Groegiaid, Diomedes. Roeddent wedi dieithrio eu golwg rhag i neb ddeall pwy oeddent. Os oedd Achil yn cael ei guddio'n fwriadol, doethach fyddai peidio ag edrych fel rhyfelwyr a ddaethai i'w ddwyn oddi yno trwy drais.

Derbyniodd y ddau deithiwr groeso gan y Brenin Lycomedes ac ni chawsant yr argraff ei fod yn cynhyrfu o gwbl wrth glywed rhyw gymaint o'r gwir.

'Pan glywodd ein bod ni'n dod i Scyros, fe ofynnodd y Brenin Agamemnon i ni holi a oedd Achil, mab Pelews, yn byw yma. Mae yna baratoi ar gyfer ymgyrch fawr i Gaerdroia ac, yn ôl y duwiau, nid oes gobaith llwyddo heb Achil. Mae dynion Agamemnon wedi chwilio ym mhobman amdano fo ar y tir mawr, ond yn ofer. Mi glywsom efallai ei fod o bellach ar un o'r ynysoedd.'

Ysgydwodd Lycomedes ei ben. Ni wyddai fod Thetis wedi'i dwyllo. 'Mae'n ddrwg gen i, ond allaf fi mo'ch helpu,' meddai. 'Mae chwaer Achil yma'n aros, ond dydi hi ddim wedi clywed gair ganddo fo ers tro byd.'

Cymerodd Odyssews arno ei fod yn fodlon ar hynny.

'Yn Seriphos y byddwn ni'n galw nesaf,' meddai. 'Mi fentrwn ein siawns yno. Dyma anrhegion i ti a'th ferched gan Agamemnon.'

Agorwyd yr anrhegion—cwpanau aur i Lycomedes, a thlysau, modrwyau, cadwyni gwddf a llieiniau a brodwaith hardd arnynt i'r merched. Gosodwyd popeth yn bentyrrau ar y bwrdd pren hir a galwyd ar y merched i mewn i wneud eu dewis. Dan siarad a chwerthin yn llon, daeth merched Lycomedes o gwmpas y bwrdd a gafael yn y naill beth a'r llall. Roedd un eneth yn dalach o lawer na'r lleill a chanddi gorff main, syth. Nid oedd ganddi fawr o ddiddordeb yn yr holl anrhegion gwerthfawr. Yna, wrth fyseddu mantell goch a orweddai ymhlith y pethau eraill, fe newidiodd ei hagwedd ar amrantiad. Yn guddiedig o dan y fantell, roedd yna gleddyf â gemwaith cain ar ei garn. Cydiodd yr eneth ynddo fel rhywun wedi hen arfer â thrin cleddyf, a'i chwifio gan gogio ymosod ar y merched eraill.

Gwyddai Odyssews fod ei gynllun wedi gweithio. 'Achil,' gwaeddodd. 'Odyssews, mab Laërtes, ydw i a 'nghyfaill ydi Diomedes o Argos. Mi ddaethom oddi wrth y Brenin Agamemnon i ofyn i ti ddod i'r frwydr fwyaf a fu erioed. Tyrd efo ni i Gaerdroia, ac fe ddoi di â chlod a bri i ti dy hun ac i Roeg.'

Yr eiliad honno, drylliwyd y swyn a roesai Thetis ar ei mab. Camodd Achil tuag at Odyssews ac ysgwyd ei law. 'Mi ddof i efo chi'r munud yma,' meddai'n bendant. 'Gorau po gyntaf i ni gychwyn.' A brysiodd i newid o'r dillad geneth a oedd amdano. Bu hyn yn syndod o'r mwyaf i Lycomedes. Yn fuan wedyn, roedd y tri dyn ar eu ffordd i Awlis.

Cyn gynted byth ag y cynullodd Achil ei filwyr dan ei faner ac ymdeithio i Thessalia, fe hwyliodd holl longau Groeg unwaith eto. Y tro hwn, bu'n fordaith dawel. Wrth i'r Groegiaid gyrraedd culfor yr Helespontos, fe welent fyddin Caerdroia yr ochr draw yn barod i'w hatal rhag glanio. Ond nesu at y lan a wnaeth y Groegiaid. Yno, fe lamodd y dynion i'r dŵr bas o dan gawodydd o saethau, picellau a cherrig. Clywid sŵn croesi cleddyfau a chynyddai dwndwr y brwydro bob

munud. Roedd Achil ymhlith y rhai cyntaf ar y lan ac, o dan ei arweiniad ef, gorfodwyd y Troiaid i gilio draw oddi wrth lan y môr. Ni faliai Achil am unrhyw berygl ac ymrôdd yn llwyr i frwydro am ei fod wrth ei fodd cael ymddwyn fel dyn eto. Am ennyd, roedd y Troiaid fel petaent yn petruso ac mewn cyfyng gyngor—ai ymladd ynteu ffoi fyddai ddoethaf. Yna, brasgamodd ffigwr cydnerth Cycnos, mab Poseidon, drwy'r rhengoedd gan eu hannog i beidio ag ildio ar unrhyw gyfrif ac i ymdrechu'n galetach.

Gwyddai Achil fod cael arweinydd o'r fath ar yr ochr arall yn golygu y byddai'r frwydr gyntaf yn un waedlyd. Roedd hi'n hanfodol i'r Groegiaid gael lle i wersylla, o leiaf, ar y traeth. Hyrddiodd ei waywffon at Cycnos. Ond am ei fod yn fab i un o'r duwiau, ni ellid lladd Cycnos â gwaywffon meidrolyn, ni waeth pa mor fedrus a chryf y fraich a'i hyrddiai hi. Er i'r waywffon ei daro yng nghanol ei fynwes, ni chafodd niwed o gwbl. Dyfalodd Achil y gyfrinach. Gwthiodd ymlaen yn awr trwy rengoedd y Troiaid nes bod y ddau ddyn yn sefyll wyneb yn wyneb. Ciliodd y rhai agosaf atynt draw gan ffurfio cylch i wylio'r ymladdfa.

Yn hytrach na bwrw ymlaen â'i gleddyf neu'i waywffon, cydiodd Achil yn ei gleddyf gerfydd y llafn a'i chwifio yn yr awyr cyn ei ollwng o'i law. Trawodd y carn yn erbyn tarian Cycnos nes ei gyrru i ergydio fel taranfollt ar ochr ei ben. Wedi'i syfrdanu'n hollol, dechreuodd Cycnos simsanu ac yna syrthiodd. Llamodd Achil arno fel llewpart. Tynnodd yn wyllt yn helmed Cycnos a thynhau'r strapen am ei wddf. Roedd nerth Achil yn anhygoel a daliodd ati tan i gorff Cycnos fynd yn llipa. Ond ni fu farw. Cododd alarch mawr, gwyn yn urddasol o'r fan lle y gorweddai ei gorff. Wedi hedfan i gyfeiriad y môr, glaniodd draw ymhell ar y tonnau. Roedd Poseidon wedi galw ei fab adref yn ôl.

Efallai fod y Troiaid wedi dehongli hyn fel argoel ddrwg neu efallai mai wedi digalonni yr oeddent ar ôl colli un o'u rhyfelwyr dewraf. Sut bynnag, cilio a wnaethant yn awr i mewn i'r ddinas. Oddi yno buont yn gwylio byddinoedd Groeg yn gosod eu pebyll, yn cludo eu storfeydd o fwyd ac arfau o'r llongau, ac yn tywys eu ceffylau a'u cerbydau rhyfel. Roedd brwydr gyntaf y rhyfel drosodd ac Agamemnon yn fuddugol. Oherwydd hyn, roedd milwyr Groeg mewn hwyliau da ac yn hyderus y byddent yn ennill y dydd. Ond gwyddai eu penaethiaid nad yw un fuddugoliaeth yn golygu ennill y rhyfel.

Yn ystod y dyddiau nesaf, ysgarmesoedd

gweddol ysgafn a gafwyd tra bu'r ddwy ochr yn claddu eu meirwon ac yn pwyso a mesur y sefyllfa. Mewn ymdrech derfynol i osgoi colli gwaed, anfonodd Menelaos, gŵr Helen, negesydd at y Brenin Priaf i herio Paris i ymladd yn ei erbyn ef hyd angau. Petai Menelaos yn ennill, fe gâi Helen yn ôl. Petai'n colli, fe fyddai Paris wedi ennill Helen mewn ymladdfa deg. Pa beth bynnag fyddai'r canlyniad, fe ddychwelai byddinoedd Groeg adref wedyn ac fe gâi Caerdroia lonydd.

Derbyniodd Paris yr her. Bu Menelaos ac yntau'n ymladd yn galed ger un o byrth y ddinas. Yn y man, anafwyd Paris yn ei glun ag ergyd gan gleddyf Menelaos, a syrthiodd i'r llawr. Cyn i Menelaos allu taro'r ergyd olaf i'w lorio'n llwyr, rhuthrodd milwyr Caerdroia oddi wrth y pyrth, amgylchu Paris a'i lusgo i ddiogelwch. Caeodd y porth ar eu holau a safai Menelaos ar ei ben ei hun yn y fan honno mewn penbleth oherwydd ymddygiad o'r fath.

Aeth munudau heibio a phob un o byrth y ddinas yn dal yngháu. Nid oedd arlliw o Helen yn unman. Roedd hi'n amlwg nad oedd y Troiaid yn bwriadu cadw'r fargen. Arhosodd Menelaos am dipyn eto, yna trodd ar ei sawdl a cherdded yn frysiog yn ôl i wersyll y Groegiaid heb dorri gair â neb wrth fynd drwy'r rhengoedd o filwyr. Y noson honno, fodd bynnag, mewn cyfarfod i drafod hynt y rhyfel, fe siaradodd Menelaos yn huawdl ac â thinc o chwerwedd yn ei lais, ar bwnc agos at ei galon, sef syniad y Groegiaid o anrhydedd. Cytunodd ei holl gymdeithion y dylai'r rhyfel redeg ei gwrs bellach ac na ddylid ceisio amodau heddwch yn y dyfodol.

Rhoddwyd aml i brawf ar eu penderfyniad yn ystod y blynyddoedd dilynol a dadleuai llawer y dylai'r Groegiaid roi'r gorau i ryfel na fedrent byth ei ennill. Er iddynt osod gwarchae ar Gaerdroia, roedd y muriau a gododd Poseidon yn rhy gadarn a disyfl iddynt. O bryd i'w gilydd, fe ddôi'r Troiaid allan i frwydro ar y gwastadedd, ond gan fod y ddwy ochr yn bur gyfartal o ran nerth a dewrder, nid oedd yr un ohonynt ar ei hennill.

Er bod Caerdroia ei hun yn gwrthod ildio, treuliodd y Groegiaid lawer o amser yn gwneud cyrch ar y trefi a'r ardaloedd cyfagos a oedd yn deyrngar i'r Troiaid. Yn ogystal â chasglu bwyd i'w byddin eu hunain, bwriadai'r Groegiaid atal y cyflenwadau bwyd a dŵr i Gaerdroia ei hun. Petai modd ynysu ei milwyr yn hollol a'u llwgu am ddigon o hyd, fe fyddent yn fuan iawn yn rhy wan i ymladd. Byddai rhaid iddynt ildio yn y diwedd. Ceisiodd milwyr Groeg eu gorau i warchod pob llwybr dihangfa, ond daliai'r Troiaid i allu sleifio allan liw nos i chwilio am fwyd.

Un diwrnod, roedd Achil yn arwain criw o ysbeilwyr gwartheg ar draws Afon Scamandros ger troed Mynydd Ida, heb fod ymhell iawn o Gaerdroia. Ar y pryd, roeddent yn anelu am dref Lyrnesos tua'r gorllewin. Cerddent trwy'r dŵr bas ger tarddiad yr afon gan fynd yn eu blaenau yn bwyllog iawn rhag ofn fod rhywrai o'r dref ar eu trywydd. Gwyddent ers tro fod yna ysbïwyr ym mhobman o gwmpas y wlad, yn craffu ar bob symudiad.

Ar lan bellaf yr afon, daethant ar draws dynion yn dychwelyd i Gaerdroia ar ôl bod yn hel coed tân ar Fynydd Ida. Trechodd Achil a'i wŷr y rhain yn rhwydd a chanfuwyd mai eu harweinydd oedd neb llai na Lycaon, un o feibion Priaf. Arbedodd Achil ei fywyd, ond yn ddiweddarach, gwerthodd ef yn gaethwas.

Ni ladratawyd gwartheg Lyrnesos y noson honno, ond yn fuan wedyn, ymosododd Achil ar y dref ei hun, a oedd yn un o'r rhai olaf i wrthsefyll y Groegiaid. Dinistriwyd y dref yn llwyr. Ymhlith yr ysbail a gymerodd Achil a'i filwyr yn ôl i'w gwersyll, roedd dwy eneth mor brydferth ag Aphrodite ei hun, Chryseis a Briseis. Anodd oedd dweud pa un o'r ddwy oedd y decaf, ond Chryseis a ddewisodd Agamemnon heb betruso, a rhoddwyd Briseis i Achil.

Ymhen tipyn wedyn, ymledodd rhyw salwch rhyfedd drwy wersyll y Groegiaid. Gwaethygai o ddydd i ddydd nes bod y dynion yn fuan iawn yn rhy wan i ymladd, a bu farw llawer ohonynt yn eu pebyll. Aeth rhai dynion allan i chwilio am lysiau meddyginiaethol, ond ni chafodd yr un o'r moddion a wnaed o'r rheini unrhyw effaith ar y cleifion. Erbyn hyn, roedd y salwch wedi datblygu yn haint difrifol. Galwodd Agamemnon Calchas, y proffwyd, ato am gyngor.

'Frenin nerthol,' meddai Calchas, 'mae rhyw gamwedd difrifol wedi digwydd a'r duwiau wedi digio.'

'Ym mha fodd y bu i ni dramgwyddo yn eu herbyn?' gofynnodd Agamemnon.

'Yn dy babell, mae gen ti eneth sy'n cael ei thrin fel caethferch,' meddai'r hen ŵr. 'Mae hi'n ferch i offeiriad Apolo. Fo a anfonodd y pla yn gosb arnat ti.'

Cythruddwyd Agamemnon yn arw gan y newydd hwn am y gwyddai fod pob offeiriad yn sanctaidd yng ngolwg y duw a wasanaethai ac na chaniateid i'r un dyn eu sarhau.

'Rhaid bod hynna'n wir,' atebodd Agamemnon, 'ond sut y gallaf fi wneud iawn am y camwedd a wnes heb yn wybod?'

Dywedodd Calchas wrtho am roi Chryseis ar unwaith yn ôl i'w thad, ac offrymu i'r duw Apolo. Nid oedd gan Agamemnon ddewis heblaw ufuddhau, er na hoffai ymadael â'r eneth. Petai'n gwrthod, fe allai hi fod ar ben ar y Groegiaid.

Wedyn, gorchmynnodd Agamemnon i Achil roi'r eneth arall, Briseis, iddo yn lle Chryseis. Gwrthododd Achil wneud hynny, ond gan mai Agamemnon oedd y cadfridog, mynnai ufudd-dod gan ei ddynion. Gorfu i Achil ildio, ond roedd o'i gof wrth adael i'r eneth fynd. Aeth yn ôl i'w babell a thyngodd lw na fyddai ef na'r un o'i filwyr yn rhoi rhagor o gymorth, nes i Agamemnon roi Briseis yn ôl ac ymddiheuro iddo.

Cyn bo hir, roedd y newydd am y ffrae wedi cyrraedd Caerdroia a magodd hyn hyder ym milwyr Priaf. Roedd byddinoedd eraill wedi dod i'w cynorthwyo eto, a gyda'i gilydd fe ymosododd y rhain ar rengoedd y Groegiaid, nes eu gyrru'n agosach at y môr a thu ôl i'r muriau pren a oedd ganddynt yn amddiffynfa ar hyd y traeth. Y milwr olaf i gilio tu ôl i'r mur pren oedd Aias. Er mai ef oedd arwr y dydd ar ôl lladd llawer o'r Troiaid, cael eu trechu'n enbyd a wnaeth y Groegiaid a'r dynion yn cwyno'n arw ynghylch Achil.

Ceisiodd Patroclos, cyfaill ffyddlon Achil, ei amddiffyn pan oedd yr arweinyddion eraill yn gweld bai arno, ond fe wyddai yntau yn ei galon nad oedd Achil wedi ymddwyn fel y dylai dyn o'i safle ef a milwr o fri. Roedd Agamemnon hefyd ar fai, ond ni allai Patroclos ddylanwadu arno ef. Fe allai, serch hynny, ddarbwyllo Achil i beidio â phwdu yn ei babell fel plentyn wedi'i ddifetha.

'Symuda' i yr un cam o'r fan yma nes y daw Agamemnon ei hun yma i erfyn arna' i am faddeuant,' meddai Achil.

Roedd Patroclos bron â dod i ben ei dennyn erbyn hyn. Gwylltiodd wrth ei gyfaill ystyfnig. 'Mae'n edrych yn debyg i mi mai plentyn wyt ti o hyd,' meddai'n gas. 'Oni bai fy mod i wedi gweld â'm llygaid fy hun pa mor wrol y gelli di fod, mi fyddwn i'n tybio dy fod ti'n hiraethu am gael mynd yn ôl at enethod Scyros!'

Ni lwyddodd ei wawd i gyffroi Achil. Roedd rhaid i Patroclos feddwl am ryw gynllun neu ystryw i galonogi'r Groegiaid. 'O'r gorau,' meddai. 'Mi gymera' i d'arfogaeth di a mynd i faes y gad er mwyn i'r Troiaid gredu dy fod ti wedi callio, er fy mod i'n gwybod yn amgenach.'

Cymerodd helmed, tarian, cleddyf a gwaywffon Achil a brasgamu'n ddig allan o'r babell.

Drannoeth, heidiodd y Groegiaid dros y muriau pren a gwelodd y Troiaid, er eu gofid, ffigwr tal Achil yn arwain ei filwyr ymlaen. Cilient yn ôl at furiau'r ddinas ac er bod Hector, eu harweinydd, yn eu hannog ymlaen o hyd ac o hyd, roedd hi'n anodd gwrthsefyll ymosodiad y Groegiaid. Roedd Patroclos yr un ffunud ag Achil yn ei ddull o ymladd: yng nghanol y frwydr, yn annog ei wŷr ymlaen, yn wir arweinydd iddynt. Erbyn iddo gyrraedd pyrth y ddinas, Hector yn unig a'i rhwystrai rhag mynd ymlaen. Roedd Patroclos yn awr, fodd bynnag, wedi colli helmed Achil ac ni allai mwyach guddio'i wyneb. Yn flinedig wedi'r brwydro caled, nid oedd hanner cyn gryfed â Hector ac ar ôl tipyn o groesi cleddyfau, gorweddai cyfaill dewr Achil yn gelain.

Brysiodd un o gerbydwyr y Groegiaid ar garlam at babell Achil. Pan glywodd yntau'r newydd drwg, torrodd y rhyfelwr mawr ei galon yn lân. Cododd ar ei draed a cherdded allan o'r babell. Roedd hi'n fin nos bellach a'r Troiaid y tu mewn i furiau'r ddinas eto. Edrychodd Achil draw dros faes y gad a gweld yn y pellter Aias ac Odyssews yn codi corff Patroclos i gerbyd a'i gario'n ôl at rengoedd y Groegiaid.

Gwaeddodd â tharan o lais: 'Yn enw'r duwiau oll, fe fydd yfory yn ddydd o ddial! I gofio am Patroclos, fe fydd cant, nage, mil o ddynion Caerdroia yn marw yfory!'

Roedd muriau'r ddinas fawr fel petaent yn crynu yn y gwyll. Safodd Achil am funud gan syllu tua Chaerdroia. Yna aeth yn union at babell Agamemnon i gymodi ag ef.

Bore trannoeth daeth y Troiaid allan eto ac ymladdwyd brwydr arall. Ysgubai Achil a'i wŷr bawb o'u blaenau. Tyrrai ei gorff tal uwchlaw'r gweddill a thriniai ei gleddyf fel pladur enfawr yn medi rhengoedd y gelyn fel ŷd ar adeg cynhaeaf. Roedd marwolaeth Patroclos wedi llenwi calon Achil â chasineb at bob un o wŷr Caerdroia.

Wrth iddo ef a'i filwyr ymosod, symudai'r Troiaid yn ôl yn nes at furiau'r ddinas. Edrychai'n debygol yn awr fod y Groegiaid ar fin ei goresgyn, ond fesul un fe gaewyd pyrth y ddinas wrth i'r Troiaid encilio i ddiogelwch. Dim ond y prif borth oedd yn dal yn agored, yn cael ei amddiffyn hyd y funud olaf gan Hector tra oedd ei filwyr yn rhuthro heibio iddo. Fel arfer, bu Hector yn arwain y Troiaid yn hynod o ddewr trwy gydol y dydd, ond ni allai ef, hyd yn oed, atal yr anhrefn.

Gwelodd Achil ef o'i gerbyd a hyrddiodd ei waywffon ato â'i holl nerth. Fe fyddai hi wedi treiddio trwy furiau Caerdroia, gymaint oedd y grym y tu ôl iddi. Syrthiodd Hector ag archoll ddofn yn ei wddf.

Llamodd Achil o'i gerbyd a rhedeg â'i gleddyf yn ei law, ond roedd Hector wedi marw erbyn hynny. Roedd Achil yn dal i ferwi gan atgasedd ac aeth ati i glymu traed Hector â rhaff a rhwymo'i gorff wedyn wrth du ôl ei gerbyd. Yna, llusgodd fab Priaf dair gwaith o amgylch muriau Caerdroia.

Ffieiddiai ei gyfeillion, hyd yn oed, at Achil am

iddo drin corff gelyn, a drechwyd, yn y fath fodd. Cododd rhyw ofn ymhlith y Groegiaid. Dylid parchu rhyfelwr marw, boed gyfaill neu elyn, a'i gladdu yn ôl y defodau priodol neu ni châi byth ei le dyledus yn y Byd Tanddaearol. Byddai'r duwiau yn siŵr o ddigio wrth y Groegiaid.

'Gadewch iddo fod yn fwyd i fwlturiaid,' meddai Achil yn wawdlyd. 'Mi gawn ni eu gwylio nhw yfory yn crafu'r esgyrn.'

Ar doriad y wawr, edrychodd y Brenin Priaf allan oddi ar furiau'r ddinas a gweld corff ei fab yn gorwedd ar y gwastadedd o hyd. Galwodd ar Zews am gymorth a llwyddodd i ddieithrio ei olwg er mwyn mynd at wersyll y Groegiaid heb i neb ei adnabod. Pan gyrhaeddodd babell Achil, datgelodd pwy oedd a'i roi ei hun ar drugaredd y Groegwr.

'Mi wn fod llawer o bethau erchyll yn cael eu gwneud adeg rhyfel, pethau na fyddai dynion call yn breuddwydio eu gwneud adeg heddwch. Hen ŵr ydw i bellach, ond rydw i wedi gweld llawer. Fe fydd pobl ym mhob cwr o'r byd yn ffieiddio at y modd y triniaist ti gorff fy mab annwyl i. Fe fydd dy enw di yn gyfystyr â gwarth a'th weithredoedd da di wedi mynd yn angof gan bawb. Eto i gyd, dydi hi ddim yn rhy hwyr i ti adennill rhywfaint o'r parch y dylem ni, d'elynion hyd yn oed, ei ddangos i ti. Caniatâ i mi fynd â Hector adref i'r ddinas i'w gladdu'n barchus, er mwyn i'w enaid gael mynd i Elysion.'

Effeithiodd geiriau'r hen ŵr ar Achil a thawelu ei ysbryd ac yn awr sylweddolai ei fod wedi gwneud camwedd difrifol. Er hynny, roedd yn ddyn balch ac ni allai ildio'n gyfan gwbl.

'Fe elli di fynd â chorff dy fab,' meddai, 'os derbyniaf i ei bwysau mewn aur gen ti yn gyfnewid amdano fo.'

Cydsyniodd Priaf â hyn a chyhoeddwyd cadoediad am y diwrnod hwnnw. Daethpwyd â chlorian anferthol o Gaerdroia a'i dodi ger y muriau a'r porth lle y bu Hector farw. Cododd y Groegiaid ei gorff a'i ddodi ar un badell o'r glorian ac ar y badell arall pentyrrodd y Troiaid ddarnau aur. Cyrchwyd yr aur o ddaeargelloedd y ddinas, ond roedd y coffrau wedi'u tlodi'n arw gan y rhyfel hir, ac er iddynt ddod â'r aur i gyd, nid oedd yn ddigon i droi'r glorian a chael y ddwy badell yn gytbwys. Edrychodd Priaf yn bryderus ar Achil, ond ysgwyd ei ben yn araf a wnaeth y Groegwr. Nid oedd yn fodlon.

Sut bynnag, roedd rhywun wedi bod yn gwylio'r olygfa oddi ar y mur uwchben—chwaer Hector, Polyxene. Pan welodd ei thad yn troi

draw oddi wrth Achil, tynnodd oddi am ei gwddf dlws aur a hongiai wrth gadwyn, a'i daflu i lawr i badell y glorian. Bu'r pwysau ychwanegol yn ddigon i beri i'r badell ostwng fymryn nes bod y ddwy ochr yn berffaith gytbwys.

Cariodd milwyr Caerdroia gorff Hector ymaith ac fe wnaeth gweithred Polyxene gymaint o argraff ar Achil nes iddo roi'r tlws aur yn ôl iddi. Drannoeth, aeth y frwydr ymlaen fel arfer.

Yn ystod yr wythnosau dilynol, fe sylweddolodd Achil ei fod wedi syrthio mewn cariad â Polyxene. Ni allai yn ei fyw anghofio ei hwyneb hi wrth iddi wyro i lawr dros ymyl y mur i luchio'r tlws aur i'r glorian. Anfonodd Achil neges at Priaf: pe câi ef Polyxene yn wraig, fe ellid dod â'r rhyfel i ben.

Roedd brenin Caerdroia yn falch dros ben fod gobaith am heddwch eto a threfnodd gyfarfod i drafod y telerau. Ofnai Paris, fodd bynnag, pe ceid heddwch, y byddai rhaid iddo ef roi Helen yn ôl i'w gŵr. Tra oedd Achil yn cerdded yn dawel tua'r ddinas heb feddwl drwg i neb, anelodd Paris saeth wenwynig ato. Trawodd honno sawdl Achil yn yr union fan yr oedd llaw Thetis pan drochwyd ef yn Afon Styx. Treiddiodd blaen y saeth trwy'r croen ac ymledodd y gwenwyn yn fuan. Dyna'r corff tal yn disgyn ar ei bengliniau, a'r eiliad nesaf gorweddai'n farw ar y ddaear lychlyd.

Gydag Odyssews, Aias a Diomedes ar y blaen, rhuthrodd holl gerbydau rhyfel y Groegiaid i ymosod. Bu'r brwydro y diwrnod hwnnw yn fwy gwaedlyd nag erioed o'r blaen. Ac felly y bu wedyn am ddyddiau bwygilydd.

Yna, un bore, edrychodd y Troiaid ar draws y gwastadedd a sylwi bod y gelyn wedi diflannu. Nid oedd neb na dim yn y golwg heblaw gweddillion y gwersyll gwag. Roedd y llongau, hyd yn oed, wedi mynd yn ystod y nos.

Y tu allan i brif borth y ddinas, ar lwyfan ac olwynion amrwd tano, gwelid ceffyl pren anferthol. Ar un o'i ochrau, gallai'r Troiaid ddarllen arysgrif yn cyflwyno'r ceffyl i'r dduwies Athena ac yn gweddïo am i fyddinoedd Groeg gael dychwelyd adref yn ddiogel i'w gwlad.

Cerddodd y Troiaid o gwmpas y ceffyl gan ei archwilio'n fanwl. Ar y dechrau, amheuent mai rhyw fath o branc oedd hyn, ond nid oedd golwg fygythiol o gwbl ar y ceffyl yn y fan honno gefn dydd golau. Wedi'r cwbl, offrwm i Athena oedd hwn am iddi gymryd ochr y Groegiaid mor aml yn ystod y rhyfel hir. Ar ôl trafod ymysg ei gilydd, penderfynodd y Troiaid ddod â'r ceffyl i mewn i'r ddinas a gallai wedyn fod yn gofadail i atgoffa pawb o'u buddugoliaeth annisgwyl yn erbyn y

Groegiaid. Byddai gadael y ceffyl y tu allan i'r ddinas yn sarhad ar y dduwies Athena. Clymwyd rhaffau cryfion wrtho a'i lusgo trwy'r strydoedd hyd at lecyn ger y palas.

Daeth y diwrnod i ben a'r noson honno am y tro cyntaf ers blynyddoedd lawer, bu gwledda yng Nghaerdroia. Roedd yno ddawnsio a chanu a phob rhialtwch o gwmpas y ceffyl pren. Ger pyrth y ddinas, roedd y milwyr a'u gwarchodai hefyd wedi yfed eu gwala o win ac yn cysgu'n drwm.

O'r diwedd, a phobman fel y bedd, agorwyd heb smic ddrws cudd ym mol y ceffyl enfawr. Allan ohono, neidiodd hanner cant o ryfelwyr mwyaf beiddgar y Groegiaid. Rhedodd rhai ohonynt ar unwaith at y pyrth, ac aeth eraill yn llechwraidd at balas y brenin. Roedd cynllun Odyssews wedi gweithio'n berffaith.

Tra bu'r Troiaid yn cymryd meddiant o'r ceffyl ac yn dathlu, bu llongau Groeg yn angori o'r golwg mewn porthladd ar ynys heb fod ymhell. Yn fuan wedi iddi nosi, fe ddaeth y Groegiaid yn eu holau yn chwim a thawel ac erbyn i'r milwyr y tu mewn i'r ddinas ladd ceidwaid y pyrth ac agor pob porth, roedd y fyddin wedi ymgynnull ar y gwastadedd y tu allan i'r ddinas. Cyn gynted ag yr aeth y gelyn i mewn i'r ddinas, roedd hi ar ben ar y Troiaid. Ymladdwyd y frwydr olaf ganddynt yn hollol ddi-baratoad. Cyn i'r wawr dorri, roedd y Groegiaid wedi meddiannu'r ddinas. Lladdwyd llawer o ryfelwyr mwyaf Caerdroia ac aed â'r gwragedd a'r plant yn gaethweision.

Beth a ddigwyddodd i Helen, yr un a achosodd yr holl ryfela a'r dioddef am ddeng mlynedd? Dychwelodd adref i Roeg at ei gŵr Menelaos.

Odyssews ar grwydr

Wedi cwymp Caerdroia, ni ddychwelodd holl fyddinoedd Groeg yn ôl gyda'i gilydd. Penderfynodd rhai o'r cadfridogion fynd ar eu liwt eu hunain. Nid yw'r siwrnai o Gaerdroia i Roeg yn edrych yn un faith ar fap, ond roedd hi'n siwrnai lawn o beryglon, yn enwedig pan fyddai duwiau ac angenfilod yn ymyrryd. Cymerodd Odyssews, a ddyfeisiodd gynllun y ceffyl pren, flynyddoedd lawer cyn cyrraedd adref i Ithaca.

I gychwyn, hwyliodd Odyssews a'i longau i ran o Thracia rhwng dwy afon fawr, ond gwrthododd y trigolion i'r Groegiaid lanio. Felly, ni chawsant gyfle i lwytho anghenion fel bwydydd a dŵr glân. Eu bwriad oedd dilyn arfordir Thracia ar y ffordd yn ôl er mwyn bod yn agos at y tir, petai angen lloches. Ond fe'u chwythwyd allan i'r môr ac am ddyddiau buont ar drugaredd y corwyntoedd ac yn ofni llongddrylliad.

Gwahanwyd llong Odyssews oddi wrth y gweddill ac nid oedd ganddo ef na'i griw amcan ymhle yr oeddent. Ymhen hir a hwyr, gostegodd y gwyntoedd a chafwyd cipolwg ar dir ar y gorwel—arfordir Libya. Dyna wlad y Lotophagoi, sef Bwytawyr y Lotos. Aeth Odyssews i'r lan er mwyn cael dŵr yfed. Er iddynt gael eu rhybuddio rhag hynny, fe fwytaodd rhai o'r llongwyr hadau'r lotos. Math o ffa hudol oedd hadau'r lotos, a ddrysai feddwl y sawl a'u bwytâi nes bod popeth yn eu bywyd cyn hynny yn mynd yn angof ganddynt. Crwydrodd y dynion hynny oddi wrth eu cymdeithion heb falio am neb na dim heblaw eu byd o ledrith. Ofnai Odyssews i'r gweddill gael eu denu yr un modd, ac fe'u galwodd yn ôl i'r llong a chodi angor yn ddiymdroi.

Y lle nesaf iddynt aros ynddo oedd Ynys Sicilia, cartref y Cyclopes, sef cewri hollol anwar a fwytâi gnawd dynol. Dim ond un llygad oedd gan bob un, yn serennu'n filain yng nghanol ei dalcen. Eu pennaeth oedd Polyphemos, y talaf ohonynt. Mab i Poseidon a rhyw nymff oedd ef a bu ei fywyd ef a'i ddilynwyr yn llawer tawelach gynt. Y cewri unllygeidiog hyn a fu'n gwneud gwaith metel cain a, hefyd, daranfolltau i Zews o dan gyfarwyddyd y gof dduw, Hephaistos. Ond wedi dod dan ddylanwad Polyphemos, daeth tro ar fyd yn hanes y Cyclopes. Gadawsant eu crefft a mynd i ysbeilio trefi a phentrefi ar hyd a lled yr ynys, gan ladrata ŷd ac anifeiliaid a chodi ofn ar bawb.

Ni wyddai Odyssews ddim byd am hyn, ac wedi iddo ef a'i longwyr ddod i'r lan, aethant i fyny'r bryn serth uwchlaw'r bae lle roeddent wedi bwrw angor. Wedi ymlwybro rhwng y creigiau am dipyn, daethant at glogwyn ac wrth nesu ato gwelent geg ogof o'u blaenau. O gwmpas fe borai geifr a defaid.

'Arhoswch yma,' meddai Odyssews wrth ei ddynion, 'a chadwch o'r golwg.'

Ymguddiodd y dynion y tu ôl i'r creigiau ac aeth Odyssews ymlaen ar ei ben ei hun. Wrth ymyl yr ogof, safodd a gwrando, ond ni chlywai'r un smic ar wahân i sŵn y gwynt. Cydiodd yn ei gleddyf wrth groesi at geg yr ogof a sbecian i mewn iddi. Ar y dechrau, roedd hi'n rhy dywyll iddo weld dim, ond wrth i'w lygaid gynefino â'r düwch, gwelodd fod y lle'n wag heb arwydd fod neb yn byw yno. A barnu oddi wrth y pentwr esgyrn yn un gongl, gallai fod yn ffau rhyw anifail.

Brysiodd Odyssews allan i'r haul eto a galw ar ei ddynion. 'Dyma le ardderchog i ni aros dros dro,' meddai. 'Yfory mi awn ni i chwilio am dref neu bentref i ni gael prynu bwyd ac ati. Ond heddiw mi fwytawn ni gig gafr.'

Ni fu'r dynion fawr o dro cyn lladd rhai o'r geifr a'u rhostio uwchben y tân a gynheuwyd yn yr ogof. Eisteddent yn gylch o gwmpas y tân yn gwledda'n awchus ar y cig rhost. Amheuthun o beth iddynt oedd bwyta cig a hwnnw heb gael ei halltu. Erbyn iddynt gael eu gwala, roedd hi'n dechrau nosi. Yn ddirybudd, aeth yr ogof yn dywyll iawn. Gwaetha'r modd, nid oeddent wedi ymorol bod rhywun yn cadw gwyliadwriaeth ac ni chlywsant sŵn traed na dim. Trodd pob un ei ben a beth a welsant ond corff anferthol Polyphemos yn llenwi ceg yr ogof a'i lygad yn pefrio'n goch yng ngolau'r tân. Cafodd Odyssews, hyd yn oed, fraw ofnadwy, ond fe siaradodd.

'Os buom ni, heb yn wybod, mor ddigywilydd â dod i mewn i'th gartref di, wnei di faddau i ni? Dieithriaid ydym ni ac roeddem ni'n credu bod yr ogof yn wag.'

Ond dim ond rhochian a wnaeth y cawr cyn mynd allan eto. Llamodd Odyssews ar ei draed. 'Cyn iddo fo ddod yn ôl rhaid i ni frysio . . .' Ni chafodd gyfle i orffen ei frawddeg gan fod pobman yn dywyll drachefn. Polyphemos oedd wedi dod yn ôl gyda gyr o ddefaid a geifr o'i flaen. Wedi dod i mewn, estynnodd faen enfawr a'i roi ar draws ceg yr ogof nes ei chau'n llwyr.

'Pwy wyt ti a siaradodd gynnau? Beth ydi d'enw di?' gofynnodd y cawr yn sarrug.

'Neb. Dyna pwy ydw i. Neb,' atebodd Odyssews.

'Rydw i bron â llwgu. Rhaid i mi gael tamaid blasus o gig rŵan.'

Ar y gair, cydiodd Polyphemos mewn dau o'r dynion druain, eu llarpio'n ddarnau a'u bwyta. Wedi cael llond ei fol o fwyd, gorweddodd ar lawr. Toc, roedd ei chwyrnu'n atseinio fel taran trwy'r ogof.

Gan ei bod yn annhebygol y byddai unrhyw sŵn a wnaent yn ei ddeffro, dechreuodd y dynion siarad yn ddistaw a chynllunio.

'Rhaid i ni ddianc oddi yma gynted byth ag y gallwn ni,' meddai Odyssews.

Aethant ar flaenau eu traed at geg yr ogof ac er iddynt ymdrechu â'u holl egni, ni lwyddwyd i symud y maen. Ni feiddient ymosod ar y cawr ac yntau'n cysgu. Hyd yn oed petaent yn ei ladd, byddent wedi eu dal yn gaeth am byth.

Treuliwyd noson bur anesmwyth. Bore trannoeth, gyrrodd Polyphemos y geifr a'r defaid allan a chaeodd geg yr ogof â'r maen enfawr o'r tu allan. Ni welwyd rhagor arno'r diwrnod hwnnw. Cynyddai ofn ac arswyd y dynion bob munud wrth feddwl beth fyddai eu tynged pan ddôi'r nos. Er i rai ohonynt ddigalonni'n llwyr, roedd Odyssews yn brysur wrthi'n cynllunio. Ymhen tipyn fe gafodd syniad. Roedd wedi sylwi ar bolyn pren yn yr ogof a gafaelodd ynddo. Yna naddodd un pen yn bigfain a'i galedu yn y marwydos. Wedyn, cuddiodd y polyn o dan groen gafr ar lawr.

Y noson honno, daeth Polyphemos yn ei ôl gyda'i ddefaid a'i eifr. Caeodd geg yr ogof â'r maen, cyn cydio mewn dau ddyn arall. Wedi eu lladd a'u bwyta, aeth i gysgu fel mochyn. Pan dybiai Odyssews fod y cawr yn cysgu'n ddigon trwm, estynnodd y polyn a daliodd y pen pigfain yn y tân nes ei fod yn wynias. Gyda chymorth ei gyfeillion, gyrrodd Odyssews y polyn i mewn i unig lygad y cawr.

Deffrôdd Polyphemos, bron â drysu gan boen. Ymbalfalodd yn wyllt er mwyn cael gafael ar bwy bynnag oedd wedi ymosod arno. Trwy drugaredd, fe lwyddodd pob un o'r dynion i neidio o'i ffordd bob tro y nesâi atynt. Bu'n sgrechian yn gynddeiriog wedyn nes bod y wlad yn diasbedain. Daeth rhai o'r Cyclopes eraill at yr ogof a galw arno.

'Beth ar y ddaear sy'n bod? Pwy sydd wedi dy frifo di?'

A'r ateb, wrth gwrs, oedd:

'Neb! Neb!'

Ac i ffwrdd â nhw wedyn.

Ymhen rhai oriau, rhwymodd Odyssews y defaid yn ei gilydd bob yn dair. Yna, dywedodd wrth ei gyfeillion:

'Rhaid i un dyn ymguddio o dan bob tair dafad pan fydd y cawr yn eu gollwng nhw allan yn y bore.'

Aeth Polyphemos at geg yr ogof a symud y maen o'r neilltu yn ôl ei arfer, ond ni chamodd

allan. Penliniodd ar lawr a dal ei ddwylo blewog fel dwy grafanc, yn barod i fachu'r dynion wrth iddynt geisio dianc heibio iddo. Clywodd swn traed y defaid a'r geifr ar y llawr pridd caled, ac wrth iddynt ruthro heibio, y cyfan a deimlai â'i fysedd oedd cefnau gwlanog y defaid a chefnau blewog y geifr. Ni chafodd achos i ddrwgdybio dim.

Y fath ollyngdod i'r Groegiaid oedd cael dod allan o'r ogof yn fyw ac yn iach! Brysiodd pawb i lawr y llechwedd creigiog at y llong. Wrth iddynt rwyfo allan i'r môr a chodi'r hwyliau, safodd Odyssews ar ei draed a gweiddi nerth esgyrn ei ben: 'Ffarwél! Nid y duwiau, ond dynion meidrol, cyffredin oedd achos dy ddallineb. Mi allet ti fod wedi'u difa nhw â'th fys bach!'

Pan glywodd y llais, camodd Polyphemos allan o'r ogof a maen enfawr ceg yr ogof rhwng ei ddwy law. Wrth i Odyssews floeddio 'Ffarwél!' unwaith eto, hyrddiodd y maen i gyfeiriad y floedd. Bu ond y dim iddo daro'r llong. Cynhyrfodd gymaint ar y tonnau nes simsanu'r llong yn arw am dipyn. Wrth edrych tuag yn ôl, gwelai'r criw yr hen gawr yn dyrnu'r ddaear yn ei ddicter.

Gyda chymorth Aiolos, ceidwad y gwyntoedd, fe hwyliodd Odyssews nes dod i olwg Ithaca. Roedd Aiolos wedi cau pob gwynt croes mewn cwdyn o groen gafr, ond tybiodd y llongwyr bod trysor ynddo ac agorwyd ef tra oedd Odyssews yn cysgu. Canlyniad hynny oedd iddynt gael eu chwythu draw oddi wrth y lan eto ac ymhell tua'r gorllewin. O'r diwedd, cyraeddasant Aiaia, ynys a reolid gan y dduwies Circe. Yn ôl pob sôn, roedd hi'n casáu'r ddynol ryw. Anfonodd Odyssews oddeutu ugain o ddynion i gael golwg ar yr ynys.

Dewiswyd dyn o'r enw Ewrylochos i arwain y fintai. Ar y dechrau, ymddangosai'r dduwies yn ddigon cyfeillgar. Eto i gyd, roedd yna rywbeth yn ei chylch yn peri iddo ei hamau hi. Pan wahoddodd Circe yr ymwelwyr i wledd, gadawodd ef i'r lleill fynd, ond aros y tu allan i wylio a wnaeth ef ei hun. Prin eu bod nhw wedi eistedd wrth fwrdd y wledd nad oedd Circe trwy swyn wedi eu troi yn foch.

Aeth Ewrylochos yn llechwraidd yn ôl i'r llong a rhoi gwybod i Odyssews am hyn. Roedd yntau mewn penbleth. Pan oedd ar fin cychwyn, a'i gleddyf yn ei law, i achub y fintai, fe ymddangosodd Hermes. Eglurodd y duw hwnnw wrtho y gallai ei amddiffyn ei hun rhag swynion Circe â blodyn gwyn rhyw lysieuyn hudol a dyfai ar yr ynys. Wedi hel rhai o'r blodau, mentrodd Odyssews at y dduwies. Methodd ei swynion ag effeithio arno ef. Heriodd Odyssews hi â'i gleddyf a chrefodd hithau arno am drugaredd.

'Mi arbeda' i dy fywyd di os gollyngi di fy nghyfeillion i'n rhydd,' meddai wrthi. Ar hynny, trodd y moch yn ddynion drachefn. Hyd yn oed wedyn, roedd Circe yn gyndyn o adael i'r

Groegiaid ymadael am ei bod hi wedi syrthio mewn cariad ag Odyssews ac yn awyddus i'w briodi. Er ei fod yn ysu am deithio ymlaen, fe arhosodd ef yno am dipyn rhag ofn i Circe achosi rhagor o niwed iddynt. Osgôdd ei ddigio, ond gofalodd roi ar ddeall iddi na ddymunai aros yno am byth. O'r diwedd, fe addawodd Circe y caent oll fynd adref, petaent yn ymweld â'r Byd Tanddaearol i ddechrau. Yno roedd Odyssews i fod i ymgynghori â Teiresias, yr hen broffwyd, a fyddai'n darogan ei dynged iddo. Petai hwnnw'n dweud y dylent ymgartrefu yn Aiaia, byddai rhaid cadw at hynny. Ond fe fyddai rhaid i Odyssews ddod yn ôl, sut bynnag, i roi gwybod yr ateb i Circe.

Yn y Byd Tanddaearol, roedd Odyssews yn falch o gael cyfarfod â llawer o'i hen gyfeillion, ond nid oedd y newydd gan Teiresias yn galonogol. Er y byddai'n llwyddo i ddychwelyd yn ddiogel i Ithaca ryw ddydd, fe welai bryd hynny fod eraill, yn ei absenoldeb, wedi meddiannu ei diroedd a'i eiddo.

Hwyliodd Odyssews a'i longwyr yn ôl i Aiaia, a thrwy drugaredd fe gadwodd Circe ei rhan hithau o'r fargen a chaniatáu iddynt ymadael â'r ynys. Fe'u rhybuddiodd ynghylch rhai peryglon ar y daith a'u cynghori sut i'w goresgyn.

I gychwyn, bu rhaid iddynt fynd heibio i'r arfordir creigiog lle y trigai'r Sireniaid. Arferai'r creaduriaid rhyfedd hynny ddenu morwyr o'u

llongau â'u canu. Pwy bynnag a glywai eu lleisiau hudolus ni allai ei atal ei hun rhag plymio i'r tonnau er mwyn mynd atynt. Gan ddilyn cyngor Circe, gorchmynnodd Odyssews ei longwyr i lenwi eu clustiau â chŵyr fel na allent glywed y canu. Roedd ef ei hun yn benderfynol o wrando ar y canu, ond parodd i'w gyfeillion ei glymu'n sownd wrth yr hwylbren rhag ofn iddo ddianc. Hyd yn oed petai'n ymbil arnynt i'w ollwng yn rhydd, nid oeddent i gymryd unrhyw sylw ohono.

Dyna sut y llwyddodd Odyssews a'i griw i hwylio heibio i'r Sireniaid. Ond roedd rhagor o beryglon o'u blaenau. Roedd rhaid hwylio rhwng creigiau anferthol lle y llechai'r angenfilod Scyla a Charybdis, yn barod i ymosod ar longau. Wrth i'w llong hwylio heibio, ymestynnodd Scyla, yr anghenfil benywaidd â chwe phen, ei breichiau hir a gafael mewn chwech o'r llongwyr oddi ar fwrdd y llong a'u bwyta'n awchus. Newidiodd Odyssews ei gwrs yn gyflym, ond wrth wneud hynny fe lywiodd y llong yn beryglus o agos at drobwll anferthol Charybdis.

Lawer gwaith y dydd, byddai Charybdis yn sugno peth wmbreth o ddŵr i mewn i'w cheg enfawr a'i chwydu allan wedyn nes bod y dŵr rhwng y creigiau yn berwi ac yn corddi gan lyncu, hyd yn oed, y llongau mwyaf eu maint. Roedd y gwynt yn gryf a'r dynion yn tynnu yn y rhwyfau â'u holl nerth. Bu ond y dim iddynt â suddo, ond rywsut rywfodd, fe aethant drwodd yn ddiogel.

Tra hwylient heibio i Sicilia unwaith eto, sylweddolai'r llongwyr fod eu dŵr yfed yn prinhau. Troesant tua'r ynys ac angori mewn cilfach ymhell o'r fan lle y trigai'r Cyclopes. Y tro hwn roeddent yn y rhan o'r ynys a lywodraethid gan y duw Helios. Rhybuddiodd Odyssews ei ddynion i ymddwyn yn barchus ac i beidio â chymryd dim byd, gan eu bod wedi cael hen ddigon o helyntion eisoes. Ond roedd y llongwyr wedi sylwi ar wartheg yn pori wrth ymyl ac ni allent faddau i'r demtasiwn o flasu eu cig. Tra oedd Odyssews yn cysgu, aeth rhai o'i ddynion ati i ladd a rhostio un neu ddwy o wartheg Helios. Cythruddodd hynny dduw'r haul a chwynodd wrth Poseidon. Nid oedd Poseidon wedi anghofio mai Odyssews a fu'n gyfrifol am ddallu ei fab ef, Polyphemos, a pharodd i storm enbyd godi. Llanwyd y llong â dŵr ac fe suddodd. Boddwyd pob un o'r Groegiaid ac eithrio Odyssews ei hun.

Am ei fod yn nofiwr cryf y llwyddodd ef i osgoi boddi. Wedi rhwymo yn ei gilydd ddarnau o'r llong i wneud rafft, bu Odyssews ar drugaredd y tonnau am ddyddiau heb ddim i'w fwyta na'i yfed. Cludodd y storm ef yn ôl i'r sianel lle roedd Scyla a Charybdis, a'r tro hwn fe sugnwyd ei rafft fregus i lawr i'r trobwll. Ymdrechodd Odyssews ei orau i'w arbed ei hun, tra oedd y dŵr yn llenwi ei glustiau ac yn ei ddallu. Bu bron iawn iddo foddi. Yna, wrth i'w rafft gael ei thaflu i fyny eto o ganol y dŵr troellog, hyrddiodd ei hun at gangen o ffigysbren a dyfai ar ochr y clogwyn. Cydiodd yn dynn yn y gangen a gwelodd ei rafft yn diflannu o'r golwg yn y dyfnderoedd. Yn fuan wedyn, caeodd ceg Charybdis a llonyddodd y dŵr.

Serch hynny, roedd Odyssews ymhell o gyrraedd tir ac fe allai lludded ei lethu unrhyw funud. Yn ffodus iawn, daeth y dduwies wen, Lewcothea, ato ar ffurf aderyn y môr. Yn ei phig, roedd ganddi ddarn o ddefnydd a dywedodd wrth Odyssews am ei wisgo o amgylch ei ganol. Trwy wneud hynny, ni fyddai byth yn boddi.

Roedd ei siwrnai bellach bron ar ben. Cludwyd ef gan y tonnau i'r lan ar ryw ynys, lle y cafodd Nawsicaa, merch y Brenin Alcinoos, hyd iddo. Roedd hi wedi bod yn golchi dillad y teulu ac yn chwarae pêl gyda'i morynion ar y pryd. Rhedodd y merched eraill i ffwrdd mewn braw, ond aeth Nawsicaa ag Odyssews i balas ei thad lle y rhoddodd fwyd a diod a dillad iddo. Adroddodd yntau ei hynt a'i helynt wrth Alcinoos a threfnwyd iddo gael hwylio adref i Ithaca. Pan gyrhaeddodd yno, roedd yn cysgu'n drwm a chariodd y morwyr ef i'r lan yn ofalus a'i adael i

gysgu ar y traeth.

Er ei fod gartref o'r diwedd, wedi'r holl flynyddoedd, nid oedd ei helbulon drosodd eto ychwaith. Toc, deffrôdd a gwelodd Athena yn sefyll wrth ei ochr.

'Fe broffwydodd yr hen Teiresias y byddet ti'n dychwelyd yn ddianaf,' meddai. 'Dyna hynny wedi dod yn wir. Ond cofia iddo ddweud rhagor.'

'Y byddai fy holl eiddo yn nwylo eraill, rwyt ti'n ei olygu?' gofynnodd Odyssews. 'Go brin y caf fi drafferth ar ôl iddyn nhw ddeall pwy ydw i. Ond beth ydi hanes fy ngwraig, Penelope, tybed? A Telemachos, fy mab i?'

'Mae Telemachos wedi mynd i Sparta i geisio cael rhyw newyddion amdanat ti gan Menelaos a Helen, sydd bellach wedi dod adref o Gaerdroia,' meddai Athena. 'Fe wnaeth dy fab ei orau i atal yr hyn sy'n digwydd, ond yn ofer gan fod d'elynion di'n gryf ac wrthi'n cynllwynio'r funud hon sut i gael gwared o Telemachos wedi iddo ddychwelyd. Maen nhw'n gobeithio wedyn na fydd yna neb i amddiffyn Penelope. Mae hi wedi disgwyl amdanat ti'n ffyddlon. Bu llawer o ddynion yn ceisio'i chael hi'n wraig, ond gyda chymorth ei mab fe lwyddodd i'w gwrthod, bob un. Fe ddyfeisiodd hi ddull o'u cadw draw, dros dro beth bynnag. Addawodd briodi un ohonynt wedi iddi orffen gwehyddu'r tapestri y mae hi'n gweithio arno. Mae hi wrthi'n ddyfal bob dydd, a bob nos fe fydd hi'n datod holl waith y diwrnod hwnnw. Ond ni all cynllun fel hyn bara am byth, yn enwedig os cymeran nhw Telemachos oddi arni.'

Wrth wrando ar Athena, cynyddai dicter Odyssews.

'Gorau po gyntaf i'r ffwlbri yma ddod i ben,' meddai. 'Does arna' i ddim ofn dynion fel y rheina, hyd yn oed petai yna gant ohonyn nhw!' Ac estynnodd ei gleddyf.

Cyngor Athena oedd iddo ymbwyllo. Petai'n llwyddo i ladd pob un o'r dynion, efallai nad oedd yn sylweddoli fod y blynyddoedd maith oddi cartref wedi'i newid yntau. A oedd modd bod yn sicr na fyddai ei wraig yn cilio oddi wrtho gan dybio mai rhyw ddieithryn arall oedd yno wedi dod i'w meddiannu hi a'i holl eiddo?

Gwrandawodd Odyssews yn astud ar eiriau'r dduwies Athena a gwyddai mai hi oedd yn iawn. Ni fyddai mymryn rhagor o oedi yn gwneud fawr o wahaniaeth. Awgrymodd Athena gynllun iddo. I gychwyn, trodd ef yn hen gardotyn gwargam, gwyn ei wallt a charpiog ei wisg. Yna, aeth y dduwies ag ef i gwt Ewmaios, bugail a fu'n gweithio i Odyssews cyn y rhyfel. Anfonodd

Telemachos adref o Sparta ar frys i fod gyda'i dad.
Caniataodd Athena i Odyssews fod yn ef ei hun
am ychydig er mwyn iddo gael croesawu ei fab.

'Mae pawb yn Ithaca yn argyhoeddedig fod fy
nhad i wedi marw,' meddai Telemachos. 'Fyddai
neb yn fwy balch na fi petai hynny'n anwiredd,
ond sut y gallaf fi fod yn siŵr nad cynllwyn arall
ydi hyn i lwyr ddinistrio'n teulu ni?'

'Mae'n siŵr y caf i gyfle i brofi mai Odyssews
ydw i.'

Wrth i Odyssews a'i gyfeillion nesu at y palas
gwelsant hen gi, un musgrell a di-raen yr olwg.
Pan adnabu Argos, y ci, lais Odyssews bywiogodd
drwyddo. Cododd ei ddwy glust yn syth i fyny a
dechreuodd ysgwyd ei gynffon. Roedd ei feistr, y
bu'n hela mor aml yn ei gwmni gynt, wedi dod
adref. Ar ôl cael ei gam-drin ers blynyddoedd,
roedd ei flew yn llawn o lau a throgod. Prin y
medrai symud at ei feistr, ac wedi dangos ei
groeso, bu farw Argos. Nid oedd amheuaeth
bellach ym meddwl Telemachos, ond cynghorodd
Athena ef i beidio ag yngan gair wrth Penelope
rhag ofn iddi fethu â chuddio'i llawenydd oddi
wrth y bobl o'i chwmpas. Fe allai hynny ddrysu'r
cynllun.

Wedi cael dieithrio'i olwg fel hen gardotyn eto,
aeth Odyssews efo Ewmaios a Telemachos i'r palas
i weld ei hen gartref. Dyna lle roedd rhyw
bendefigion dieithr wedi meddiannu'r palas ac yn
cael hwyl wrth wledda. Pan welsant Odyssews,
chwarddodd pawb am ei ben a gwneud cyff
gwawd ohono, heb ddangos rhithyn o'r parch
dyledus i hen ŵr. Eisteddai Penelope yn welw a
thrist ei gwedd yn eu plith. Sylweddolodd
Odyssews y byddai rhaid bod yn amyneddgar er ei
mwyn hi a dioddef yr holl sarhad heb ateb yn ôl.

Roedd y pendefigion mor hyderus fel nad
oeddent yn ofni dim. Y peth cyntaf a wnaeth
Odyssews oedd gofyn i Telemachos symud yr holl
arfau a oedd yn hongian yn y neuadd a'u cuddio
mewn ystafell o'r neilltu. Ni sylwodd y
pendefigion ar hyn am eu bod mor brysur yn ceisio
darbwyllo Penelope i briodi un ohonynt. Ar y
dechrau, roedd hi'n dal mor ddisyfl ag erioed, ond
ni allai hi, hyd yn oed, ddal ati heb flino. Sylwodd
Telemachos ei bod hi'n dangos arwyddion simsanu
a phenderfynodd siarad.

'Os oes un ohonoch chi yn dymuno cymryd lle
fy nhad i, Odyssews, rhaid iddo brofi ei fod mor
fedrus ag ef am drin bwa a saeth,' meddai
wrthynt. Efallai fod Penelope wedi cael llygedyn o
obaith o glywed geiriau ei mab.

'Amod digon rhesymol, ac mi gytunaf â hynna,'

151

meddai Penelope. 'Mi fodlonaf i briodi'r sawl fydd yn medru anelu saeth o fwa Odyssews trwy ddim llai na deuddeg twll pen bwyell.'

Bore trannoeth, dechreuodd yr ornest a bu'r holl ddynion a fynnai briodi Penelope wrthi, fesul un, yn ceisio trin bwa Odyssews. Ond roedd y bwa mor wydn fel na allent ei blygu i roi'r llinyn yn ei le, heb sôn am anelu saeth ohono. Lluchiodd yr olaf ohonynt y bwa ar lawr yn ddig a siomedig.

Ar hynny, roedd yna ryw ystwyrian yng nghefn y dorf a phwy a gerddodd drwy ganol y bobl ond yr hen gardotyn gwargam. Dechreuodd y dynion ei watwar wrth ei weld yn cydio yn y bwa, ond buan y trodd eu gwawd yn syndod pan blygodd y bwa mor ddidrafferth. Cymerodd saeth a'i hanelu tuag at y rhes o ddeuddeg pen bwyell. Yna, gollyngodd hi'n syth drwyddynt.

Bu distawrwydd llethol am funud. Safodd yr hen ŵr yn gefnsyth a gwyddai pawb pwy oedd y saethwr medrus. Fel un gŵr, rhuthrodd y dynion, a fu'n plagio Penelope, tua'r drws. Erbyn iddynt sylweddoli nad oedd modd dianc, roedd Odyssews a Telemachos wedi dechrau ymosod arnynt â saethau a gwaywffyn. Cyn pen fawr o dro, gorweddai pob un ohonynt yn gelain.

Roedd Odyssews wedi dod adref.

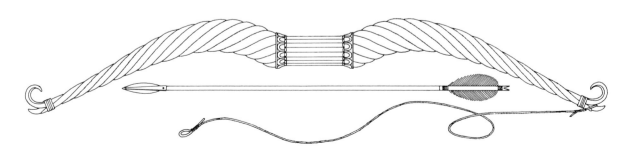

Symbolau yn chwedlau Groeg

Gwahanol agweddau ar fyd natur wedi cael eu personoli oedd y duwiau Groegaidd gwreiddiol. Cysylltid pob anifail, pob planhigyn a phob peth byw arall ag un neu ragor o'r duwiau. Ymhen amser, fe ddigwyddodd yr un peth yn achos gwrthrychau o waith llaw dyn, a chysylltu'r rheini â gwahanol dduwiau yn ôl eu dawn a'u medr arbennig. Ar ddechrau pob pennod, mae Giovanni Caselli wedi darlunio rhai o'r symbolau sydd, yn ôl traddodiad, yn cynrychioli amryfal nodweddion y duwiau, yr arwyr a'u hanturiaethau.

T.11 BYD Y DUWIAU
Natur y wlad o Fynydd Olympos hyd at y môr. Byddai'r duwiau yn ymwneud â phob agwedd o fywyd dyn.

T.21 HADES, BRENIN Y BYD TANDDAEAROL
Arferid cysylltu cypreswydd duon â marwolaeth a heddwch ac fe'u gwelir heddiw mewn mynwentydd yn y gwledydd ar lannau'r Môr Canoldir. Roeddent yn gysegredig yng ngolwg duwies marwolaeth a thywyllwch, Hecate, a fu'n dduwies y lleuad ar un adeg. Cerberos yw'r ci tri phen, sef ci gwarchod y Byd Tanddaearol. Charon yw'r cychwr a gludai eneidiau'r meirw o fyd i byw.

T.25 PERSEPHONE YMHLITH Y MEIRWON
Duwies y cynhaeaf a phob planhigyn byw oedd Demeter. Dangosir hi yma ag ŷd aeddfed, ffrwythau'r olewydd a grawnwin. Gwelir hefyd flodau'r pomgranad am fod Persephone wedi bwyta hadau'r pomgranad ac o'r herwydd wedi gorfod treulio tri mis y flwyddyn yn y Byd Tanddaearol

T.29 TEYRNAS POSEIDON DAN Y MÔR
Duw y moroedd a phopeth byw o'u mewn oedd Poseidon. Gwelir yma rai o greaduriaid chwedlonol ei deyrnas, y môrfarch a'r triton (hanner dyn a hanner pysgodyn) yn ogystal â gwahanol fathau o bysgod a chregyn.

T.33 PROMETHEWS A PANDORA
Promethews a ddaeth â thân i ddynion gan ei gario mewn coesyn ffenigl (yr isaf). Defnyddir coesau ffenigl hyd heddiw i gario tân. Cysylltid tegeirian gwyllt y mynydd (yr uchaf) â Pandora.

T.37 APHRODITE, DUWIES SERCH
Cysylltid Aphrodite â'r môr a chregyn. Cododd o'r môr ar gragen sgalop ac arferid bwyta un math, sef Venus callina, fel aphrodisiac. Mae colomennod yn symbol o gariad ac adar y to o drythyllwch. Tyfai blodau yn ôl troed y dduwies ac mae hyn yn symbol o'r gwanwyn, tymor serch.

T.41 ARES, DUW RHYFEL
Symbolau rhyfel: helmed ac arfwisg, gwaywffyu, cleddyf, bwa a saethau.

T.44 ARTEMIS AC APOLO
Apolo oedd duw cerddoriaeth a'r celfyddydau. Y ffigwr uchaf yw Marsyas, y satyr a gollodd mewn gornest yn erbyn Apolo. Y delyn fach â saith tant oedd offeryn arbennig Apolo. Rhoddid coron lawryf yn draddodiadol i feirdd a cherddorion. Pabïau yw'r blodau. Yn y gwaelod, gwelir trybedd a ddefnyddid gan offeiriades Apolo yn Delphi wrth draddodi ateb yr oracl.

T.53-54 ATHENA, DUWIES DOETHINEB
Prif symbolau Athena oedd clorian, tylluan (aderyn doeth) a'r gwahanol bethau y credid iddi fod wedi'u dysgu i ddynion: crochenwaith, aradr, cribin, iau ychen, cerbyd, llong, gwehyddu a nyddu, ffliwt ac utgorn. Hi hefyd oedd duwies 'rhyfel cyfiawn' a noddwraig dinas Athen.

T.58 HERMES, NEGESYDD Y DUWIAU
Pan benodwyd Hermes yn negesydd i Zews, cafodd het gron, sandalau ac adenydd wrthynt a ffon â rubanau gwynion. Dywedir iddo ddyfeisio pibau i greu seiniau cerddorol a hefyd y dull o ddarogan trwy gyfrwng esgyrn cymal bys.

T.60 PAN A DIONYSOS, Y DUWIAU GWYLLT
Duw cefn gwlad a bugeiliaid oedd Pan. Lle tyfai'r pinwydd a'r derw oedd cynefin Dionysos. Ar flaen y ffon a gariai, fe geid mochyn coed (côn pinwydd) ac fe fyddai eiddew wedi'i gordeddu am y ffon.

T.62 GORCHESTION HERCWL
Arferai Hercwl bob amser wisgo croen llew Nemea a laddodd adeg ei dasg gyntaf. Y ddwy sarff yw'r rhai a lindagodd pan oedd yn faban yn ei grud. Ei hoff arfau oedd: bwa a saethau, cleddyf a phastwn.

T.73 ANTURIAETHAU PERSEWS
Gallai pen y gorgon Medwsa droi pobl yn garreg hyd yn oed wedi i'r anghenfil ei hun farw. Defnyddid y pen yn aml yn addurn (gorgoneion) ar darianau.

T.80 YR EFEILLIAID CECRUS
Roedd Castor a Polydewces, y Dioscwroi, yn athletwyr enwog; Polydewces yn noddwr paffwyr (yr uchaf) a Castor yn ddofwr ceffylau. Wedi iddynt farw, daethant yn rhan o'r cytser Gemini (Yr Efeilliaid). Cysylltir blodau a ffrwythau gellyg â'r ddau efaill.

T.85 IASON A'R CNU AUR
Yn ystod ei anturiaethau wrth chwilio am y cnu aur (canol), bu Iason yn ymladd yn erbyn yr Harpyaid (uchaf). Cafodd gymorth gan Medeia (isaf), hudoles o wlad Colchis.

T.97 TYLWYTH THEBAI
Cafodd Cadmos, sylfaenydd Thebai, a'i wraig, Harmonia, eu troi'n nadredd yn eu henaint. Byth er hynny, dywedid bod pob aelod o'r tylwyth wedi dwyn nod y neidr ar eu cyrff.

T.103 THESEWS, BRENIN ATHEN
Roedd Thesews yn frenin mawr ac yn ymladdwr dewr. Y symbolau enwocaf yw'r rheini sy'n coffáu ei ymladdfa yn erbyn y Minotawros yn y ddrysfa yn Cnossos.

T.113 ORPHEWS AC EWRYDICE
Symbolau Ewrydice yw dail a ffrwythau'r coed gan ei bod hi'n un o nymffiaid y coed (dryadiaid). Y wernen a welir yn tyfu ar lan afon sy'n cynrychioli Orphews.

T.119 EROS A PSYCHE
'Yr enaid' yw ystyr Psyche. Heddiw mae'n enw ar rywogaeth o löynnod byw. Cysylltir Eros bob amser â'i fwa a saethau (y llun isaf).

T.124 ECO A NARCISSOS
Symbol y llanc Narcissos yw'r blodyn sy'n dwyn ei enw. Cysylltir ef hefyd â'r gellhesg (iris).

T.129 Y CHIMAIRA
Mae'r chwedl am Belerophon yn ymwneud â'r ceffyl adeiniog, Pegasos, ac â'r Chimaira (y llun ar y llestr). Yn uchaf, gwelir ffynnon Hippocrene, lle y daeth Belerophon o hyd i Pegasos.

T.133 CWYMP CAERDROIA
Arfau'r cyfnod: helmed, arfwisg efydd, cleddyf a tharian ac amddiffyniad y goes. Mae'r ceffyl yn cynrychioli'r ceffylau a dynnai'r cerbydau rhyfel yn ogystal â'r ceffyl pren a dwyllodd y Troiaid ar derfyn y rhyfel.

T.144 ODYSSEWS AR GRWYDR
Mae'r cylchau duon yn cynrychioli graddau maint y lleuad—treigl amser yn ystod siwrnai faith Odyssews. Mae'r cranc yn dangos peryglon y mannau dieithr ar y daith. Symbol o ffyddlondeb priodasol yw Penelope, ei wraig. Adnabu'r hen gi ei feistr er gwaethaf pob newid. Y bwa a'r saethau a brofodd mai Odyssews oedd yr hen gardotyn.

Mynegai

Cyfeiria'r rhifau italig at y lluniau lliw.